Kohlhammer

Klinische Psychologie und Psychotherapie bei Kindern, Jugendlichen und jungen Erwachsenen

Verhaltenstherapeutische Interventionsansätze

Herausgegeben von Tina In-Albon, Hanna Christiansen und Christina Schwenck

Eine Übersicht aller lieferbaren und im Buchhandel angekündigten Bände der Reihe finden Sie unter:

 https://shop.kohlhammer.de/klinische-psychologie-und-psychotherapie

Die AutorInnen

Prof. Dr. Nina Spröber-Kolb, Dipl.-Psych., Psycholog. Psychotherapeutin, Supervisorin, Professorin für Psychologie an der DHBW Stuttgart an der Fakultät für Sozialwesen, KJE – Praxis für Kinder, Jugendliche, Erwachsene, Ulm.

Prof. Dr. Michael Kölch, Direktor der Klinik für Psychiatrie, Neurologie, Psychosomatik und Psychotherapie im Kindes- und Jugendalter, Universitätsmedizin Rostock, Facharzt für Kinder- und Jugendpsychiatrie und -psychotherapie.

Prof. Dr. Tanja Legenbauer, Professur für Klinische Psychologie und Psychotherapie in der Kinder- und Jugendpsychiatrie, LWL Universitätsklinikum Hamm für Kinder- und Jugendpsychiatrie, Psychosomatik und Psychotherapie der Ruhr-Universität Bochum, Psycholog. Psychotherapeutin mit Fachkundeerweiterung Kinder und Jugendlichenpsychotherapie.

Nina Spröber-Kolb
Michael Kölch
Tanja Legenbauer

Depressionen bei Kindern, Jugendlichen und jungen Erwachsenen

Verlag W. Kohlhammer

Dieses Werk einschließlich aller seiner Teile ist urheberrechtlich geschützt. Jede Verwendung außerhalb der engen Grenzen des Urheberrechts ist ohne Zustimmung des Verlags unzulässig und strafbar. Das gilt insbesondere für Vervielfältigungen, Übersetzungen, Mikroverfilmungen und für die Einspeicherung und Verarbeitung in elektronischen Systemen.

Pharmakologische Daten, d. h. u. a. Angaben von Medikamenten, ihren Dosierungen und Applikationen, verändern sich fortlaufend durch klinische Erfahrung, pharmakologische Forschung und Änderung von Produktionsverfahren. Verlag und Autoren haben große Sorgfalt darauf gelegt, dass alle in diesem Buch gemachten Angaben dem derzeitigen Wissensstand entsprechen. Da jedoch die Medizin als Wissenschaft ständig im Fluss ist, da menschliche Irrtümer und Druckfehler nie völlig auszuschließen sind, können Verlag und Autoren hierfür jedoch keine Gewähr und Haftung übernehmen. Jeder Benutzer ist daher dringend angehalten, die gemachten Angaben, insbesondere in Hinsicht auf Arzneimittelnamen, enthaltene Wirkstoffe, spezifische Anwendungsbereiche und Dosierungen anhand des Medikamentenbeipackzettels und der entsprechenden Fachinformationen zu überprüfen und in eigener Verantwortung im Bereich der Patientenversorgung zu handeln. Aufgrund der Auswahl häufig angewendeter Arzneimittel besteht kein Anspruch auf Vollständigkeit.

Die Wiedergabe von Warenbezeichnungen, Handelsnamen und sonstigen Kennzeichen in diesem Buch berechtigt nicht zu der Annahme, dass diese von jedermann frei benutzt werden dürfen. Vielmehr kann es sich auch dann um eingetragene Warenzeichen oder sonstige geschützte Kennzeichen handeln, wenn sie nicht eigens als solche gekennzeichnet sind.

Es konnten nicht alle Rechtsinhaber von Abbildungen ermittelt werden. Sollte dem Verlag gegenüber der Nachweis der Rechtsinhaberschaft geführt werden, wird das branchenübliche Honorar nachträglich gezahlt.

Dieses Werk enthält Hinweise/Links zu externen Websites Dritter, auf deren Inhalt der Verlag keinen Einfluss hat und die der Haftung der jeweiligen Seitenanbieter oder -betreiber unterliegen. Zum Zeitpunkt der Verlinkung wurden die externen Websites auf mögliche Rechtsverstöße überprüft und dabei keine Rechtsverletzung festgestellt. Ohne konkrete Hinweise auf eine solche Rechtsverletzung ist eine permanente inhaltliche Kontrolle der verlinkten Seiten nicht zumutbar. Sollten jedoch Rechtsverletzungen bekannt werden, werden die betroffenen externen Links soweit möglich unverzüglich entfernt.

1. Auflage 2025

Alle Rechte vorbehalten
© W. Kohlhammer GmbH, Stuttgart
Gesamtherstellung: W. Kohlhammer GmbH, Heßbrühlstr. 69, 70565 Stuttgart
produktsicherheit@kohlhammer.de

Print:
ISBN 978-3-17-034693-2

E-Book-Formate:
pdf: ISBN 978-3-17-034694-9
epub: ISBN 978-3-17-034695-6

Geleitwort zur Buchreihe

Klinische Psychologie und Psychotherapie bei Kindern, Jugendlichen und jungen Erwachsenen: Verhaltenstherapeutische Interventionsansätze

Psychische Störungen im Kindes- und Jugendalter sind weit verbreitet und ein Schrittmacher für die Entwicklung weiterer psychischer Störungen im Erwachsenenalter. Für einige der für das Kindes- und Jugendalter typischen Störungsbereiche liegen empirisch gut abgesicherte Behandlungsmöglichkeiten vor. Eine Besonderheit in der Diagnostik und Therapie von Kindern mit psychischen Störungen stellt das Setting der Therapie dar. Dies bezieht sich sowohl auf den Einbezug der Eltern als auch auf mögliche Kontaktaufnahmen mit dem Kindergarten, der Schule, der Jugendhilfe usw. Des Weiteren stellt die Entwicklungspsychopathologie für die jeweiligen Bände ein zentrales Kernthema dar.

Ziel dieser neuen Buchreihe ist es, Themen der Klinischen Kinder- und Jugendpsychologie und Psychotherapie in ihrer Gesamtheit darzustellen. Dies umfasst die Beschreibung von Erscheinungsbildern, epidemiologischen Ergebnissen, rechtliche Aspekte, ätiologischen Faktoren bzw. Störungsmodelle, sowie das konkrete Vorgehen in der Diagnostik unter Berücksichtigung verschiedener Informanten und das konkrete Vorgehen in der Psychotherapie unter Berücksichtigung des aktuellen Wissensstandes zur Wirksamkeit.

Die Buchreihe besteht aus Bänden zu spezifischen psychischen Störungsbildern und zu störungsübergreifenden Themen. Die einzelnen Bände verfolgen einen vergleichbaren Aufbau wobei praxisorientierte Themen wie bspw. Fallbeispiele, konkrete Gesprächsinhalte oder die Antragsstellung durchgehend aufgenommen werden.

Christina Schwenck (Gießen)
Hanna Christiansen (Marburg)
Tina In-Albon (Landau)

Die Herausgeberinnen

Prof. Dr. Tina In-Albon, Professur für Klinische Psychologie und Psychotherapie des Kindes- und Jugendalters sowie Leitung der Landauer Psychotherapie-Ambulanz für Kinder und Jugendliche und des Studiengangs zur Ausbildung in Kinder- und Jugendlichenpsychotherapie der Rheinland-Pfälzischen Technischen Universität Kaiserslautern-Landau.

Prof. Dr. Hanna Christiansen, Professur für Klinische Psychologie des Kindes- und Jugendalters an der Philipps-Universität Marburg; Leiterin der Kinder- und Jugendlichen-Psychotherapie-Ambulanz Marburg (KJ-PAM) sowie des Kinder- und Jugendlichen-Instituts für Psychotherapie-Ausbildung Marburg (KJ-IPAM).

Prof. Dr. Christina Schwenck, Professur für Förderpädagogische und Klinische Kinder- und Jugendpsychologie, Justus-Liebig-Universität Gießen. Leiterin der postgradualen Ausbildung Kinder- und Jugendlichenpsychotherapie mit Schwerpunkt Verhaltenstherapie.

Inhalt

Geleitwort zur Buchreihe		5
Hinweise zum Aufbau des Buches		11

1 Erscheinungsbild, Entwicklungspsychopathologie und Klassifikation ... 13
    1.1 Einführung der Fallbeispiele ... 13
        1.1.1 Fallbeispiel 1: Annika, 8 Jahre ... 13
        1.1.2 Fallbeispiel 2: Tom, 16 Jahre ... 15
        1.1.3 Fallbeispiel 3: Jessica, 22 Jahre ... 16
    1.2 Erscheinungsbild ... 18
    1.3 Kernsymptomatik depressiver Störungen ... 19
    1.4 Klassifikation ... 22
    1.5 Überprüfung der Lernziele ... 24

2 Epidemiologie, Verlauf und Folgen ... 25
    2.1 Epidemiologie ... 26
    2.2 Verlauf und Folgen ... 27
    2.3 Überprüfung der Lernziele ... 28

3 Komorbidität und Differenzialdiagnostik ... 29
    3.1 Differenzialdiagnostik ... 30
    3.2 Komorbiditäten ... 32
    3.3 Überprüfung der Lernziele ... 33

4 Diagnostik und Indikation ... 35
    4.1 Ziele und Vorgehen im Überblick ... 35
    4.2 Das Erstgespräch ... 39
    4.3 Entwicklungsgeschichte, Mikro- und Makroanalyse ... 43
    4.4 Diagnostikinstrumente und klinische Interviews ... 44
        4.4.1 Screening von Verhaltensauffälligkeiten ... 44
        4.4.2 Erfassung depressiver Symptome und Diagnosen (Interviews) ... 45
    4.5 Diagnosestellung und Behandlungsplanung ... 46
        4.5.1 Erstellung eines verhaltensanalytischen Störungsmodells ... 47

		4.5.2 Bestimmung der klassifikatorischen Diagnose	47
		4.5.3 Ableiten von Zielen und Erstellen einer Prognose	48
		4.5.4 Fallbeispiel 1: Diagnostisches Vorgehen bei Annika, 8 Jahre	48
	4.6	Überprüfung der Lernziele	56

5 Störungstheorien und -modelle ... 58

- 5.1 Konzepte zur Entstehung und Aufrechterhaltung von depressiven Störungen ... 59
  - 5.1.1 Risiko- und Schutzfaktoren und Diathese-Stress-Modell ... 59
  - 5.1.2 Chronotypen und Schlafstörungen ... 62
  - 5.1.3 Modell der Entwicklungsaufgaben ... 63
  - 5.1.4 Genetische und neurobiologische Faktoren ... 64
- 5.2 Vertiefung einzelner psychologischer Faktoren zur Entstehung von Störungen ... 66
  - 5.2.1 Kognitive Faktoren und Theorien ... 66
  - 5.2.2 Bindungscharakteristika ... 68
  - 5.2.3 Interpersonelle Beziehungen ... 69
  - 5.2.4 Verstärkerverlusttheorie ... 70
  - 5.2.5 Dysfunktionale Emotionsregulation ... 71
- 5.3 Erklärungsansätze der 3. Welle der Psychotherapie ... 73
  - 5.3.1 Schematherapeutisches Erklärungsmodell ... 73
  - 5.3.2 Metakognitives Erklärungsmodell ... 75
- 5.4 Integrative Modelle ... 76
- 5.5 Überprüfung der Lernziele ... 78

6 Behandlung depressiver Störungen ... 79

- 6.1 Beispiel für einen Antrag an eine(n) Gutachter*in zur Bewilligung einer Psychotherapie ... 79
- 6.2 Vorgehen in der psychotherapeutischen Behandlung ... 85
- 6.3 Therapieziele, Behandlungsplanung und Therapiesetting ... 86
- 6.4 Therapiebaustein: Behandlungsaufklärung, Psychoedukation und Störungsmodell ... 91
- 6.5 Therapiebaustein: Psychopharmakotherapie ... 97
  - 6.5.1 Therapiebaustein Elektrokrampftherapie (EKT): ... 100
- 6.6 Therapiebaustein: Kognitive Verhaltenstherapie ... 101
  - 6.6.1 Überblick über manualisierte Therapieangebote ... 101
  - 6.6.2 Verhaltenstherapeutische Standardmethoden ... 103
- 6.7 Konkrete KVT-Methoden bei Depressionsbehandlung ... 105
  - 6.7.1 G = Gesundheit, Grundbedürfnisse und Körperreaktionen beachten! ... 105
  - 6.7.2 Ü = Überlebenshilfe bei Krisen und eine hilfreiche Emotionsregulation festlegen! ... 107
  - 6.7.3 L = Leben aktiv und sozial gestalten! ... 109

		6.7.4	K = Kennenlernen und Verändern der ungünstigen Gedanken!	111
		6.7.5	K = Kompetentes Problemlösen anwenden!	116
	6.8		Therapiebaustein: Schematherapie	123
	6.9		Therapiebaustein: Interpersonelle Psychotherapie	128
	6.10		Therapiebaustein: Jugendhilfemaßnahmen und flankierende Maßnahmen	129
	6.11		Veranschaulichung einer Behandlungsplanung am Fallbeispiel: Annika, 8 Jahre	130
	6.12		Überprüfung der Lernziele	131
7	**Kapitel Psychotherapieforschung**			**132**
	7.1		Wirksamkeit der kognitiven Verhaltenstherapie und der interpersonellen Psychotherapie zur Behandlung von Kindern, Jugendlichen und jungen Erwachsenen mit depressiven Störungen	132
	7.2		Wirksamkeit der Schematherapie	134
	7.3		Wirksamkeit MKT	135
	7.4		Wirksamkeit der Psychopharmakotherapie zur Behandlung von Kindern, Jugendlichen und jungen Erwachsenen mit depressiven Störungen	136
	7.5		Wirksamkeit der Systemischen Therapie bei Kindern und Jugendlichen mit depressiven Störungen	137
	7.6		Wirksamkeit der Chronotherapie zur Behandlung von Kindern, Jugendlichen und jungen Erwachsenen mit depressiven Störungen	137
	7.7		Überprüfung der Lernziele	138
8	**Rechtliche Aspekte**			**139**
	8.1		Suizidalität	142
	8.2		Zwangsmaßnahmen – Behandlung gegen den Willen	142
	8.3		Einsatz von Medikation	143
	8.4		Überprüfung der Lernziele	143
9	**Zusammenfassung und Ausblick**			**144**
Literaturverzeichnis				**146**

Anhang: Arbeitsblätter

AB 1: Das bin ich! Selbstbeschreibung für Kinder ... **163**

AB 2: Das bin ich! Selbstbeschreibung für Jugendliche und junge Erwachsene ... **165**

AB 3: Ich beobachte meine Gefühle! (Gefühlsbeobachtung für Kinder) 167

AB 4: Ich beobachte meine Gefühle (Gefühlsbeobachtung für Jugendliche und junge Erwachsene) 170

AB 5: Beobachtungsbogen für schwierige und tolle Momente für Eltern und Bezugspersonen 171

AB 6: Weshalb geht es mir nicht gut? Und wie könnte es besser werden? 172

AB 7: Befundbesprechung und Ziele für Veränderungen 173

AB 8: Zielerreichung (Festlegung der Ziele für Kinder, Jugendliche, junge Erwachsene und Eltern/Bezugspersonen) 176

Stichwortverzeichnis 177

Hinweise zum Aufbau des Buches

Ziel dieses Buches ist es, Menschen aus unterschiedlichen professionellen Bereichen einen theoretisch fundierten und aktuellen Überblick über relevantes Wissen zu Diagnostik, Entstehung und Behandlung depressiver Störungen bei Kindern, Jugendlichen und jungen Erwachsenen zu geben. Neben den theoretischen Darstellungen wird ein Praxisbezug hergestellt, indem in den einzelnen Kapiteln die theoretischen Inhalte anhand von drei Fallbeispielen – die sich durch das gesamte Buch ziehen – veranschaulicht werden. Die Fallbeispiele orientieren sich an »realen« Behandlungsfällen aus unserer psychotherapeutischen Praxis, sind jedoch so verändert, dass sie nicht zugeordnet werden können. Die Namen sind frei erfunden. Zu Beginn eines jeden Kapitels werden Lernziele benannt und am Ende des entsprechenden Abschnitts Fragen zur Überprüfung der Lernziele aufgeführt.

In diesem Buch beziehen wir in unsere Betrachtungen neben Kindern und Jugendlichen auch junge Erwachsene ein. In Anlehnung an die Entwicklungspsychologen Schneider & Lindenberger (2018) legen wir das Jugendalter im Altersbereich zwischen 11 und 18 Jahren fest. Das »junge Erwachsenenalter« definieren wir unter Verwendung des Begriffs »Emerging Adulthood« nach Arnett (2000) zwischen 18 und 25 Jahren. In diesem Entwicklungskonzept bildet die Phase des späten Teenageralters bis Mitte Zwanzig einen wichtigen Zeitraum tiefgreifender Veränderungen. Viele junge Menschen befinden sich in diesem Zeitraum innerhalb ihrer Aus- und Weiterbildung oder im Studium, um sich für konkrete Berufe zu qualifizieren. Darüber hinaus leben viele junge Erwachsene zum ersten Mal in einer eigenen Wohnung oder Wohngemeinschaft, müssen ihren Alltag und alle damit verbundenen Aufgaben und Pflichten selbständig organisieren. Sie gestalten intime Beziehungen, erweitern häufig ihren Freundeskreis und sammeln Erfahrungen an verschiedenen Arbeitsplätzen, teilweise in Verbindung mit Auslandsaufenthalten. In diesem Entwicklungsabschnitt haben die jungen Erwachsenen oder »Emerging Adults« die Adoleszenz (mit all ihren Abhängigkeiten) bereits verlassen, haben jedoch noch nicht alle eine Verantwortungsrolle inne, die mit dem Verständnis eines Erwachsenenstatus eigentlich verknüpft ist (McGorry & Purcell, 2009). In dieser Lebensphase ist die Pubertät zum Großteil abgeschlossen. Die Persönlichkeits- und Gehirnentwicklung vom kindlichen Gehirn zum leistungsfähigen, effizienten Erwachsenengehirn sind jedoch noch voll im Gange. Und so erschließt sich auch, dass sich gerade in dieser Lebensphase voller Übergänge und mit der Übernahme vieler neuer Verantwortungsbereiche psychische Störungen erneut manifestieren, bei manchen jungen Erwachsenen treten psychische Probleme in dieser Phase auch zum ersten Mal auf. Wir hoffen, mit dem vorliegenden Buch einen Leitfaden zur Behandlung von Kindern, Jugendlichen und jungen Erwachsenen mit depressiven Erkrankungen für die klinische Praxis zur Verfügung stellen zu können.

Stuttgart, Hamm und Rostock im März 2025

1 Erscheinungsbild, Entwicklungspsychopathologie und Klassifikation

Lernziele

- Sie können eine »schlechte Stimmung« und pubertäre Stimmungsschwankungen von einer depressiven Episode abgrenzen.
- Sie wissen, wie sich depressive Episoden je nach Alter und Entwicklungsstand spezifisch äußern.
- Sie können die diagnostischen Kriterien für die depressive Störung, für eine rezidivierende depressive Störung und eine Dysthymie nach der International Classification of Diseases (9. Ausgabe, ICD-10; Weltgesundheitsorganisation [WHO], 2014 und 10. Ausgabe, ICD-11, WHO, 2018) und dem Diagnostic and Statistical Manual of Mental Disorders (5. Edition, DSM – 5, American Psychiatric Organization [APA], 2018) benennen und bei Patient*innen erkennen.
- Sie wissen, wie die diagnostischen Kriterien einer Disruptiven Stimmungsdysregulationsstörung nach dem Diagnostic and Statistical Manual of Mental Disorders (5. Edition, DSM – 5, American Psychiatric Organization [APA], 2018) lauten und können diese bei Patient*innen erkennen.

1.1 Einführung der Fallbeispiele

Wie eingangs beschrieben, werden die Inhalte dieses Buches praktisch anhand von drei Fallbeispielen aus unterschiedlichen Altersbereichen veranschaulicht. Diese Fallbeispiele werden nachfolgend eingeführt.

1.1.1 Fallbeispiel 1: Annika, 8 Jahre

Erster Eindruck

Zum Erstgespräch stellt sich ein ruhiges, freundlich lächelndes, sehr schlankes, etwas schlaksiges Mädchen mit langen dunklen Haaren vor. Das Mädchen blättert in einer Zeitschrift, während sich die neben ihr sitzende, jugendlich gekleidete Mutter mit ihrem Smartphone beschäftigt. Zunächst wird die Mutter gebeten, verschiedene Fragebögen zu beantworten. Neben relevanten Kontaktdaten füllt die Mutter einen Fragebogen zum Screening von Verhaltensauffälligkeiten aus (z. B. Deutsche Schulalter-Formen der Child Behavior Checklist von Thomas M. Achenbach: Elternfragebogen über das Verhalten von Kindern und Jugendlichen [CBCL/6–18R]; Döpfner et al., 2014). Während des Ausfüllens erfolgt immer wieder ein kurzer, freundlicher verbaler Austausch zwischen Mutter und Tochter. Da die Eltern geschieden sind, aber ein gemeinsames Sorgerecht besteht, wurde die Mutter im Vorfeld gebeten, zum Erstgespräch das schriftliche Einverständnis des Vaters zur Durchführung einer Psychotherapie vorzulegen. Entsprechend bringt die Mutter zum Termin einen Ausdruck einer E-Mail des Vaters mit, in dem er schriftlich seine Zustimmung zur Psychotherapie der Tochter gibt.

Erstgespräch

Im Erstgespräch berichtet Annika mit leiser Stimme, dass sie in der Schule von anderen Kindern geärgert würde: Sie werde gehänselt, manchmal auch körperlich angegriffen (z. B. schubsen, Konfetti über sie leeren), in einzelnen Situationen auch bedroht (z. B. »Wir bringen deine Vögel um«), außerdem käme es zu Sachbeschädigungen (z. B. habe Annika beim Krippenspiel ihre Puppe als Jesusfigur zur Verfügung gestellt; nach dem Krippenspiel hätten dann Jungs aus der Klasse Fußball mit der Puppe gespielt). Die Klassenlehrerin helfe ihr nicht, sie nehme sie meist nicht ernst oder sage, dass sie sich nicht vorstellen könne, dass die anderen Kinder so etwas tun. Das sei auch regelmäßig die Rückmeldung an die Mutter, wenn sie bei der Lehrerin vorstellig werde. Annika habe nur eine Freundin in der Nachbarschaft und spiele sonst in der Pause mit Erstklässlern. Ein bis zwei Mädchen in der Klasse würden manchmal mit ihr in der Pause spielen, das sei jedoch wenig verlässlich. Die Mutter habe zunächst gedacht, dass ihre Tochter die Situation aushalte, bis sie in die weiterführende Schule ginge (so sei es bei ihrer älteren Tochter auch gewesen), da sie eigentlich eine »starke Persönlichkeit« habe und fröhlich sei. Jetzt aber merke sie, dass Annika, die eigentlich immer mutig gewesen wäre, Ängste entwickle, wenn sie nicht da sei, aber auch im Umgang mit anderen. Außerdem werde sie zuhause häufig und schnell wütend, aufbrausend, wirke aber auch oft traurig. Annika habe des Öfteren gesagt, dass sie sich selbst »doof« finde, anders aussehen wolle. Immer häufiger wolle sie nicht mehr aus dem Haus zum Spielen. In letzter Zeit habe sie auch öfters über Bauchschmerzen geklagt, vor allem morgens vor der Schule. Ihre Schulleistungen hätten sich verschlechtert, sie melde sich kaum noch, könne sich auch nicht mehr gut konzentrieren. Das sei in der 1. und 2. Klasse kein Problem gewesen. Außerdem esse sie sehr wenig; das bereite der Mutter Sorgen, da Annika ohnehin sehr dünn wäre.

Relevante soziodemografische Informationen

Annika lebt gemeinsam mit der alleinerziehenden Mutter (39 J., arbeitet in der Qualitätssicherung in einer Pharmafirma, ganztägig berufstätig, häufige Überstunden) und einer älteren Schwester (+6 J., 9. Klasse Gymnasium) in einem Zwei-Familien-Haus mit den Großeltern (Großmutter, 75 J., Großvater 79 J.) in einem kleinen Dorf in ländlichem Gebiet. Das Haus wurde von den Großeltern gekauft. Nach der Scheidung vor sieben Jahren ist die Mutter mit ihren beiden Töchtern und den Großeltern aufgrund eines Jobangebotes dorthin gezogen. Zum Vater (38 J., Elektriker) – der 600 km entfernt wohnt – besteht nur unregelmäßig Kontakt in den Ferien. Das Sorgerecht liegt gemeinsam bei beiden Eltern. Zwischen den Eltern besteht ein rein organisatorischer Kontakt, die Ehe sei sehr konfliktreich verlaufen. In ihrer Freizeit spielt Annika Tischtennis im örtlichen Verein. Sie hat zwei Wellensittiche, um die sie sich selbst kümmert.

1.1.2 Fallbeispiel 2: Tom, 16 Jahre

Erster Eindruck

Tom erscheint gemeinsam mit dem Vater zum Erstgespräch. Beide sitzen ruhig im Wartezimmer, Tom wirkt nervös, er nimmt immer wieder eine Zeitschrift zur Hand, legt sie dann weg, wischt sich häufig die Handflächen an der Hose ab. Tom ist vom Erscheinungsbild her gepflegt, eher unauffällig gekleidet. Sowohl Tom als auch der Vater werden gebeten, verschiedene Fragebögen auszufüllen: Angabe der Kontaktdaten des Patienten und einen Fragebogen zum Screening von Verhaltensauffälligkeiten im Selbsturteil (Deutsche Schulalter-Formen der Child Behavior Checklist von Thomas M. Achenbach: Fragebogen für Jugendliche [YSR/11–18R]; Döpfner et al., 2014) und im Fremdurteil (CBCL/6–18R; Döpfner et al., 2014).

Erstgespräch

Der 16-jährige Patient berichtet beim Erstgespräch, dass er sich seit fast einem Jahr zunehmend »depressiv« fühle: Er wäre oft traurig, niedergeschlagen, verzweifelt, weine dann allein in seinem Zimmer, könne sich nur schwer beruhigen. Er schlafe schlecht, grüble viel, ziehe sich sozial immer mehr zurück. Besonders belastet wäre er dadurch, dass er an sich zweifle. Er sei davon überzeugt, dass Gleichaltrige ihn nicht mögen würden. In der Schule habe er zwar Kontakte zu Klassenkamerad*innen, aber in der Freizeit sei er für sich allein. Seine Freund*innen/Mitschüler*innen würden fast nie nachfragen, ob er etwas mit ihnen unternehmen wolle. Wenn er einmal – was selten vorkomme – zu einer Party eingeladen werde, dann fühle er sich nicht zugehörig. Er könne nicht so ausgelassen sein wie die anderen und denke viel über seine Wirkung auf Gleichaltrige nach. Im Kontakt mit anderen fürchte er meist, eher negativ bewertet zu werden: so fühle er sich ungeschickt und auch unattraktiv, er wisse nicht, was er in

Gesprächen sagen solle. Allgemein meide er soziale Situationen mit vielen Menschen, da sie ihm »immense Angst« verursachten. Manchmal sei er so unglücklich darüber, dass sein Leben ihm sinnlos und hoffnungslos erscheine, fast wöchentlich habe er Suizidgedanken, jedoch ohne konkrete -absichten. Begonnen hätten die Schwierigkeiten bei einer Schülerdisco. Er erinnere auf der Party gewesen zu sein und alles nur beobachtet zu haben, »als wäre es ein Film und er nicht wirklich dabei«. Damals sei er plötzlich davon überzeugt gewesen, »uncool« zu sein und hässlich auszusehen. Den Gedanken hätte er nicht mehr »aus dem Kopf bekommen«. Zum damaligen Zeitpunkt habe er auch starke Gedanken gehabt, dass das Leben keinen Sinn habe und er sich eigentlich umbringen solle. Nur der Gedanke an seine Familie habe ihn davon abgehalten, sich etwas anzutun. Zusätzlich belastend bezüglich der beschriebenen Symptomatik wäre, dass er oft erröte, Tom schäme sich dafür. Durch dieses Erröten käme er sich noch unattraktiver vor.

Relevante soziodemografische Informationen

Der 16-jährige Gymnasiast (aktuell 11. Klasse) lebt gemeinsam mit seinen beiden Brüdern (+2 J.; -5 J.) und seiner Schwester (-7 J.) bei seinen leiblichen Eltern (Mutter 48 J., Literaturwissenschaftlerin, nicht berufstätig, »managt« die Familie; Vater 54 J., ganztägig berufstätig als Schulleiter einer Berufsschule) in einem eigenen Einfamilienhaus, städtisches Wohngebiet. Er ist musikalisch, spielt Fagott, ist Mitglied eines Orchesters.

1.1.3 Fallbeispiel 3: Jessica, 22 Jahre

Erster Eindruck

Die 22-jährige Jessica kommt gemeinsam mit ihrer Bezugsbetreuerin aus der Mutter-Kind-Einrichtung, in der sie lebt, und ihrem drei Monate alten Sohn Marlon zum Erstgespräch. Die Betreuerin hält Marlon auf dem Arm, Jessica kommt allein zum Gespräch in den Therapieraum. Zuvor hat sie konzentriert die an sie ausgeteilten Unterlagen und Fragbögen (Angabe der Kontaktdaten der Patientin, Symptom-Checkliste-90-Standard [SCL-90-S]; Franke, 2014) ausgefüllt.

Erstgespräch

Die Patientin berichtet im Erstgespräch, dass sie Mühe habe, morgens aufzustehen und ihr Kind zu versorgen. Sie weine ständig, grüble viel, sei traurig, niedergeschlagen, könne schlecht schlafen (Ein- und Durchschlafschwierigkeiten). Auslöser für diese Symptomatik sei die Trennung von ihrem Freund gewesen. Er habe sie zunächst in der Schwangerschaft begleitet, sich dann aber vor der Geburt getrennt, da sich herausgestellt habe, dass er nicht der Vater des Kindes sei. Sie hätte »alles versucht, um ihn zu halten«, aber es habe nichts gebracht. Unter der

Trennung leide sie sehr stark, obwohl sie inzwischen denke, dass der Freund »nichts wert gewesen sei«.

Sie habe sich schon immer benachteiligt gefühlt, ihr Leben sei bisher »einfach mies« verlaufen, schon seit der Kindheit. Deswegen, so äußert sie, fühle sie sich »depressiv, seit sie denken könne«, obwohl es immer wieder Zeiten gebe, in denen ihre Stimmung besser wäre. Ihre erste Psychotherapie habe sie mit 12 Jahren gemacht als sie in die Jugendhilfeeinrichtung kam. Sie komme mit der Vergangenheit nicht zurecht, habe Schuldgefühle (»ich hätte meine Mutter nicht im Stich lassen und in die Jugendhilfeeinrichtung gehen dürfen, sie ist krank, hätte mich gebraucht«), einen instabilen, geringen Selbstwert (»wenn man so eine Lebensgeschichte wie ich mitbringt, ist man doch für die Zukunft auch schon versaut«). Gleichaltrigen gegenüber habe sie sich immer »anders« und nicht zugehörig gefühlt, Freundschaften seien stets rasch in die Brüche gegangen, auch wenn sie zunächst die Freundschaften positiv gefunden habe. »Auf Andere kann ich mich nicht verlassen«, folgert Jessica. Im Jugendalter habe sie sich oft in emotional aufwühlenden Situationen geritzt, um sich zu spüren und dem Gefühl der inneren Leere entgegenzuwirken, manchmal aber auch, um sich zu bestrafen. In einer früheren ambulanten Psychotherapie habe sie aber gelernt, wie sie sich anders beruhigen könne (z. B. lutsche sie Eiswürfel, gehe spazieren); Selbstverletzungen kämen eigentlich nicht mehr vor. Momentan habe sie jedoch manchmal den Drang, dies wieder zu tun. Oft denke sie, dass sie gar nicht mehr leben wolle, aber wegen ihres Kindes würde sie sich nichts antun. Im Alter von 15 Jahren hätte sie allerdings einen Suizidversuch mit Tabletten unternommen. Damals sei sie von ihrem damaligen Freund verlassen worden. Nach Einnahme der Tabletten hätte sie aber selbst Angst bekommen und die ambulante Psychotherapeutin angerufen, diese habe die Einrichtung informiert und einen Krankenwagen geschickt. Durch die Geburt von ihrem Sohn Marlon hätte sich ihre Stimmung nicht noch weiter verschlechtert, aber sie fühle sich sehr unattraktiv. Seit ca. einem Monat esse sie möglichst wenig, manchmal erst abends, sie wolle abnehmen, fühle sich zu dick, denke sehr viel über ihren Körper nach. An manchen Tagen sei ihr schwindelig, weil sie kaum etwas gegessen habe. In der Einrichtung komme es deshalb auch zu Konflikten, da sie dort an den Mahlzeiten teilnehmen müsse, dies aber nicht wolle.

Relevante soziodemografische Informationen

Jessica lebt seit ca. fünf Monaten in einer Mutter-Kind-Einrichtung gemeinsam mit ihrem drei Monate alten Sohn Marlon, zum Vater des Sohnes besteht kein Kontakt, er war in einem Flüchtlingsheim untergebracht, Jessica hat ihn nicht über die Schwangerschaft informiert. Die Patientin hatte eine Beziehung zu einem anderen Partner als sie von der Schwangerschaft erfuhr. Sie befindet sich im 2. Ausbildungsjahr zur Erzieherin, pausiert gerade jedoch aufgrund der Geburt des Sohnes. Jessica hat zuvor seit ihrem 12. Lebensjahr in einer Jugendhilfeeinrichtung, dann in einer Wohngemeinschaft im Rahmen des ambulant betreuten Wohnens eines sozialpsychiatrischen Dienstes gewohnt. Ihren leiblichen Vater kenne sie nicht, die Mutter sei psychisch schwer erkrankt (Depressionen, emotional-instabile Persönlichkeitsstörung), hätte wiederholt stationär psychiatrisch behandelt werden müssen und sei mit der Erziehung und Betreuung der Tochter überfordert gewesen. Jessica erinnert ihre Mutter in »guten Zeiten« als humorvoll und liebevoll, sehr oft sei sie für Jessica jedoch unberechenbar gewesen. Häufig habe sie es kaum »aus dem Bett« geschafft. Jessica hätte schon früh begonnen, den Haushalt zu erledigen, sich um die Arzttermine der Mutter zu kümmern, zu kochen. Wenn die Mutter stationär behandelt worden wäre, sei sie als Kind bei unterschiedlichen Bekannten der Mutter untergebracht gewesen. Ab und zu – wenn die Mutter stabil sei – treffe sich Jessica mit ihr. Sie hätte zwei Freundinnen, die mit ihr in der Jugendhilfeeinrichtung gelebt hätten; die Freundschaften seien jedoch durch häufige Konflikte und zeitweilige Unterbrechung des Kontaktes gekennzeichnet.

1.2 Erscheinungsbild

Nach den international verfügbaren Leitlinien aus den USA, Großbritannien und den Leitlinien der Arbeitsgemeinschaft der Wissenschaftlichen Medizinischen Fachgesellschaften in Deutschland (Leitlinie Behandlung von depressiven Störungen bei Kindern und Jugendlichen [AWMF, 2013] und deren aktueller Überarbeitung [Schulte-Körne et al., 2023]), zeigt die Symptomatik einer depressiven Störung zwischen Minderjährigen und Erwachsenen alters- und entwicklungsabhängige Unterschiede. Während bei Klein- und Vorschulkindern vor allem somatische Beschwerden (z. B. Bauchschmerzen) und ein reduziertes Explorations- und Imitationsverhalten im Vordergrund stehen, imponieren bei Schulkindern mit einer depressiven Erkrankung ein sozialer Rückzug, Trennungsängste und Leistungsprobleme. Typisch für das Kindes- und Jugendalter ist z. B. auch, dass eine gereizte Stimmung vorherrschen kann (vgl. Major Deoressive Disorder [MDD], DSM-5, APA, 2018) auch mit schnellem Stimmungswechsel innerhalb eines Tages. Im Jugendalter fällt es manchmal schwer, pubertäre Reaktionen von depressiven Entwicklungen zu unterscheiden. Manche Symptome, die typischerweise bei schweren depressiven Störungen im Erwachsenenalter auftreten, wie z. B. ein Schuldwahn, sind entwicklungspsychologisch bei Kindern und Jugendlichen noch nicht zu erwarten (Mayes et al. 2010). Andererseits treten typische Symptome wie Schuldgefühle im Rahmen familiärer Konflikte (»ich bin schuld, dass sich die Eltern streiten«) oder auch bezogen auf die eigene Person (»es ist meine Schuld, dass ich schlecht in der Schule bin«) und starke Selbstabwertungen auf.

In der weiteren Entwicklung bis hin zum jungen Erwachsenenalter gehen die Symptome immer mehr in die unten genannten Kriterien (▶ Kap. 2.2; und ▶ Tab. 1.1) über, die vor allem für den Erwachsenenbereich zutreffend sind. Es fehlen bislang Studien, die konkret die Unterschiede im Erscheinungsbild von Jugendlichen und jungen Erwachsenen untersuchen. Im Vergleich zu älteren Erwachsenen (älter als 50 Jahre) zeigt sich, dass jüngere Erwachsene einen stärkeren

Verlust des sexuellen Interesses beklagen und vermehrt Schuldgefühle haben, während ältere Erwachsene vor allem agitierter sind, unter allgemeinen somatischen und speziell gastrointestinalen Beschwerden leiden und hypochondrischer auftreten (Bendau, Petzold & Ströhle, 2022).

1.3 Kernsymptomatik depressiver Störungen

Folgende Kernsymptome depressiver Störungen werden in den Klassifikationssystemen (ICD-10, WHO, 2014; ICD-11, WHO, 2018; DSM-5, APA, 2018) benannt:

- Stimmungsprobleme (Traurigkeit, Reizbarkeit, Freudverlust, eingeschränktes affektives Erlebensmuster, Anhedonie),
- Probleme im Denken (»ineffective with self-critical focus«),
- Veränderungen im Aktivitätsniveau (Interessens- und/oder Freudeverlust).

Kinder sind grundsätzlich begeisterungsfähig, neugierig, aktiv, explorieren ihre Umgebung, suchen sich stets Beschäftigungen, initiieren – in Abhängigkeit vom Entwicklungsstand – unterschiedliches Spielverhalten. Kinder mit einer depressiven Erkrankung hingegen beklagen altersuntypische »Langeweile«, verhalten sich über weite Strecken des Tages inaktiv und lustlos. Im Jugendalter kann sich die Anhedonie durch Verlust an Freude bisheriger Aktivitäten und Freundschaften zeigen. Im Unterschied zur pubertären »Null-Bock-Stimmung«, die oft wie »weggeblasen« ist, wenn Jugendliche ihren Hobbies nachgehen oder soziale Kontakte pflegen, zieht sich bei Jugendlichen mit depressiven Erkrankungen der Freudeverlust stabil durch den Alltag. Ähnliches ist bei jungen Erwachsenen zu beobachten. Zudem können Störungen im Bereich des Antriebs hinzukommen (reduzierter Antrieb, eine erhöhte Ermüdbarkeit).

Patient*innen mit depressiven Störungen im Übergang von der Kindheit zum Jugendalter zeigen häufig ein vermindertes Selbstwertgefühl. Bereits im Kindesalter kann ein geringes Selbstvertrauen vorliegen. Darüber hinaus kann bei Kindern, Jugendliche und jungen Erwachsenen eine erhöhte Grübelneigung beobachtet werden (Simons, 2016).

Konzentrations-/Aufmerksamkeitsprobleme können ebenfalls vorhanden sein, die differentialdiagnostische Abklärung bezüglich einer eventuell vorliegenden komorbiden Aufmerksamkeitsdefizit-/Hyperaktivitätsstörung (ADHS, vgl. Differentialdiagnostik) kann schwierig sein. Eine psychomotorische Hemmung oder auch Agitiertheit mit dem Gefühl der inneren Unruhe kann auftreten.

Besonders auffällig können wiederkehrende Todesgedanken sein. Im Kindesalter kommen diese sehr selten vor, für das Jugendalter und junge Erwachsenenalter sind diese per se nicht untypisch. Gleichwohl unterscheiden sich Todesgedanken in der Intensität und Persistenz bei depressiven Störungen von denen, die allgemein z. B. in der Pubertät (hier eher Beschäftigung mit der Möglichkeit des Todes/der Endlichkeit des Lebens, keine drängenden Suizidgedanken) auftreten. Zusätzlich erhöht eine Depression das Risiko für einen Suizid. Insofern sind akute suizidale Gedanken oder gar Suizidpläne als psychopathologische Phänomene von besonderer Bedeutung bei depressiven Erkrankungen. Selbstverletzungen in nicht-suizidaler Absicht treten ab dem Jugendalter ebenfalls oft auf (z. B. sich ritzen).

Depressiv erkrankte Kinder klagen häufig über somatische Beschwerden wie Bauch- oder Kopfschmerzen oder Schlafstörungen. Sie können in Form von Ein- und Durchschlafstörungen und/oder frühmorgendlichem Erwachen auftreten. Schlafprobleme, insbesondere Insomnien sind häufig bei depressiven Jugendlichen – bis zu 73 % der Jugendlichen mit depressiven Störungen berichten von Schlafstörungen (Yang et al., 2023). Vor allem das Vorliegen von Schlafstörungen parallel zur depressiven Symptomatik scheint mit einem deutlich erhöhten Suizidrisiko und erhöhtem Substanzkonsum einherzugehen.

Die im Erwachsenenalter bekannten Phänomene wie Appetitsteigerung oder -verminderung treten auch bei Kindern und Jugendlichen auf. Bei Kindern ist zu beachten, dass auch eine mangelnde Gewichtszunahme Symptom einer depressiven Störung im Kindes- und Jugendalter sein kann. Insgesamt scheint insbesondere bei Jugendlichen im Vergleich zu Erwachsenen mit depressiver Störung ein vegetatives Symptommuster vorzuherrschen. Dieses ist gekennzeichnet durch Appetit- und Gewichtsverlust, Antriebslosigkeit und Schlafstörungen (Rice et al., 2019).

Das Erscheinungsbild depressiver Störungen unterscheidet sich im jungen Erwachsenenalter nicht wesentlich von dem im Erwachsenenalter, auch die Suizidalität entspricht sich (vgl. Rohde et al., 2013). Ein wichtiges Entwicklungsziel im jungen Erwachsenenalter ist die berufliche Ausbildung, die Verselbständigung und Loslösung im Alltag vom Elternhaus (z. B. Auszug aus dem Elternhaus). Patient*innen mit depressiven Störungen in dieser Altersgruppe fühlen sich aufgrund des eingeschränkten Leistungsverhaltens und der Konzentration, des geringen Antriebs und der Erschöpfungsgefühle in der Erreichung dieser Ziele stark eingeschränkt, was sich wiederum negativ auf den Selbstwert auswirkt und Zukunftssorgen verstärken kann.

Generelle Symptome einer Depression

- depressive Stimmung
- Interessenverlust/Freudverlust
- kein Antrieb/Ermüdbarkeit
- vermindertes Selbstwertgefühl/-vertrauen
- Selbstvorwürfe/Schuldgefühle
- wiederkehrende Todesgedanken
- Konzentrations-/Aufmerksamkeitsprobleme
- psychomotorische Agitiertheit/Hemmung
- Schlafstörungen
- Appetit-/Gewichtsverlust (bei Kindern auch: mangelnde Gewichtszunahme)

Tab. 1.1: Zusammenfassende Übersicht depressiver Symptome bei Kindern, Jugendlichen, jungen Erwachsenen

	Vorschulalter	Grundschulalter	Jugendalter	junges Erwachsenenalter
Stimmung	verstärkt reizbar, ein wenig irritierbar, verminderte Fähigkeit, Freude zu verspüren und zu zeigen	überwiegend traurig (kann vom Kind verbalisiert werden), Gefühl der Isolation (erzählt z. B. nicht gemocht zu werden)	traurig, niedergeschlagen, apathisch, reizbar, Suizidalität	traurig, niedergeschlagen, teilweise Affektverflachung, eingeschränkte Schwingungsfähigkeit, Suizidalität
Verhalten	eher introvertiert, exploratives Verhalten vermindert, kaum Interesse an Spielbetätigung	oft eher aggressives Verhalten, spielt den Klassenclown, Interesse vermindert (z. B. kaum Hobbys/Freund*innen)	Pessimismus, Abwenden von Freund*innen, sozial gehemmt, übermäßiges Schlafen oder Veränderung im Schlaf-Wach-Rhythmus	Rückzugsverhalten, eingeschränkte Alltagsbewältigung, Veränderungen des Schlaf- Wach-Rhythmus, Pessimismus
Mimik/ Gestik	vermindert, trauriger Gesichtsausdruck	vermindert, trauriger Gesichtsausdruck	vermindert, trauriger Gesichtsausdruck	vermindert, trauriger Gesichtsausdruck
somatische Beschwerden	Bauch-/Kopfschmerzen, reduzierter Appetit ohne Gewichtszunahme/-abnahme, gestörter Schlaf im Sinne von Alpträumen, Ein-/Durchschlafstörungen	Bauch-/Kopfschmerzen, gestörtes Essverhalten mit Gewichtszunahme/-abnahme, gestörter Schlaf im Sinne von Ein-/Durchschlafstörungen	Hyper-/Hyposomnie, verstärkt unkonzentriert, zirkadiane Schwankungen des Befindens, psychosomatische Störungen	Hyper-/Hyposomnie, verstärkt unkonzentriert, zirkadiane Schwankungen des Befindens, psychosomatische Störungen
sonstiges	Trennungsangst	Leistungsstörungen	Leistungsstörungen, Konsum von Substanzen, Begehung von Straftaten	Leistungsstörungen, Zukunftssorgen, negativer Selbstwert, Gefühl der Überforderung

1.4 Klassifikation

Im Kindes- und Jugendalter dauert es aufgrund der zunächst eher unspezifischen Symptome wie Bauchschmerzen, Lustlosigkeit, Gereiztheit oft lange, bis eine Inanspruchnahme von speziellen Hilfen beim Auftreten depressiver Störungen erfolgt.

Eltern, Lehrer*innen, aber auch Ärzt*innen und jugendliche Betroffene schätzen ihr Verhalten oft als »normales« Verhalten in der Pubertät ein. Eine späte spezialisierte Diagnostik und die darauffolgende Einleitung effektiver Behandlungsmaßnahmen können Störungsverläufe entsprechend verlängern.

Erst bei hinzutretender Suizidalität (die z. B. über Notfallvorstellungen zur fachärztlichen Behandlung führt), über das Auftreten von Nicht-Suizidalem Selbstverletzendem Verhalten (NSSV) oder einer stärkeren Beeinträchtigung der Teilhabe (z. B. Leistungsabfall in der Schule/Notenabfall, mangelnder Schulbesuch, Beginn Substanzabusus) kommt es zumeist zum Aufsuchen spezieller professioneller Hilfen.

Exkurs: Nicht-Suizidales Selbstverletzendes Verhalten (NSSV)

Im DSM-5 (APA, 2018) wird Nicht-Suizidales Selbstverletzendes Verhalten (NSSV) konkreter benannt, eingeordnet und klassifiziert.

Es handelt sich laut DSM-5 um NSSV, wenn

- sich das Individuum innerhalb des letzten Jahres an fünf oder mehr Tagen absichtlich selbst eine Schädigung an der Körperoberfläche zugefügt hat, [...] mit der Erwartung, dass die Verletzung nur zu einem kleinen bis moderaten körperlichen Schaden führt (nämlich ohne suizidale Intention) [...];
- mit dem NSSV die Erwartung verbunden ist, dass sich ein negativer Gefühlszustand/kognitiver Zustand verbessert, dass interpersonelle Schwierigkeiten gelöst oder ein positiver Gefühlszustand hergestellt wird;
- das Verhalten nicht im Rahmen von kulturellen (z. B. Tattoos) oder religiös-spirituellen Praktiken erklärbar und normal ist.

Einheitlich fordern die Klassifikationssysteme ICD-10 (WHO, 2014) und ICD-11 (WHO, 2018), sowie das DSM-5 (APA, 2018) zur Diagnosestellung einer depressiven Störung bzw. Episode einer Major Depression (MDD) das Vorhandensein von Stimmungsproblemen, Aktivitätseinschränkungen und Interessenverlust. Für die ICD-11 (WHO, 2018) gelten folgende Richtlinien:

Die Kriterien für depressive Störungen beinhalten eine fast täglich gedrückte Stimmung oder Interessenverlust über zwei Wochen.

Zusätzlich werden Konzentrationsstörungen, Wertlosigkeitsgefühle, Schuldgefühle Hoffnungslosigkeit, Suizidgedanken, Appetitveränderungen, Schlafstörungen, psychomotorische Getriebenheit/Verlangsamung und ein reduzierter Antrieb oder Fatigue als Symptome genannt. Die Schweregradunterscheidung erfolgt wie bisher in der ICD-10 (WHO, 2014) nach der Anzahl und Ausprägung einzelner Symptome. Als Anker wird z. B. angegeben, dass bei einer moderaten MDD deutliche Probleme in der Alltagsbewältigung auftreten, generell aber noch eine Funktionsfähigkeit in Teilbereichen erhalten ist.

Das Auftreten einer rezidivierenden depressiven Episode ist analog des ICD-10 (WHO, 2014) definiert als mindestens zwei separate, depressive Episoden, wobei zwischen den einzelnen Episoden mehrere symptomfreie Monate liegen sollten. Eine Neuerung im ICD-11 (WHO, 2018) ist, dass das Auftreten einer depressiven Episode als Folge von Substanzabusus kategorisiert werden kann.

Zudem erfolgt in der ICD-11 (WHO, 2018) bei der Dysthymie, bei welcher keines der Symptome so stark ausgeprägt ist wie bei einer depressiven Episode und der episodenhafte Verlauf fehlt, die Festlegung auf eine mindestens zwei Jahre andauernde depressive Verstimmung. Im DSM 5 (APA, 2018) wird hingegen für Kinder und Jugendliche für die chronisch depressive Verstimmung nur ein Jahr gefordert, bei jungen Erwachsenen sind es auch dort zwei Jahre.

In der bisher gültigen ICD-10 werden, wie auch im DSM-5, die depressiven Episoden eingeteilt einmal nach dem – wie oben geschildert – Schweregrad und zum anderen danach, ob es sich um singuläre Ereignisse handelt oder um rezidivierende (= wiederkehrende) Erkrankungen. ICD-11 benennt, dass sich bei Kindern und Jugendlichen die depressive Stimmung als durchgängige Gereiztheit manifestieren kann.

Im DSM-5 (APA, 2018) ist zusätzlich die Disruptive Affektregulationsstörung (Disruptive Mood Dysregulation Disorder, DMDD) enthalten, die als eine eigenständige Störung definiert ist. Sie ist durch schwere wiederkehrende Wutausbrüche gekennzeichnet, die sich verbal (z. B. verbales Toben) und/oder im Verhalten (z. B. physische Aggression gegenüber Personen oder Gegenständen) manifestieren und die in ihrer Intensität und Dauer in Bezug auf die Situation, des Anlasses und dem jeweiligen Entwicklungsstand völlig unangemessen sind. Die ICD-11 hat diese Diagnosekategorie nicht übernommen, sondern integriert chronische Reizbarkeit und Ärger als ein Merkmal einer Störung mit oppositionellem und aufsässigem Verhalten. Aus diesem Grund wird an dieser Stelle nicht weiter auf die Symptomatik eingegangen, sondern die Affektregulationsstörung als Differenzialdiagnose behandelt.

1.5 Überprüfung der Lernziele

- Wie ist eine depressive Episode von »schlechter Stimmung« und pubertären Stimmungsschwankungen abzugrenzen?
- Welche Kernsymptome müssen für das Vorliegen einer depressiven Episode erfüllt sein?
- Welche Kriterien müssen für das Vorliegen einer rezidivierenden depressiven Störung erfüllt sein?
- Wie unterscheiden sich die Symptome der depressiven Erkrankung im Kindes-, Jugend – und jungen Erwachsenenalter?
- Was sind Symptome einer DMDD?
- Warum wird im ICD-11 die Affektregulationsstörung nicht unter den depressiven/affektiven Störungen gefasst?
- Wann wird bei Kindern und Jugendlichen, wann bei jungen Erwachsenen eine Dysthymie vergeben?
- Wodurch unterscheidet sich NSSV von Suizidalität?

2 Epidemiologie, Verlauf und Folgen

Fallbeispiel 1: Annika, 8 Jahre

Die depressiven Symptome haben sich bei Annika schleichend über ca. zwei Jahre hinweg entwickelt. So zog sie sich in der Schule immer weiter zurück, beteiligte sich weniger am Unterricht, konnte sich zunehmend schlechter konzentrieren, wurde im Kontakt mit den Mitschüler*innen unsicherer, was jedoch der Lehrerin nicht besonders auffiel. Ruhige und zurückgezogene Schüler*innen fallen im Schulkontext oft nicht negativ auf, so dass der Leidensdruck des Mädchens dort nicht erkannt wurde. Erst als Annika im familiären Bereich immer unausgeglichener, ängstlicher, aber auch gereizter wurde, es zu massiveren familiären Konflikten kam, Annika selbstabwertende und hoffnungslose Gedanken formulierte, über psychosomatische Beschwerden klagte, wurde der Mutter bewusst, dass ihre Tochter professionelle Hilfe benötigt.

Fallbeispiel 2: Tom, 16 Jahre

Toms Schüchternheit hat sich im Laufe der jugendlichen Entwicklung in soziale Ängste ausgeweitet. Diese wiederum begünstigten, dass er sich stark – mehr als üblich im Rahmen der jugendlichen Identitätsentwicklung – mit Gleichaltrigen verglich und sich irrationale, selbstabwertende Gedanken verfestigten, er sich immer trauriger, niedergeschlagener fühlte und sogar suizidale Gedanken hatte. Tom zog sich immer mehr zurück, wodurch sich die für ihn belastende Situation der Einsamkeit und das Gefühl, abgelehnt zu werden verstärkte und er wichtige Entwicklungsschritte im Jugendalter (z. B. Ausgehen, mit Gleichaltrigen Freizeit verbringen, erste sexuelle Kontakte, Aufbau intimer Partner*innenbeziehungen) nicht machen, er aber auch weitere soziale Fertigkeiten (z. B. Festigung Konfliktlösefertigkeiten mit Gleichaltrigen) nicht ausbauen konnte.

Fallbeispiel 3: Jessica, 22 Jahre

Jessica hat im Laufe ihres Lebens bereits mehrere depressive Episoden erlebt, dazwischen gab es aber auch Phasen, in denen die depressiven Symptome nicht vorhanden waren. Aktueller Auslöser für die depressive Episode war die Trennung von ihrem Freund vor der Geburt des Sohnes, aber vermutlich auch die Anforderungen, die die Versorgung eines Säuglings an sie stellt, kombiniert mit der Notwendigkeit, ihren Lebensentwurf neu zu denken. In der neuen Lebenssituation steigerten sich negative selbstbezogene Gedanken von Jessica, da sie wenig Vertrauen in sich hat, eine gute Mutter sein zu können. Bei Jessica führten die depressiven Symptome zu einer deutlichen Reduktion ihres psychosozialen Funktionsniveaus: Sie hatte bei der Vorstellung in der Praxis suizidale Gedanken, einen Druck, sich zur Emotionsregulation selbst zu verletzen (obwohl sie diese Problematik schon durch psychotherapeutische Hilfe überwunden hatte) und Appetitverlust. Zudem berichtete sie, sich permanent traurig und niedergeschlagen zu fühlen und Schlafstörungen zu haben. Sie gab an, im Moment nicht in der Lage zu sein, ihr Kind allein zu versorgen oder den Haushalt zu bewältigen.

> **Lernziele**
>
> - Sie wissen, wie häufig depressive Erkrankungen im Kindes- und Jugendalter und im jungen Erwachsenenalter vorkommen.
> - Sie wissen, welchen Verlauf depressive Störungen in den meisten Fällen bei Kindern, Jugendlichen und jungen Erwachsenen nehmen.
> - Sie können psychosoziale Beeinträchtigungen der depressiven Störungen benennen.

2.1 Epidemiologie

Depressionen gehören zu den häufigsten psychischen Erkrankungen weltweit (Dolle & Schulte-Körne, 2013; Klasen et al., 2016; Polanczyk et al., 2015). In einer Metaanalyse (Costello, Erkanli & Angold, 2006), in die nur Studien mit repräsentativen Stichproben bis zum Alter von 18 Jahren einbezogen wurden, in denen die Depressionsdiagnose mit Hilfe eines strukturierten klinischen Interviews gestellt wurde, ergaben sich Prävalenzschätzungen für Kinder (> 13 Jahre) von 2,8 % und für Jugendliche (13–18 Jahren) von 5,6 %. Im Jugendalter verdeutlichte sich auch ein Geschlechtereffekt (5,9 % bei Mädchen versus 4,6 % bei Jungen), der ab dem Jugendalter konstant bis ins Erwachsenenalter zu beobachten ist. Geringe Prävalenzangaben wurden für Klein- und Vorschulkinder ermittelt (> 1 %) (Costello, Erkanli & Angold, 2006).

Neuere Studien innerhalb Deutschlands (z. B. Klasen et al., 2016) ergaben eine Prävalenz von 11,2 % für das Vorkommen einer klinisch bedeutsamen Depression (Altersbereich 7–19 Jahren, N = 3.256) im Elternbericht und 16,2 % im Selbsturteil.

Im Rahmen der europäischen Gesundheitsbefragung (European Health Interview Survey, EHIS; Hapke, Cordes & Nübel, 2019) wurde in Deutschland auf der Basis eines klinischen Symptomfragebogens (Patient Health Questionnaire, PHQ-8; Kroenke et al., 2009) bei den teilnehmenden deutschen Jugendlichen und Erwachsenen (N = 254.510; Altersspanne: 15 bis ≥ 65 Jahren) eine durchschnittliche Prävalenz von 9,2 % ermittelt (10,8 % bei Frauen : 7,6 % bei Männern); die Prävalenz der depressiven Symptomatik bei Jugendlichen und jungen Erwachsenen (15–29 Jahre) war mit 11,5 % im Vergleich der Altersgruppen am höchsten.

Bezüglich der Veränderung der Erkrankungshäufigkeiten über die Jahrzehnte hinweg ist die Datenlage unklar (z. B. Fleming et al., 2014).

Exkurs: Entwicklung depressiver Erkrankungen bei Kindern und Jugendlichen nach der COVID-19 Pandemie

Die psychischen Auswirkungen für Kinder und Jugendliche (Altersbereich 7 bis 17 Jahre) durch die mit der Corona Pandemie 2020 verbundenen Veränderungen des Alltags (z. B. Schulschließungen, Reduktion von Sozialkontakten) wurden in einer bevölkerungsrepräsentativen Online-Befragung (COPSY-Studie) seit 2020 wiederholt untersucht (selbstberichtete Symptome) (Kaman et al., 2023). Der Anteil der Kinder und Jugendlichen mit depressiven Auffälligkeiten stieg im Pandemieverlauf bis Befragungswelle 2 (Dezember 2020 – Januar 2021) auf 15 % an, sank zu Befragungswelle 3 (Herbst 2021) leicht ab (11,1 %) und lag im Februar 2022 bei 12,8 %. Kinder und Jugendliche mit einem Risikocluster (psychische Erkrankung der Eltern, Eltern mit geringer Bildung/Migrationshintergrund/enger Wohnraum der Familie, Eltern mit hoher Belastung durch die Pandemie) hatten über die vier Befragungswellen hinweg ein erhöhtes Risiko für depressive Symptome (OR: 2,1–3,8; $p < 0{,}001$).

2.2 Verlauf und Folgen

Verschiedene Studien haben sich mit dem Entwicklungsverlauf depressiver Störungen von der Kindheit bis ins junge Erwachsenenalter hinein beschäftigt (z. B. Musliner et al., 2016; Shore et al., 2018). Dabei wird deutlich, dass die depressiven Symptome von der Kindheit bis ins Jugendalter/junge Erwachsenenalter hinein (bis ca. zum 20. Lebensjahr) allgemein zunehmen, sich dann aber wieder abschwächen (z. B. Ferro et al., 2015; Kwong et al., 2019). Bei Mädchen ist der deutlichste Symptomanstieg früher als bei Jungen erkennbar (13;5 J. versus 16 J.; Kwong et al., 2019).

Bei Minderjährigen zeigen Studien, dass fast die Hälfte der depressiven Symptomatik innerhalb eines Jahres remittiert (Park & Goodyer, 2000; Saluja et al. 2004). Für die Dauer depressiver Erkrankungen im Jugendalter werden Angaben zwischen durchschnittlich zwei bis sieben Monaten bis hin zu neun Monaten (Birmaher et al., 2004; Thapar et al., 2012) gemacht. Bezüglich der Dauer ist insbesondere im Kindes- und Jugendalter zu bedenken, dass hier bereits kürzer dauernde Phasen bezüglich der sehr kondensierten Entwicklungsanforderungen in dieser Lebensphase starke Auswirkungen haben können. So kann auch ein nur wenige Monate dauernder »Leistungsknick« in der Schule weitreichende Folgen haben. Ein Schulversagen kann wiederum dann einen zusätzlichen Risikofaktor für einen chronischen Verlauf bilden.

Depressive Störungen bergen jedoch insgesamt eine hohe Gefahr der Chronifizierung – so sind ca. 10 % der depressiven Jugendlichen auch nach zwei Jahren noch nicht genesen (vgl. Thapar et al., 2012). Im Zeitraum von zwei Jahren erleben 40 %, innerhalb von fünf Jahren sogar 70 % der remittierten Patient*innen einen Rückfall (Thapar et al., 2012).

Depressive Störungen und riskantes Gesundheitsverhalten haben einen engen Zusammenhang (Bai et al., 2018). Depressiv erkrankte Jugendliche haben im Verlauf ein erhöhtes Risiko für die Entwicklung von Suchterkrankungen und Persönlichkeitsstörungen und weisen insgesamt einen schlechteren Gesundheitszustand (Yu et al. 2017) auf. Auch zeigt sich bei ihnen das psychosoziale Funktionsniveau längerfristig reduziert, sie haben langfristige soziale Probleme, die sich oft in niedrigerem Schulabschluss und späterer Armut abbilden. Die ungünstigste Prognose – auch hinsichtlich sozialer Faktoren im späteren Leben (Meinzer et al., 2016; Fombonne et al., 2001) – haben Kinder und Jugendliche, die die Kombination von Depression und entweder Störungen des Sozialverhaltens (SSV) oder einer Aufmerksamkeits- und Hyperaktivitätsstörung (ADHS) aufweisen (z. B. Maudsley Longterm-Follow-up MDD Study, Fombonne et al., 2018; Pittsburgh ADHD Longitudinal Study, Cherkasova et al., 2021).

2.3 Überprüfung der Lernziele

- Wie häufig treten depressive Störungen bei Kindern, Jugendlichen und jungen Erwachsenen auf?
- Welche Verlaufsformen depressiver Störungen können unterschieden werden?
- Welche psychosozialen Folgen sind häufig bei depressiven Störungen?

3 Komorbidität und Differenzialdiagnostik

Fallbeispiel 1: Annika, 8 Jahre

Bei Annika traten die depressiven Symptome in Folge der Ablehnungs- und Mobbingerfahrungen in der Schule durch Mitschüler*innen auf, die Klassenlehrerin unterstützte Annika nicht angemessen. Bei ihr wurde eine mittelgradig depressive Episode vergeben. Zwar waren die depressiven Symptome Folge der Belastungen in der Interaktion mit Mitschüler*innen, es handelt sich jedoch nicht um eine Anpassungsstörung (vgl. Zeitkriterium). Annika entwickelte zusätzlich eine soziale Unsicherheit, die bei längerem Andauern der depressiven Symptome und der Belastungsfaktoren in eine Soziale Phobie übergehen könnte; zum geschilderten Zeitpunkt waren die Kriterien für eine Soziale Phobie jedoch nicht erfüllt (z. B. vermied Annika nicht generell soziale Situationen). Außerdem fielen bei Annika viele psychosomatische Beschwerden auf (z. B. Bauchschmerzen). Körperliche Beschwerden wie Bauchschmerzen treten bei Kindern sehr häufig im Rahmen von Belastungen auf, auch im Zusammenhang mit depressiven Erkrankungen geben Kinder gehäuft somatische Beschwerden an. Es ist immer wichtig, solche Symptome medizinisch abklären zu lassen, um eine somatische Ursache ausschließen, bzw. speziell behandeln zu können.

Fallbeispiel 3: Jessica, 22 Jahre

Bei Jessica (22 Jahre) lag zusätzlich zur rezidivierenden depressiven Störung eine emotional-instabile Persönlichkeitsstörung vom Borderline-Typus vor. Aufgrund der sehr belastenden frühen Bindungserfahrungen und Erfahrungen im familiären Kontext hat Jessica dysfunktionale Interaktionsmuster ausgebildet, die den Kontakt mit anderen zunehmend erschwert haben. Sie hat nur unzureichend gelernt, ihre Emotionen angemessen zu regulieren und Probleme kompetent zu lösen. Die emotional instabile Persönlichkeitsstörung vom Borderline-Typus umfasst ein solch »tiefgreifendes Muster von Instabilität in zwischenmenschlichen Beziehungen, im Selbstbild und in den Affekten sowie von deutlicher Impulsivität« (vgl. F.60.3 im DSM 5; Falkai & Wittchen, 2015), dessen Beginn bereits im frühen Erwachsenenalter liegt. So kann bei Jessica das Vorliegen verschiedener dazugehöriger Symptome beobachtet werden: Jessica hatte große Angst davor, von anderen Menschen verlassen zu werden, bzw. reagierte heftig auf Trennungen. Sie hat sich in der Vergangenheit oft selbst verletzt, ihr Selbstbild war instabil, Jessica fühlte sich innerlich völlig »leer«, sie ging rasch Kontakte zu anderen Menschen ein, »verherrlichte« diese, brach dann aber Beziehungen auch wieder schnell ab. Im Rahmen depressiver Erkrankungen verändern sich sehr häufig der Appetit und das Gewicht (teilweise Gewichtszunahme, teilweise -abnahme), selbstabwertende Gedanken sind typisch. Es lag bei ihr auch eine Störung des Körperbildes vor, Jessica war sehr schlank, nahm sich jedoch als »dick« wahr. In unserem Fallbeispiel wurde die Essstörung zusätzlich klassifiziert, da Jessica gezielt Maßnahmen unternahm (restriktives Essen), um Gewicht zu reduzieren. Als Symptom der depressiven Störung wäre es einzuordnen, wenn Jessica einfach keinen Hunger hat, weil sie so niedergeschlagen ist oder durch fehlende Alltagsstrukturen das Essen »vergisst«.

Die erste depressive Episode entwickelte sich als sie in eine Jugendhilfeeinrichtung kam (gravierende Veränderung der Lebenssituation, Schuldgefühle gegenüber der Mutter). In der Folgezeit sind immer wieder bei stressreichen Lebensereignissen depressive Symptome aufgetreten, die bei ihr mit einer starken Abwertung der eigenen Person einhergingen; Auslöser für die aktuelle depressive Episode war die Trennung vom Freund während der Schwangerschaft und die Herausforderung durch die neue Lebenssituation als Mutter. Die Essproblematik ist, genauso wie das früher auftretende NSSV, als ein dysfunktionaler Bewältigungsversuch zur Regulation von Gefühlen und zur Steigerung eines positiven Selbstwertgefühls zu verstehen.

Lernziele

- Sie können die häufigsten Komorbiditäten je nach Entwicklungsalter benennen und sich das gemeinsame Auftreten erklären.
- Sie können die depressiven Störungen abgrenzen von
  - einer Bipolaren Affektiven Störung
  - einer Disruptiven Affektdysregulationsstörung
  - Anpassungsstörungen
  - einer Sozialen Angststörung
  - einer Spezifischen Phobie
  - Persönlichkeitsstörungen (speziell: emotional-instabile Persönlichkeitsstörung vom Borderline-Typus; ängstlich-vermeidende Persönlichkeitsstörung)

3.1 Differenzialdiagnostik

Je nach Entwicklungsalter müssen bei depressiven Störungen unterschiedliche Störungsbilder differenzialdiagnostisch abgeklärt werden. Wie oben (▶ Kap. 1) beschrieben, kann das Merkmal der Reizbarkeit bei depressiven Kindern ein Kernmerkmal sein; eine auffällig gereizte Stimmung tritt allerdings auch häufig bei

Kindern und Jugendlichen mit oppositionellem Trotzverhalten und Störungen des Sozialverhaltens auf. Fehlen weitere Hinweise auf eine affektive Störung (z. B. Freudverlust, Antriebslosigkeit) und liegen auf der anderen Seite weitere oppositionelle oder aggressive Verhaltensweisen vor, so ist die Reizbarkeit als Symptom der externalen Symptomatik zu interpretieren. Abzugrenzen ist das depressive Störungsbild auch von der Disruptiven Affektregulationsstörung, die im DSM-5 (APA, 2018) den affektiven Störungen zugeordnet wird (Symptome: starke Gefühlsausbrüche, starker Ärger und/oder hohe Aggressivität neben der ausgeprägten, chronischen, nicht episodischen Reizbarkeit).

Das Symptom des Rückzugsverhaltens kann im Rahmen von Ängsten auftreten, wobei es bei Ängsten vornehmlich der Vermeidung der spezifischen angstauslösenden Situation dient. Das Rückzugsverhalten bei depressiven Störungen persistiert hingegen über alle Situationen hinweg. Im Hinblick auf Ängste sind im Kindesalter vor allem die Generalisierte Angststörung des Kindesalters (F93.8) sowie eine Störung mit sozialer Überängstlichkeit (F93.2) von depressiven Störungen abzugrenzen. Im Jugendalter und im jungen Erwachsenenalter muss dagegen das Vorliegen der sozialen Angststörung (F40.1) und die Generalisierte Angststörung (F41.1) ausgeschlossen werden.

Analog zu einer ADHS können auch bei depressiven Erkrankungen Konzentrationsschwierigkeiten und Störungen im Aufmerksamkeitsniveau vorkommen. Im Unterschied zu depressiven Störungen treten bei einer ADHS Konzentrationsschwierigkeiten unabhängig von deutlichen Stimmungsbeeinträchtigungen und Niedergeschlagenheit auf; darüber hinaus müssen beim Vorliegen einer ADHS die Konzentrations- und Aufmerksamkeitsprobleme zum Teil bereits bei Schuleintritt zu beobachten gewesen sein.

Im Jugendalter und im jungen Erwachsenenalter stellt die Unterscheidung einer unipolaren von einer bipolaren Depression die wichtigste Differenzialdiagnose dar. Die bipolare affektive Störung imponiert im Jugendalter/jungen Erwachsenenalter vor allem durch schnelle Stimmungswechsel oder Phasen mit gemischten manischen und depressiven Symptomen (Findling et al., 2019). Entsprechend sind eine sorgfältige Differenzialdiagnostik und längerfristige Verlaufsbeobachtungen zu empfehlen. Zudem können eine niedergedrückte Stimmung, Antriebslosigkeit und Konzentrationsstörungen im Rahmen von Essstörungen auftreten. Vor allem bei stark untergewichtigen Patient*innen mit der Diagnose einer Anorexia nervosa sind diese Merkmale evident. Bevor eine eigenständige depressive Episode diagnostiziert wird, sollte das Körpergewicht des*der Patienten*in weitestgehend normalisiert sein, um auszuschließen, dass es sich um eine mangelernährungsbedingte Symptomatik handelt. Auch Substanzmissbrauch und depressive Störungen sind klinisch oft eng verbunden. Es ist nicht auszuschließen, dass mithilfe von Substanzen wie Cannabis eine Art Selbstmedikation mit allen Folgeproblemen betrieben wird. Die Jugendlichen und jungen Erwachsenen schlafen schlecht ein, beschäftigen sich mit Internet und Smartphone oder »medizieren« sich selbst z. B. mit Cannabis, um »runterzukommen«. Dies kann sekundär zu einem Morgentief führen und auch Folgeprobleme wie ein abfallendes Leistungsniveau in der Schule /der Ausbildung zeitigen.

Bei Jugendlichen und jungen Erwachsenen sollte differenzialdiagnostisch auch immer die Entwicklung oder das Vorliegen einer emotional-instabilen oder einer selbstunsicheren Persönlichkeitsstörung abgeklärt werden. Stimmungsschwankungen, selbstabwertende Gedanken, Suizidalität, Gefühle von Hoffnungslosigkeit können sowohl im Rahmen einer Depression wie auch im Rahmen einer emotional-instabilen Persönlichkeitsstörung auftreten. Überschneidungen zwischen einer depressiven Erkrankung und einer selbstunsicheren oder ängstlich-vermeidenden Persönlichkeitsstörung liegen vor allem durch das Vorkommen von einem negativen Selbstbild in Form von Minderwertigkeitsgefühlen, der Vermeidung sozialer Aktivitäten und einem ausgeprägten Rückzugsverhalten bei der Persönlichkeitsstörung vor. Als wichtiges Differenzierungsmerkmal zwischen Persönlichkeitsstörungen und einer depressiven Erkrankung allgemein ist zunächst zu sehen, dass die allgemeinen Kriterien einer Persönlichkeitsstörung (z. B. charakteristische und dauerhafte, bereits in der Kindheit/Jugend beginnende, innere Erfahrungs- und Verhaltensmuster der Betroffenen allgemein, die gravierend abweichen von den in der Kultur gültigen Normen in den Bereichen Kognitionen, Affektivität, Impulskontrolle und Bedürfnisbefriedigung, Gestaltung zwischenmenschlicher Beziehungen) bei Depressionen nicht erfüllt sind.

Die Diagnose einer Anpassungsstörung wird häufig vergeben, vermutlich aus Sorge vor einer Psychopathologisierung von Kindern und Jugendlichen. Kriterium zur Diagnosestellung ist hier, dass die depressiven Symptome als Reaktion und im Rahmen eines Anpassungsprozesses auf eine Veränderung der Lebensumstände (z. B. Umzug) oder belastende psychosoziale Ereignisse (z. B. Mutter erkrankt an Brustkrebs) oder einschneidende Entwicklungsübergänge (wie z. B. der Übergang auf die weiterführende Schule, der Beginn einer Ausbildung/eines Studiums) nach ICD-10 (WHO, 2014) innerhalb eines Monats auftreten. Die Vergabe der Diagnose einer Anpassungsstörung beim Vorliegen einer Symptomatik nach dem Krankheitsbild einer depressiven Episode ist kritisch zu sehen (genauso wie eine fehlende Diagnosestellung), da alle Verlaufsuntersuchungen zu depressiven Symptomen zeigen, dass eine (unerkannte) Majore Depression eine hohe Gefahr der Chronifizierung und weitere Beeinträchtigungen im Verlauf zur Folge haben kann.

Somatische Erkrankungen, wie Hypothyreosen oder das Vorliegen von Eisenmangel müssen differenzialdiagnostisch selbstverständlich ausgeschlossen werden. Hypothyreosen können beispielsweise ebenso zu Antriebsmangel und verlangsamtem Denken führen; Eisenmangel zu Müdigkeit oder mangelnder Energie.

3.2 Komorbiditäten

Insgesamt geht es nicht nur um eine differenzialdiagnostische Abgrenzung einzelner Symptome, sondern um eine sorgfältige Prüfung des Vorliegens weiterer psychischer Störungen, da dies für den Behandlungsverlauf bedeutsam ist. So werden je nach Studie bei 40 bis 90 % der depressiven Jugendlichen mindestens eine komorbide Störung berichtet. Bei mehr als der Hälfte davon finden sich sogar zwei und mehr komorbide Störungen (Birmaher et al., 2007). Dies hat verschiedene Gründe:

Zum einen können gemeinsame Entwicklungspfade bei überlappender Symptomatik dafür verantwortlich sein (vgl. z. B. Cummings, Caporina & Kendall, 2014). Es finden sich beispielsweise bei Angststörungen und depressiven Störungen genetische Gemeinsamkeiten (Stephenson et al., 2015). Bei Komorbidität mit externalisierenden Störungen und Substanzmissbrauch wird von gemeinsamen familiären Risikofaktoren wie Missbrauch, Gewalt in der Familie oder Substanzkonsum der Eltern ausgegangen (Fergusson & Woodward, 2002). Zum anderen können depressive Störungen als Folge verschiedener anderer psychischer Störungen auftreten. Studien (z. B. Yu et al., 2017) zu externalisierenden Störungen belegen, dass im Verlauf auch eine depressive Störung komorbid auftreten kann. Externalisierende Störungen sind bei Jungen häufiger als bei Mädchen. Deshalb dürfte die Rate an depressiven Störungen bei Jungen unterschätzt werden. Zusätzlich zeigt sich, dass Jugendliche – insbesondere Mädchen – mit depressiven Störungen in der Folge gehäuft eine Störung des Sozialverhaltens zeigen (Yu et al. 2017). Wissenschaftliche Untersuchungen zu chronischen Erkrankungen im Kindes- und Jugendalter, wie z. B. zu Epilepsien (Aaberg et al., 2017; LaGrant et al., 2020) oder atopischer Dermatitis (Rønnstad et al., 2018) legen nahe, dass hier das Risiko für eine zusätzliche depressive Störung erhöht ist (Salpekar & Mula 2018). Auch bei adipösen Jugendlichen ist ein verstärktes Risiko für depressive Symptome zu verzeichnen (Oddy et al., 2018).

Bei Vorliegen von Schlafstörungen muss eine komorbide eigenständige Insomniediagnose in Betracht gezogen werden. Depressive Störungen treten oft komorbid mit einer Insomnie mit deutlichen psychosozialen Beeinträchtigungen, Schlafmangel und Tagesmüdigkeit auf. Das Auftreten der Schlafprobleme ist oftmals mit einer Verschiebung des Tag-Nacht-Rhythmus verbunden, wobei Einschlafstörungen schwieriger zu identifizieren sind und eher dissimuliert werden. So wird angegeben, dass noch Musik gehört wird, oder am Computer gespielt oder gechattet wird. Insgesamt geht man von einer wechselseitigen Beeinflussung von Schlafstörung und Depression aus. Zusätzlich feststellbar bei Jugendlichen ist oft ein Substanz-/Alkoholabusus. Längsschnittstudien zeigen, dass Substanzkonsum sowohl als Folge der depressiven Verstimmung als auch als Vorläufer der Depression auftreten kann (Brook et al., 2002).

3.3 Überprüfung der Lernziele

- Wie häufig kommen depressive Erkrankungen im Kindes- und Jugendalter und im jungen Erwachsenenalter vor?
- Welchen Verlauf nehmen depressive Störungen in den meisten Fällen bei Kindern, Jugendlichen und jungen Erwachsenen?

- Was sind typische psychosoziale Beeinträchtigungen, die im Zusammenhang mit einer depressiven Störung bei Kindern, Jugendlichen und jungen Erwachsenen auftreten können?
- Welche Störungsbilder sind differenzialdiagnostisch von einer depressiven Episode abzugrenzen?
- Welche psychischen Krankheitsbilder kommen häufig komorbide zu einer depressiven Erkrankung vor?

4 Diagnostik und Indikation

> **Lernziele**
>
> - Sie kennen die wesentlichen Schritte der verhaltenstherapeutischen Diagnostik.
> - Sie kennen die wesentlichen Schritte einer klassifikatorischen Diagnostik im Bereich depressiver Störungen.
> - Sie wissen, was Sie rechtlich bei der Kontaktaufnahme zu Bezugspersonen beachten und im Rahmen der therapeutischen Beziehung berücksichtigen müssen.
> - Sie können die diagnostischen Schritte auf unterschiedliche Altersbereiche anwenden.
> - Sie kennen testdiagnostische Instrumente zur Erfassung und Einordnung depressiver Symptome für die unterschiedlichen Altersbereiche.
> - Sie kennen klinische Interviews zur Erfassung und Einordnung depressiver Symptome für die unterschiedlichen Altersbereiche.
> - Sie kennen diagnostische Instrumente, die Sie zur Erfassung komorbider Störungen oder dem Ausschluss von Differenzialdiagnosen einsetzen können.
> - Sie können diagnostische Ergebnisse verschiedener Quellen interpretieren und wissen, wie ein klinisches Urteil über die Störungsbilder festgelegt wird.
> - Sie wissen, wie die Ergebnisse der Diagnostik kommuniziert werden können.

4.1 Ziele und Vorgehen im Überblick

Beim verhaltenstherapeutischen, diagnostischen Prozess bei Kindern, Jugendlichen und jungen Erwachsenen handelt es sich um ein komplexes Vorgehen, bei dem verschiedene Ziele verfolgt werden (▶ Abb. 4.1). Zum einen ist es wichtig, auf klassifikatorischer Ebene relevante Diagnosen zu stellen und Differenzialdiagnosen auszuschließen. Darüber hinaus sollte ein individuelles verhaltenstheoretisches Störungsmodell zur Entstehung und Aufrechterhaltung der Symptomatik erstellt werden. Auf der Grundlage der Diagnose(n) und des Störungsmodells werden individuelle Ziele abgeleitet, eine Prognose für die Veränderungsmöglichkeiten und ein effektiver Behandlungsplan werden erstellt.

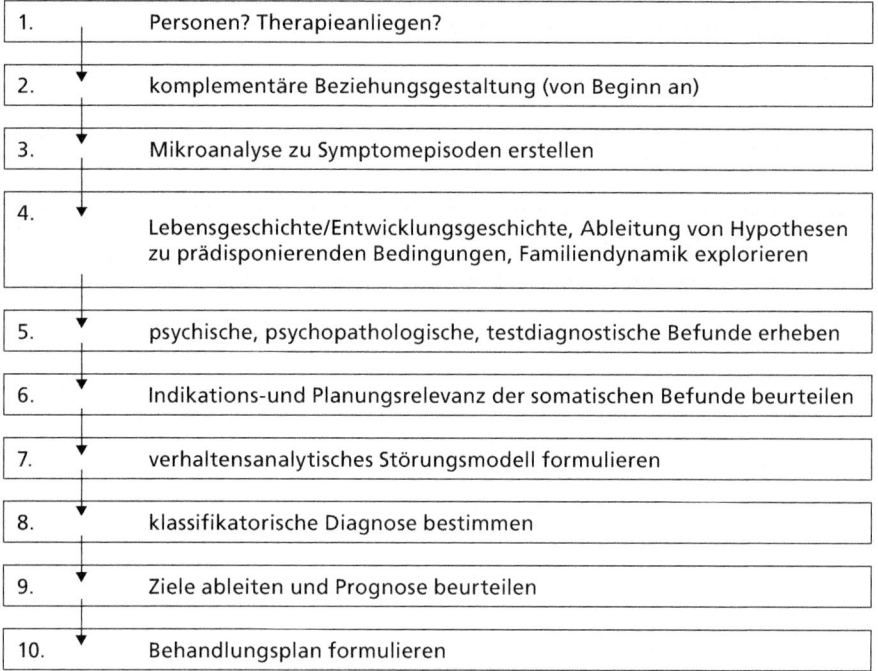

Abb. 4.1: Relevante Schritte zum Einholen von Informationen in der verhaltenstherapeutischen Diagnostik (nach Ubben, 2015)

In einem ersten Schritt werden die Anliegen aller beteiligter Personen erfasst. Bei Kindern, Jugendlichen und jungen Erwachsenen sind je nach Lebenssituation verschiedene Bezugspersonen aus relevanten Settings (z. B. Kindergarten, Schule, Ausbildung, Jugendamt, Berufsschule, Arbeitsagentur) in den diagnostischen Prozess einzubeziehen. Da es aufgrund der Erkrankung zu Problemen in schulischen oder beruflichen Kontexten gekommen sein kann (z. B. Versäumen von Klassenarbeiten und Druck, ggfs. die Klasse zu wiederholen, Fehltage in der Ausbildung und ggfs. drohende Beendigung des Ausbildungsverhältnisses) ist die Einordnung dieser Umstände auch für die Therapieplanung wichtig. Von Anfang an spielt der Aufbau einer komplementären therapeutischen Beziehung eine wesentliche Rolle.

Exkurs Therapeutische Beziehungsgestaltung

Über die Bedeutung der therapeutischen Beziehung liegen im Kinder-/Jugend- (Karver et al., 2018) und vor allem den Erwachsenenbereich (z. B. Martin, Garake & Davis, 2000; Horvath et al., 2011) zahlreiche Wirksamkeitsstudien vor. Auch in der Behandlung von Depressionen spielt die therapeutische Beziehung eine wesentliche Rolle für den Therapieerfolg (z. B. de Bolle, Johnson & de Fruyt, 2010). In einer Studie mit 38 Jugendlichen mit depressiven Erkrankungen konnte gezeigt werden, dass die therapeutische Beziehung zu Beginn einer Therapie die Schwere der Symptome im Verlauf vorhersagt (Labouliere et al., 2017).

Im Rahmen depressiver Erkrankungen sind verschiedene Aspekte bei der therapeutischen Beziehungsgestaltung zu beachten: Zum einen hat es sich verdeutlicht, dass es wichtig für den Therapieerfolg ist, dass Therapeut*innen Hoffnung auf Veränderung vermitteln, ohne jedoch – aus einem Handlungsimpuls heraus die geschilderte Traurigkeit zu lindern – vorschnell zu trösten (i. S. von »das wird schon wieder«; »so schlimm ist das doch gar nicht«), da Patient*innen sich dann als »Versager*in« oder »klagsam« erleben könnten, was zu einer Verstärkung depressiver Gefühlslagen führen kann (Hell & Marty, 2001). Darüber hinaus kann es durch eine bestehende Affektverflachung auf Seiten der Patient*innen auch dazu kommen, dass Behandler*innen weniger mitfühlen oder sogar ein Gefühl von Ärger entsteht; hilfreich kann es sein, wenn Therapeut*innen sich in jeder Phase der Behandlung verdeutlichen, dass die Abflachung der emotionalen Schwingungsfähigkeit ein Symptom der durch die Behandlung adressierten Erkrankung sein kann. (Weitere Informationen zur therapeutischen Beziehungsgestaltung siehe In-Albon, Christiansen & Schwenck, 2020).

Fallbeispiel Tom

Beim Erstgespräch/zu Beginn der Psychotherapie:
Dem Therapeuten fällt Toms Nervosität und Schüchternheit zusätzlich zu der Traurigkeit und Niedergeschlagenheit auf (▶ Kap. 1.2, ▶ Kap. 1.3, erster Eindruck). Im Erstkontakt ist es deshalb wichtig, eine ruhige, freundliche und zugewandte Haltung einzunehmen, Tom Zeit zu lassen zur Beantwortung von Fragen und ihm Sicherheit zu vermitteln, da Tom vermutlich eher knapp, eventuell leise und schüchtern antworten wird. Dazu sollte zum einen das therapeutische Vorgehen genau erklärt und das Erstgespräch eingeordnet werden, zum anderen könnte der Therapeut zunächst Fragen stellen, die Tom einfach beantworten kann. Bei Fragen zum Erleben und zur Problematik können die gegebenen Antworten engmaschig verstärkt werden.

Folgender Dialog wäre denkbar:
Th.: »Tom, jetzt habe ich dir und deinem Vater erklärt, was wir genau machen und wie der diagnostische Prozess ablaufen wird. Du kannst jederzeit Fragen stellen, wenn dir etwas unklar ist.«
Tom: »Nein... ich habe alles verstanden.«
Th.: »Prima, dann möchte ich die Stunde heute nutzen, dich besser kennen zu lernen und mehr darüber zu erfahren, weshalb dein Vater und du hier seid. Ist das für dich okay?«
Tom: »Ja.«

Th.: »Dann stelle ich dir zunächst ein paar Fragen zu deinem Alltag: In welche Schule/Klasse gehst du? Wie viele Geschwister hast du? Kannst du mir beschreiben, wo/wie ihr wohnt? Usw.«

Tom beantwortet diese Fragen, der Therapeut verstärkt die Antworten, indem er noch kurze Fragen dazu stellt (z. B. Wie alt ist deine Schwester?) oder aber die Antworten einordnet (z. B. »Ach, dann gehörst du schon zu den älteren Schülern an Eurer Schule.«).

Th.: »Jetzt würde ich gerne mehr darüber erfahren, weshalb du mit deinem Vater zu mir kommst. Wenn Kinder oder Jugendliche zu mir kommen, dann liegen meist irgendwelche Schwierigkeiten oder Probleme vor. Kannst du mir erzählen, was bei dir los ist?«

Tom: »Mhhh...« (stockt, sucht nach Worten)

Th.: »Ich weiß, dass es manchmal nicht so leicht ist, zu erzählen, weshalb jemand zu mir kommt. Vielleicht hilft es dir, wenn ich dir konkretere Fragen dazu stelle. Okay?«

Tom: »Ja.«

Th.: »Natürlich hat dein Vater mir am Telefon schon ein wenig berichtet, worum es geht. Er hat mir gesagt, dass sich deine Stimmung in letzter Zeit verändert hat. Kannst du das genauer schildern?«

Tom: »... ich fühl mich einfach so blöd, freue mich kaum mehr, alles ist irgendwie egal.«

Th.: »Das ist sicher sehr belastend für dich. Und weißt du was? Oft berichten mir Jugendliche so etwas. Jeder Mensch und seine Lebensgeschichte ist natürlich einzigartig, aber in den meisten Fällen finden wir gemeinsam einen Weg, wie es der betroffenen Person nach und nach besser gehen und sie ihren Alltag wieder zufriedenstellender leben kann. Als Therapeut versuche ich am Anfang herauszufinden, was genau vorliegt, worunter jemand leidet. So eine niedergeschlagene und negative Stimmung kommt zum Beispiel im Rahmen von depressiven Erkrankungen vor. Dazu gehören aber noch mehr Symptome. Darf ich dich zu den weiteren Symptomen fragen? Du antwortest einfach so gut du kannst, es gibt auch kein richtig oder falsch auf meine Fragen, denn es geht ja um dein Empfinden und Erleben und das kannst nur du einschätzen.«

Der Therapeut klärt weitere Symptome einer depressiven Erkrankung ab. Wichtig für ihn ist es zu realisieren, dass Tom im ersten Kontakt vermutlich aufgrund seines negativen Selbstwertes und der sozialen Ängste (z. B. Schamgefühle) bestimmte Inhalte/Aspekte nicht benennt; diese können bei erfolgtem vertrauensvollen Beziehungsaufbau nachgetragen werden.

Im weiteren diagnostischen Prozess werden ausgehend von konkreten Analysen von Problemsituationen weitere Hintergründe zur Lebens- und Entwicklungsgeschichte eingeholt, die Familiendynamik wird analysiert und Hypothesen zu prädisponierenden Bedingungen abgeleitet. Ein ausführlicher psychopathologischer Befund wird erhoben. Im Zusammenhang mit depressiven Erkrankungen können hierbei häufig im Bereich der Stimmung/des Affektes Niedergeschlagenheit, Traurigkeit festgestellt werden, eine eingeschränkte Schwingungsfähigkeit, reduzierte Mimik und auffallende Aspekte im inhaltlichen Denken wie Schwarz-Weiß-Denken, verstärktes Grübeln. Typische Auffälligkeiten sind außerdem eine starke Hoffnungslosigkeit, Schuldgefühle, ein reduzierter Antrieb, Interessensverlust und sozialer Rückzug, genauso wie Selbstwertprobleme. Teilweise werden auch Konzentrationsprobleme berichtet und beobachtet. Immer zu beachten und genau zu explorieren sind das Vorhandensein von suizidalen Gedanken bis hin zu suizidalen Absichten.

Testpsychologische Untersuchungen schließen sich an (▶ Kap. 4.4). Darüber hinaus müssen ggf. vorhandene somatische Befunde auf ihre Störungsrelevanz hin beurteilt, teilweise bestimmte körperliche Untersuchungen konsiliarisch eingeleitet werden. Zu denken ist im Rahmen von depressiven Erkrankungen vor allem an das Vorliegen von Hypothyreosen oder Eisenmangel oder anderen somatischen Erkrankungen, die zu depressionsähnlichen Symptomen führen können, wie z.B. auch hämatologisch-onkologische Erkrankungen. Auf der Basis der erhobenen Informationen wird schließlich ein verhaltensanalytisches Störungsmodell formuliert. Die von unterschiedlichen Quellen erhobenen diagnostischen Informationen zur Symptomatik müssen dann auf klassifikatorischer Ebene analysiert und die Befunde zur Erstellung eines klinischen Urteils bezüglich der Diagnose integriert werden. Eine genauere Beschreibung des allgemeinen diagnostischen Vorgehens in der psychotherapeutischen Arbeit mit Kindern, Jugendlichen und jungen Erwachsenen kann nachgelesen werden bei In-Albon, Christiansen & Schwenck, 2020.

4.2　Das Erstgespräch

Im Erstgespräch geht es um eine erste Erfassung der Problematik, der psychosozialen Situation, der vorhandenen Ressourcen und der Anliegen der einzelnen Beteiligten. Außerdem sollte genau erfragt werden, welche Lösungsversuche, ggf. vorherige/begleitende Behandlungsversuche bereits unternommen wurden/werden.

Patient*innen mit depressiven Erkrankungen wirken aufgrund des vorherrschenden Affekts der Traurigkeit/Niedergeschlagenheit und der oft eingeschränkten Mimik auf Behandler*innen oft zunächst »lustlos«, unmotiviert, teilweise auch unnahbar/distanziert. Ein psychotherapeutisches Erstgespräch stellt für viele Patient*innen eine nicht unerhebliche Stresssituation dar. Um Gefühlen der Überforderung bei Kindern, Jugendlichen und jungen Erwachsenen mit depressiven Episoden entgegenzuwirken, können verschiedene Vorgehensweisen und Methoden genutzt werden.

Richtlinien legen ein sinnvolles und effektives Vorgehen in der diagnostischen Phase fest, dieses ist bei In-Albon, Christiansen & Schwenck (2020) konkret beschrieben.

In der Exploration sollten bereits kontextuelle (auslösende) Faktoren, insbesondere auch kritische/stressreiche Lebensereignisse, das erstmalige Auftreten der Symptomatik und die Auswirkungen auf den Alltag erfragt werden. Wichtig ist auch die Erfassung von Stärken und Ressourcen. Hierfür können unter anderem Arbeitsblätter eingesetzt werden (z. B. siehe Anhang: AB 1 und 2 Selbstbeschreibung) oder kreative Methoden (z. B. Kind zeichnet Hobbies oder schneidet Bilder aus Zeitschriften aus, gestaltet ein Selbstbeschreibungsplakat). Therapeut*innen sollten beachten, dass es depressiv erkrankten Personen aufgrund der Symptome wie negatives Denken oder ein niedriger Selbstwert teilweise schwerfällt, Ressourcen oder Stärken selbst zu benennen. Je nach individueller Ausgangslage können Bezugspersonen zusätzlich befragt werden oder Therapeut*innen bringen Stärken ein, die ihnen selbst aufgefallen sind (z. B. »Mir ist aufgefallen, dass du sehr hilfsbereit bist und ein tolles Lächeln hast – auch wenn du dich zurzeit oft nicht fröhlich fühlst.«). Da Patient*innen bei der geschilderten Problematik (noch) wenig positives Empfinden haben werden, wenn die Stärken/Ressourcen adressiert werden, können Therapeut*innen dies einordnen. Beispielhaft kann gesagt werden: »Um dich kennen zu lernen, haben wir uns mit dem beschäftigt, worunter du leidest und was du im Moment schwierig findest. Aber wir haben uns auch angeschaut, was dich auszeichnet, was toll an dir ist, welche Interessen du hast. Natürlich weiß ich, dass es dir gerade nicht gut geht, dass du zu nichts Lust hast. Deshalb kommt es dir vielleicht komisch oder sogar ‚fremd' vor, wenn wir uns damit beschäftigen, welche Stärken und Hobbies du hast. Aber die sind auch ein wichtiger Teil von dir, auch wenn sie gerade fast »verdeckt« scheinen von deiner Traurigkeit.«

Am Ende des Erstgesprächs sollte der*die Therapeut*in einen ersten Eindruck von der Problematik haben, differenzialdiagnostische Überlegungen anstellen können, Informationen über das psychosoziale Umfeld von dem*der Patienten*in haben und die Anliegen der einzelnen Beteiligten kennen. Bei depressiven Störungen ist direkt im Erstkontakt eine Einschätzung möglicher Suizidalität wichtig, da teilweise frühzeitig sog. »Notfallpläne« (d.h. Strategien zum Krisenmanagement) festgelegt werden müssen.

Es sollte überprüft werden, ob bei dem*der Patienten*in aktive Suizidtendenzen (drängende Suizidgedanken, Suizidabsichten und bereits konkrete Pläne zur Umsetzung) vorkommen. Dies kann daran erkannt werden, dass sich Patient*innen mit Ruhewünschen, Sterben, Tod, Suizid (je konkreter, desto gefährlicher!) beschäftigen. Als kritisch einzustufen ist es, wenn in der Interaktion starke Hoffnungslosigkeit, Resignation auffallen, der*die Patient*in über ängstigende oder als bedrohlich erlebte Wahninhalte berichtet, schwere Schuld- oder Versagensgefühle erlebt, sich sehr stark gedanklich mit suizidalen Inhalten beschäftigt, über quälend erlebte Schlafstörungen, Unruhe, Hilflosigkeitserleben, Wertlosigkeitserleben oder Panikzustände berichtet und der Aufbau einer tragfähigen therapeutischen Beziehung fast unmöglich erscheint.

Exkurs: Kriterien zur Einschätzung akuter Suizidalität (Ebner, 2007)

Zu Beginn der Diagnostik und kontinuierlich im Verlauf sollte abgeklärt werden, ob aktuell eine Krisensituation vorliegt. Wenn dies zutrifft, sollte bewertet werden, ob die Situation ein unmittelbares therapeutisches Handeln notwendig macht. Typische Ursachen für Krisensituationen sind:

- Aktuelle Verlust-Kränkungserlebnisse (z. B. Trennungen, massives Mobbing)
- Lebenskrise/Sinnkrise (z. B. Scheitern im aktuellen Alltag, fehlende Zukunftsperspektiven)
- Traumatische Situationen und Erfahrungen (z. B. Misshandlungen, Missbrauch)
- Existenzbedrohende Situationen (z. B. Arbeitslosigkeit des finanziell versorgenden Elternteils)

Bei der Exploration suizidaler Gedanken und -absichten sollte altersgerecht nach dem Vorhandensein gefragt werden.

Typische Fragen zur Abklärung suizidaler Gedanken und -absichten (ab ca. zehn Jahren)

- Denkst du manchmal über den Tod nach? Beschreibe bitte deine Gedanken.
- In welchen Situationen denkst du über den Tod nach?
- Hast du manchmal den Wunsch, nicht mehr leben zu wollen? Wie stark ist dieser Wunsch?
- Hast du dir schon mal überlegt, dir das Leben zu nehmen?
- Wenn du nachgedacht hast, dir das Leben nehmen zu wollen: Wie würdest du es konkret tun?
- Gibt es schon einen konkreten Suizidplan? Hast du dir schon etwas beschafft, um den Plan umzusetzen?
- Auch wenn du manchmal so verzweifelt bist: Gibt es Gründe, wofür es sich zu leben lohnt?
- Gibt es Gründe, die dich von einem Suizidversuch abhalten?
- Hast du schon mal einen Suizidversuch unternommen? Wenn ja, wie?

Es ist als kritisch zu beurteilen, wenn ein Suizidversuch oder Suizidabsichten innerhalb der letzten zwei Wochen vorkamen. Ein berichteter Suizidversuch sollte hinsichtlich des Gefährdungspotenzials eingeschätzt werden (vgl. Harrington, 2013). Ein Suizidversuch ist als ernsthaft zu bewerten, wenn

- Der Suizidversuch in Isolation durchgeführt wurde.
- Der Zeitpunkt eine Entdeckung und Intervention unwahrscheinlich machte (z. B. die Eltern waren über das Wochenende weggefahren).

- Vorsorgemaßnahmen gegenüber Entdeckung ergriffen wurden (z. B. ein Jugendlicher sagt seinen Freunden, er wäre bis morgen nicht zu erreichen, da er sein Handy in die Reparatur bringen müsste).
- Vorbereitungen in Vorausschau auf den Tod ergriffen wurden (z. B. ein Brief wurde geschrieben, in dem die Beerdigung geplant war).
- Vorsätzlichkeit bestand/ein konkreter Suizidplan vorhanden war.
- Eine Nachricht hinterlegt war (z. B. Abschiedsbriefe an die Familie).
- Die Alarmierung Dritter nach dem Suizidversuch ausblieb.
- Anhaltende Suizidgedanken, -pläne vorherrschten.
- Frühere Suizidversuche vorkamen.

Wichtig zu wissen ist, dass gerade im Jugendalter relativ häufig Gedanken über den Tod vorkommen. In einer Studie (Plener et al., 2009) haben fast 36 % der N = 665 befragten Jugendlichen im Alter zwischen 14–17 Jahren angegeben, Suizidgedanken zu kennen, aber nur 6,5 % haben einen Suizidversuch unternommen. Von daher ist es für den*die Diagnostiker*in wichtig abzuschätzen, ob es sich bei den Suizidgedanken um eine eher altersgerechte Auseinandersetzung mit dem Thema Tod handelt, ob die depressive Symptomatik oder die psychosoziale Situation so belastend erscheint, dass passive Ruhewünsche vorhanden sind oder ob tatsächlich ein drängender Suizidwunsch besteht. Das weitere Vorgehen in der Behandlung richtet sich nach dieser Risikoeinschätzung. Bei Jugendlichen/jungen Erwachsenen ist es meist am besten, wenn Fragen zu dieser Thematik ohne die Bezugspersonen gestellt werden, da dadurch bei vielen eine größere Offenheit herrscht. Je nach Einschätzung der Gefährdung müssen die Sorgeberechtigten informiert und Schutzmaßnahmen (z. B. Einleitung stationäre Krisenintervention) angebahnt werden (vgl. Leitlinie Suizidalität im Kindes- und Jugendalter; AWMF, 2016).

Jüngere Kinder berichten kaum von sich aus von suizidalen Gedanken. Viel häufiger benennen die Bezugspersonen – oft voller Sorge – dass ihr Kind Äußerungen in diese Richtung getätigt hat. In dieser Situation sollte sorgfältig nachgefragt werden, in welchem Zusammenhang/in welchen Auslösesituationen das Kind suizidale Äußerungen macht, woher das Kind das Thema »Suizid« kennen könnte und wie die Bezugspersonen darauf reagieren. In vielen Fällen wird deutlich, dass Kinder modellhaft Äußerungen über Suizid kennen gelernt haben, diese in sehr verzweifelten Situationen benennen und erleben, dass das Umfeld/die Bezugspersonen darauf stark reagieren. In der Diagnostiksituation sollte der*die Diagnostiker*in mit dem Kind – wenn möglich – allein über seine Gedanken und Äußerungen über Suizid sprechen, um abschätzen zu können, welche Funktion diese für das Kind haben und inwieweit das Kind von konkreten Suizidabsichten distanziert ist.

Sollte der*die Behandler*in zum Urteil kommen, dass eine ernstzunehmende Suizidalität vorliegt, muss abgeschätzt werden, ob eine stationäre Krisenintervention notwendig ist. Sollte der*die Patient*in absprachefähig sein und die Sorgeberechtigten gut einbezogen werden können in die Festlegung eines Notfallplans (z. B., dass vereinbart wird, dass sie ihre Tochter/ihren Sohn verstärkt beobachten und rasch und zuverlässig erreichbar und ansprechbar für ihr Kind sind; ▶ Kap. 6.7.2), kann eine ambulante Weiterbehandlung fortgeführt werden. »Absprachefähig« bedeutet, dass ein*e Patient*in glaubhaft zusagen kann, einen verabredeten Notfallplan einzuhalten und andere, z. B. die Eltern, zu informieren, wenn die Suizidgedanken drängender werden. Therapeut*innen sollten zeitnah zur Exploration und Einschätzung der Suizidalität schriftlich die fachlich klinische Einschätzung dokumentieren (Plener, 2015). Eine solche Dokumentation sollte die Einschätzung des Risikos, die Begründung dafür und eine kurze Skizze der Maßnahmen zur Reduktion der Suizidalität enthalten.

Im Fallbeispiel »Jessica« könnte der*die Therapeut*in folgende Dokumentation bezüglich der Suizidalität nach dem Erstgespräch anlegen:

Fallbeispiel Jessica

»Einschätzung aktueller Suizidalität: Pat. berichtet über aktuelle Suizidgedanken, keine konkreten Suizidpläne oder -absichten; Pat. distanziert sich von akuter Suizidalität; Grund zu leben: Sie will für ihr Baby da sein, es nicht im Stich lassen. Jessica ist in einer Mutter-Kind-Einheit in ein gutes soziales Netz eingebunden, Jessica holt sich zuverlässig Unterstützung in emotional schwierigen Situationen. Interventionen: Ein Notfallplan wurde festgelegt, dieser durfte mit ihrer Zustimmung mit der Bezugsbetreuerin besprochen werden. Jessica kann zusichern, sich daran zu halten. Einschätzung früherer Suizidversuche: In der Vergangenheit mit 15 J. Suizidversuch mit Tabletten nach Trennung vom Freund, hat sich nach Einnahme der Tabletten damals jedoch Unterstützung geholt.«

Sehr wichtig – für die therapeutische Arbeit, aber auch unter berufsrechtlichen Aspekten – ist es, im weiteren Verlauf der Diagnostik und ggf. Psychotherapie ganz regelmäßig die aktuelle Suizidalität einzuschätzen und je nach Vorhandensein/Ausmaß geeignete Interventionen einzuplanen.

Im diagnostischen Prozess zur Abklärung des Vorliegens einer depressiven Erkrankung müssen relevante Unterlagen (z. B. Schweigepflichtsentbindungen, schriftliches Einverständnis der Sorgeberechtigten) und Vorbefunde (z. B. somatische Befunde) eingeholt und gesichtet und dem*der Patienten*in und den Bezugspersonen alle relevanten Informationen zum Ablauf einer Psychotherapie (z. B. Rahmenbedingungen) gegeben werden (vgl. In-Albon, Christiansen & Schwenck, 2020).

4.3 Entwicklungsgeschichte, Mikro- und Makroanalyse

Im Rahmen der Anamnese sollte die Entwicklungsgeschichte der Patient*innen erfragt werden (»wurden alle Meilensteine der Entwicklung zeitgerecht erreicht?«).

Diese Informationen geben Hinweise auf mögliche Risiko- oder Schutzfaktoren in der Entwicklung allgemein.

Speziell bezogen auf eine Depression ist es relevant zu erfragen (▶ Kap. 5, Ätiologie) mit welchem Temperament der*die Patient*in auf die Welt kam und wie sich die Persönlichkeit entwickelt hat. Darüber hinaus ist familienanamnestisch das Vorliegen von Depressionen/anderen psychischen Störungen in der Familie zu erfassen, die Erfüllung der Grundbedürfnisse durch die Bezugspersonen und ggf. das soziale Umfeld, die Bewältigung aktueller Entwicklungsaufgaben und chronische und/oder aktuelle Stressfaktoren sollten ebenfalls abgeklärt werden.

Ein weiterer wichtiger Baustein der verhaltenstheoretischen Diagnostik ist die Erfassung von konkreten Problemsituationen und der Erstellung einer Verhaltensanalyse. Dieses Vorgehen ist ausführlich bei In-Albon, Christiansen & Schwenck (2020) dargestellt. In verhaltensanalytischen Modellen werden auf der Basis von lernpsychologischen Erkenntnissen, Bedingungen und Wirkungen von Verhalten systematisch analysiert und Möglichkeiten der Verhaltensmodifikation gezielt abgeleitet (Neudeck & Mühlig 2013). Bei der Problem- und Verhaltensanalyse wird zwischen der Mikro- und der Makro-Verhaltensanalyse unterschieden.

Mit Hilfe der Makro-Verhaltensanalyse werden die übergeordneten Rahmenbedingungen und der soziale Kontext für die Erstauslösung und die Aufrechterhaltung von Problemverhalten analysiert. Darüber hinaus wird die intra- und die interpersonelle Funktionalität des Problemverhaltens betrachtet. Die Mikro-Verhaltensanalyse bildet die kleinste Einheit zur Beschreibung von konkreten Problemverhaltensweisen. Es werden die aktuell auslösenden Bedingungen, Häufigkeit, Dauer und die Intensität des Problemverhaltens und dessen Konsequenzen im Verhalten der Person, aber auch die Konsequenzen des sozialen Umfeldes für die betreffende Person oder die Interaktionspartner*innen beschrieben.

Ein konkretes Beispiel zur Erstellung einer Mikro- und Makroanalyse zum Fall »Tom« findet sich in Kapitel 6 (▶ Kap. 6.1).

4.4 Diagnostikinstrumente und klinische Interviews

4.4.1 Screening von Verhaltensauffälligkeiten

Testpsychologische Erhebungen (orientierende Breitbandverfahren und spezifische Depressionsfragebögen) ergänzen die Diagnostik, mit Hilfe derer Symptome, Ursachen und auslösende und aufrechterhaltende Faktoren zu erfassen sind. Klinische Interviews können dann zur Diagnosestellung und Differenzialdiagnose eingesetzt werden. Im Rahmen der Diagnostik bei Kindern, Jugendlichen und jungen Erwachsenen ist die Erhebung von Informationen in unterschiedlichen Lebensbereichen und von unterschiedlichen Informant*innen relevant.

4.4.2 Erfassung depressiver Symptome und Diagnosen (Interviews)

Während bei jüngeren Kindern die Erfassung der depressiven Symptome als Fremdbericht über die Eltern durchaus geeignet ist, so ist dies bei Jugendlichen und den jungen Erwachsenen nicht mehr zu empfehlen, da Eltern/Bezugspersonen häufig eine internalisierende Symptomatik der betroffenen Jugendlichen/jungen Erwachsenen nur unzureichend einschätzen können.

Einen Überblick über die verfügbaren und untersuchten Diagnoseinstrumente in deutscher Sprache gibt die folgende Tabelle (▶ Tab. 4.1).

Tab. 4.1: Überblick über diagnostische Instrumente zur Erfassung depressiver Symptome und Diagnosen

Erfassungsmethode	Bezeichnung	Was wird erfasst?	Altersbereich
Selbstbericht	DISYPS III (SBB-DES; Götz-Dorten & Döpfner, 2018)	depressive Symptome nach ICD-10 und DSM 5	11–18 Jahre
	Depressionsinventar für Kinder und Jugendliche (DIJK; Stiensmeier-Pelster et al., 2000)	Schweregrad einer depressiven Störung	8–16 Jahre
	Beck Depressions-Inventar (BDI-II, Hautzinger, Keller & Kühner, 2009)	Schweregrad einer depressiven Störung	> 13 Jahre
	Depressionstest für Kinder II (DTK-II, Rossmann, 2014)	aktuelle depressive Befindlichkeit	9–14 Jahre
	Children Depression Screener (CHILD-S, Frühe et al., 2012)	Schweregrad einer depressiven Störung	9–12 Jahre
	Allgemeine Depressionsskala (ADS-K; Hautzinger et al., 2012)	Schweregrad einer depressiven Störung	> 12 Jahre
Expert*inneninterviews	Children's Depression Rating Scale-Revised (CDRS-R; Keller et al., 2012)	strukturiertes Interview zur Erfassung depressiver Symptome	6–17 Jahre
	Kinder-DIPS-OA (Schneider et al., 2017)	strukturiertes Interview zur Erfassung psychischer Störung im Kindes- und Jugendalter	Ab 8 (frühestens 6) Jahren
	Kiddie-SADS (Delmo et al., 2001)	semistrukturiertes diagnostisches Interview zur Erfassung gegenwärtiger und zurückliegender Episoden psychischer Störungen bei Kindern und Jugendlichen	Schulalter (6–18 Jahre)

Tab. 4.1: Überblick über diagnostische Instrumente zur Erfassung depressiver Symptome und Diagnosen – Fortsetzung

Erfassungs-methode	Bezeichnung	Was wird erfasst?	Altersbereich
	Diagnostisches Interview bei psychischen Störungen (DIPS Open Access 1.2; Margraf et al., 2021)	diagnostisches Interview bei psychischen Störungen mit Klassifikation psychischer Störungen nach ICD-10 und DSM-IV-TR	Erwachsenenalter (ab 18 Jahren)
	Strukturiertes Klinisches Interview für DSM-5-Störungen – Klinische Version (SKID; Beesdo-Baum et al., 2019)	semistrukturiertes Interview für die Diagnostik von psychischen Störungen nach DSM-5	Erwachsenenalter (ab 18 Jahren)
Fremdurteil	DISYSPS III (FBB-DES; Götz-Dorten & Döpfner, 2018)	depressive Symptome nach ICD-10 und DSM-5	4–18 Jahre

Über die Erfassung der Kernsymptomatik hinaus ist zu empfehlen, assoziierte Symptome wie

- Stressbewältigungsfertigkeiten (bspw. mit dem Fragebogen zur Erhebung von Stress und Stressbewältigung im Kindes- und Jugendalter [SSKJ]; Lohaus et al, 2006),
- Emotionsregulation (bspw. Fragebogen zur Erhebung der Emotionsregulation ([FEEL-KJ]; Grob & Smolenski, 2005),
- dysfunktionale Einstellung und Gedanken (Fragebogen zur Erfassung automatischer Kognitionen, [FAG]; Pössel, Seemann & Hautzinger, 2005; Skala dysfunktionaler Einstellungen – Jugendliche [DAS-J]; Keller, Kirchner & Pössel, 2010)

zu erfassen. Durch die Erfassung dieser spezifischen kognitiven, emotionalen und sozialen Auffälligkeiten, die im Zusammenhang mit depressiven Störungen eine wichtige Rolle spielen (▶ Kap. 5, Ätiologie), können Interventionen an das Individuum angepasst werden.

4.5 Diagnosestellung und Behandlungsplanung

Liegen alle zum Zeitpunkt der Diagnostik wichtigen Informationen vor, so gilt es, ein verhaltensanalytisches Störungsmodell zu formulieren, die klassifikatorischen Diagnosen zu bestimmen, Ziele und einen Behandlungsplan abzuleiten und eine Prognose über den Behandlungsverlauf zu stellen (Ubben, 2015).

4.5.1 Erstellung eines verhaltensanalytischen Störungsmodells

Die bisher gesammelten Informationen aus unterschiedlichen Quellen werden in ein individuelles Entstehungs- und Aufrechterhaltungsmodell der Problematik integriert. Weiter unten (▶ Kap. 5, Ätiologie) werden noch konkreter die Faktoren/Bedingungen benannt, die hier eingeordnet werden können. Prädisponierend werden genetische Risiko- und Schutzfaktoren betrachtet, Umweltfaktoren und Faktoren aus dem näheren psychosozialen Umfeld. Die Auslösesituation für die Problematik wird genauer analysiert. Im Rahmen von Depressionen kann es sich dabei um chronische oder aktuelle kritische/stressreiche Lebensereignisse oder Übergangssituationen (z. B. Umzug, Wechsel in eine andere Schule) handeln. Es sollte dann veranschaulicht werden, weshalb die depressive Symptomatik bestehen bleibt (z. B. Etablierung dysfunktionaler Gedanken, Verstärkerverlust). In einer Plananalyse werden hierzu sogenannte »Pläne und Oberpläne« mit den einzelnen Verhaltensweisen in Situationen (Mikroanalyse) in Verbindung gebracht. Die Oberpläne basieren auf der Erfüllung von Grundbedürfnissen, sie können entweder bottom-up (ausgehend von Verhalten in Situationen) oder top-down herausgebildet werden. Typische Pläne/Oberpläne können im Rahmen einer depressiven Symptomatik (z. B. bei »Tom«) folgendermaßen aussehen:

> »Schütze dich vor Misserfolgen (Oberplan »Schutz, Bedürfnis nach Anerkennung«), indem du dich zurückziehst (Plan)!«.

> »Versuche, deine Probleme allein zu lösen, um andere Menschen wie deine Mutter nicht zu belasten, damit du für andere nicht zu viel wirst (Oberplan: Streben nach Autonomie, Bedürfnis nach Bindung)!«

Fallbeispiel Jessica

> Jessica hat eine große Sehnsucht nach verlässlichen Beziehungen und Bindung. Gleichzeitig aber fürchtet sie auch Verletzungen in zwischenmenschlichen Kontakten und hat Angst davor, verlassen zu werden. Dies wirkt sich in konkreten Situationen so aus, dass sie rasch Freundschaften eingeht (Erfüllung Bindungsmotiv), aber aus Angst vor Verlassen werden oder Verletzungen bei »normalen« zwischenmenschlichen Konflikten den Kontakt sofort abbricht (»Schütze dich vor Verletzungen!«).

4.5.2 Bestimmung der klassifikatorischen Diagnose

Die Ergebnisse der Diagnostik werden zusammengefasst und bei Kindern und Jugendlichen auf dem multiaxialen System nach ICD-10 (Remschmidt, Schmidt & Poustka, 2017), bzw. ICD-11 abgetragen (▶ Kap. 6.1 und siehe Anhang, AB 5). Bei jungen Erwachsenen hingegen wird lediglich eine Klassifikation auf Achse 1 vorgenommen.

Die Diagnosen sollten altersgerecht an die Kinder, Jugendlichen oder jungen Erwachsenen und deren Bezugspersonen kommuniziert werden.

4.5.3 Ableiten von Zielen und Erstellen einer Prognose

Das wirkungsvolle Festlegen von verhaltensnahen Zielen und die Überprüfung der Erreichung der Ziele spielt gerade bei der Behandlung von Depressionen eine wichtige Rolle, da sich bei Patient*innen mit Depression und auch deren Bezugspersonen aufgrund der störungsspezifischen Symptomatik häufig Gefühle von Hoffnungslosigkeit und Hilflosigkeit etabliert haben.

Die Prognose über den Therapieverlauf wird auf der Basis von wissenschaftlichen Erkenntnissen über die Behandlung der unterschiedlichen Depressionsarten unter Bezugnahme der individuellen Merkmale und Konstellationen im psychosozialen Umfeld des*der Patienten*in gestellt. Insgesamt wirken sich individuelle (z. B. Intelligenz, gute sprachliche Fähigkeiten, gute soziale Kompetenzen) und soziale Ressourcen (z. B. guter familiärer Zusammenhalt, gute Integration in die Peergruppe) günstig auf den Behandlungsverlauf aus. Persönliche (z. B. geringe Frustrationstoleranz) und soziale Risikofaktoren (z. B. desolate familiäre Verhältnisse, Mutter/Vater depressiv erkrankt) wirken sich ungünstig auf den Behandlungsverlauf aus. Darüber hinaus zeigen Studien, dass rezidivierende depressive Störungen, langandauernde depressive Symptome (Dysthymie) und bei Vorliegen vieler komorbider Störungen der Behandlungsverlauf länger andauernder ist als bei einem erstmaligen Auftreten von depressiven Symptomen (Beesdo-Baum & Wittchen, 2011). Die Prognose sollte ebenfalls mit dem*der Patienten*in und dessen*deren Bezugspersonen kommuniziert werden. Anschließend werden ein individueller Behandlungsplan (▶ Kap. 6) erstellt und besprochen sowie erste Ziele festgelegt. Im Folgenden werden die dargestellten Schritte am Beispiel von Annika erläutert.

4.5.4 Fallbeispiel 1: Diagnostisches Vorgehen bei Annika, 8 Jahre

Diagnostische Schritte

> Vor Beginn des Erstgesprächs hatte die Mutter einen ausführlichen *Verhaltensfragebogen* über das Verhalten von Kindern und Jugendlichen (CBCL/ 6–18R; Deutsche Schulalter-Form der Child Behavior Checklist von M. Achenbach, Döpfner et al., 2014) zu den Verhaltensweisen ihrer Tochter ausgefüllt. Darüber hinaus hatten die Mutter (der Vater per Post) und Annika die rechtlich relevanten Informationen zur Durchführung einer Psychotherapie (Vorlage PTV 10, Formular der Kassenärztlichen Vereinigung; zusätzlich Informationen über eine Psychotherapie bei Kindern und Jugendlichen von der Psychotherapeutenkammer[1]) bekommen, ein Behandlungsvertrag wurde ausgegeben. Im Rahmen der

---

[1] Die jeweils aktuellsten Versionen von Informationsblättern und Formularen sind bei der Kassenärztlichen Vereinigung www.kvb.de herunterzuladen, auch die Psychotherapeutenkammern der einzelnen Bundesländer haben relevante Formulare und allgemeine Informationsbroschüren über Kinder- und Jugendpsychotherapie sowie Psychotherapie bei Erwachsenen. Ebenfalls können hierzu Arbeitsblätter aus dem praxisorientierten Fachbuch

ersten *Exploration* anhand des Explorationsschemas für Psychische Störungen bei Kindern und Jugendlichen (EPSKI, Döpfner et al., 2000) bekam die Therapeutin einen Überblick über die Problematik und das Anliegen der Patientin und der Mutter(▶ Tab. 4.2).

Tab. 4.2: Überblick über die Ziele der Patientin und ihrer Mutter im Fallbeispiel Annika (8 Jahre)

Annikas Wünsche für die Psychotherapie lauteten:	Wünsche von Annikas Mutter für die Psychotherapie lauteten: Annika...
Ich will mehr Freund*innen haben. Die Mitschüler*innen sollen fair mit mir umgehen und mich nicht mehr ärgern. Ich will mich wieder wohler fühlen, wieder glücklicher sein.	Soll wieder glücklicher und ausgeglichener sein, soll von Mitschüler*innen respektiert werden, soll ein besseres Selbstwertgefühl haben, soll von ihrer Klassenlehrerin besser unterstützt werden.

Die Psychotherapeutin erhob mit Annika den psychopathologischen Befund anhand der CASCAP-D (Psychopathologisches Befundsystem für Kinder und Jugendliche, Döpfner et al., 1999) und gab den Symptomfragebogen zur Einschätzung der depressiven Symptomatik und möglicher Ängste (DISYPS-III, Diagnostiksystem für psychische Störungen nach ICD-10 und DSM-5 für Kinder und Jugendliche, Döpfner & Görtz-Dorten, 2017) mit. Sie bat die Mutter, der Klassenlehrerin Fragebögen aus diesem Diagnostiksystem und die Version für Lehrkräfte der Schulalter-Form der deutschen Version der Child Behavior Checklist von M. Achenbach (TRF/ 6–18R, Döpfner et al., 2014) in einem Briefumschlag zu geben. Es wurde vereinbart, dass die Klassenlehrerin die Fragebögen direkt an die Psychotherapeutin zurückschickt. Außerdem unterschrieb die Mutter eine *Schweigepflichtsentbindung*[1] gegenüber der Klassenlehrerin, so dass die Psychotherapeutin diese kontaktieren konnte. Den Vater wollte die Therapeutin per E-Mail um sein Einverständnis zur Kontaktaufnahme mit der Klassenlehrerin bitten.

Im weiteren Verlauf wurden konkretere Informationen über Annika und ihr Selbstbild, die familiären Dynamiken, aber auch die konkreten Problemsituationen gesammelt. Dazu wurden verschiedene störungsunspezifische kreative Methoden sowie ein Selbst- und Fremdbeobachtungsbogen eingesetzt: Annika füllte ein Arbeitsblatt zur Selbstbeschreibung aus (siehe Anhang: AB 1 Selbstbeschreibung) und Erfassung ihrer Ressourcen aus. Darüber hinaus stellte Annika ihr soziales Netz grafisch dar (▶ Abb. 4.2).

über Kinder- und Jugendpsychotherapie (Petermann & Petermann, 2013) ausgegeben werden.

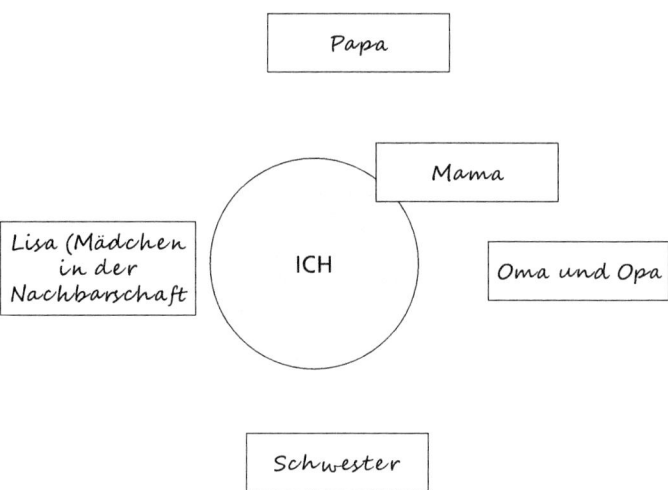

Abb. 4.2: Annikas soziales Netz

Methodisch wurde dies so durchgeführt: Annika wurde gebeten, auf ein Blatt Papier »ICH« in die Mitte zu schreiben und die Personen ihres sozialen Netzes aufzuschreiben. Die Therapeutin hat sie gebeten, diese Personen zu gruppieren: Personen, die ihr sehr nah sind, sollte Annika nah an »ICH« zeichnen, Personen, die weniger nah/vertraut erlebt werden, weiter weg von »ICH«. Die Therapeutin befragte Annika zu den einzelnen Personen. Annika konnte zuletzt angeben, ob sie mit ihrem sozialen Netz so wie sie es aktuell erlebt zufrieden ist, oder ob sie etwas ändern möchte.

Annika gab an, dass sie sich mehr Freund*innen wünschen würde und auch einen engeren Kontakt zum Vater haben möchte.

Es gibt insgesamt verschiedene Varianten, wie das soziale Netz dargestellt werden und wie mit ihm weitergearbeitet werden kann:

- Verschiedene Methoden zur Darstellung des sozialen Netzes: Das soziale Netz kann auch mit Holzfiguren, Fingerpuppen, Spielzeugtieren nachgestellt werden. Der Vorteil dieser Methoden ist, dass die Gegenstände beweglich sind; das heißt, dass Patient*innen das soziale Netz aufstellen und verändern können. Wenn Fingerpuppen oder Tierfiguren genutzt werden, können Patient*innen gebeten werden, zunächst eine Tierfigur oder Fingerpuppe auszusuchen, die zu der jeweiligen Person »passt« (d.h. die Person charakterisiert; Annika könnte hier z.B. eine Löwin für die Mutter auswählen, weil sie in ihrer Wahrnehmung die Mutter stark, aber oft auch aufgebracht erlebt).
- Weitere Auswertung/Analyse des sozialen Netzes: Das soziale Netz kann je nach Fragestellung und kognitiver Entwicklung des*der Patienten*in (bei jüngeren Kindern sind keine komplexen Auswertungen möglich) unterschiedlich ausgewertet werden: So können die Beziehungen/Kontakte nach ihrer Funktionalität bewertet werden (z.B. hilfreiche/unterstützende Kontakte

»grün«, konfliktreiche/dysfunktionale Kontakte »rot« markieren, Kontakte, die beides sind »grün/rot«). Daraus kann abgeleitet werden, welche Kontakte gestärkt, welche ggf. verändert oder reduziert werden sollen. Außerdem kann das aktuell wahrgenommene soziale Netz (IST-Zustand) einem gewünschten SOLL-Zustand gegenübergestellt werden (z. B. »Wie soll Dein soziales Netz aussehen? Sollen sich bestehende Beziehungen verändern? Neue hinzukommen?«). Auch daraus lassen sich Veränderungsziele erkennen.

Als Alltagsaufgabe wurde vereinbart, dass Annika ihre Gefühle im Alltag genau beobachten sollte. Dazu erhielt sie einen Beobachtungsbogen (siehe Anhang: AB 3 Beobachtungsbogen) zur Erfassung ihrer Gefühle im Alltag. Die Therapeutin ging mit Annika die dargestellten Gefühlsgesichter durch, um sicher zu gehen, dass Annika die Gefühlsdarstellungen zuordnen kann. Auch der Mutter gab die Therapeutin einen Beobachtungsbogen (siehe Anhang: AB 5 Beobachtungsbogen schwierige/tolle Momente) zur Beobachtung von Problemsituationen mit. Außerdem wurde die Mutter aufgefordert, stichwortartig positive Momente mit Annika aufzuschreiben. Zusätzlich wurde Annika gebeten, ein Essprotokoll auszufüllen, um ein besseres Verständnis über die Essensproblematik zu erhalten und differenzialdiagnostisch eine Essstörung auszuschließen.

Die Mutter wurde zur Entwicklung von Annika anhand eines Entwicklungsinterviews (Explorationsschema für Psychische Störungen bei Kindern und Jugendlichen – EPSKI, Döpfner et al., 2000) befragt. Im Rahmen dieser Entwicklungsanamnese wurden auch die Erziehungsstrategien der Mutter und das Regel- und Wertesystem (Frageliste zu Werten und Normen in der Familie; Loose, Graaf & Zarbock, 2013) genauer besprochen. Außerdem wurde das Erklärungsmodell der Mutter zur Entstehung und Aufrechterhaltung der depressiven Symptomatik erfragt (siehe Anhang: AB 6 Krankheitsverständnis).

Es erfolgte eine Leistungsdiagnostik mit Annika (Wechsler Intelligence Scale for Children – Deutschsprachige Adaptation der WISC-V von David Wechsler, [WISC-V]; Petermann, 2017) zur Überprüfung der exekutiven Funktionen, des Intelligenzniveaus und der Konzentrations- und Aufmerksamkeitsleistung. Dies ist im Rahmen einer depressiven Störung immer wichtig, da depressive Symptome auch durch schulische Über- oder Unterforderung entstehen können. Im Einzelfall ist zu überlegen, wann die Testung stattfindet: bei sehr schweren depressiven Episoden mit Antriebsminderung, Grübeln und Konzentrationsproblemen kann ein Intelligenztest depressionsbedingt schlechter ausfallen und das Ergebnis zu Ungunsten des*der Patienten*in verzerren. Zur Erfassung der depressiven Symptomatik wurde mit Annika zudem das semistrukturierte Interview CDRS-R (Children's Depression Rating Scale-Revised von Poznanski and Mokros Deutsche Version, Keller et al., 2012) durchgeführt. Annika arbeitete zunächst zögerlich, dann immer offener mit. Die Therapeutin führte anschließend ein Telefonat mit dem Vater, um ein gegenseitiges Kennenlernen anzubahnen und Informationen aus seiner Perspektive über seine Tochter zu erhalten. Außerdem erfolgte ein Telefonat mit der Klassenlehrerin (Zielsetzung Kontaktaufnahmen, Erhebung von Beobachtungen der Lehrerin zum Sozialverhalten von Annika, zur Symptomatik).

Mittels eines klinischen Interviews mit Annika und der Mutter (Kinder-DIPS-OA; Schneider et al., 2017) konnte das Vorliegen komorbider Störungen ausgeschlossen werden.

Diagnostische Ergebnisse

Psychopathologischer Befund (Annika)

Es stellte sich im Erstkontakt ein sehr schlankes (Körpergröße 142 cm, Körpergewicht 25 kg, Perzentilwert 25), zunächst zurückhaltendes Mädchen vor. Annika hielt Blickkontakt, wirkte offen und beantwortete die an sie gestellten Fragen, wenn auch mit eher leiser Stimme, wobei sie sich durch Blickkontakt immer wieder bei der Mutter rückversicherte. Konzentrationsprobleme wurden berichtet, in der Untersuchungssituation waren Aufmerksamkeit und Konzentration unauffällig. Die Mnestik war intakt, Annika zeigte sich zu allen Qualitäten sicher orientiert. Der Antrieb erschien reduziert. Annika berichtete Unsicherheit in sozialen Situationen sowie sozialen Rückzug. Vom Affekt her war Annika in der Situation schwingungsfähig. Sie erschien hilfsbedürftig. Annika schilderte Niedergeschlagenheit, Traurigkeit, teilweise auch Gereiztheit sowie ein Gefühl der Hoffnungslosigkeit (»das wird sich nicht ändern«), Unsicherheit und Ängste in sozialen Situationen (Angst vor Ablehnung). Sie berichtete zudem von wiederholt auftretenden somatischen Beschwerden vor der Schule (Bauchschmerzen). Bei ihren Schilderungen fielen eine geringe Selbstwirksamkeitserwartung sowie ein geringes Kontrollempfinden und ein instabiles Selbstbild auf. Es gab keine Hinweise auf Störungen im Ich-Erleben, keinen Anhalt für inhaltliche oder formale Denkstörungen. Weitere psychopathologische Auffälligkeiten konnten nicht festgestellt werden. Es lag keine akute Fremd- oder Eigengefährdung vor.

Sichtung und Zusammenschau der Befunde

Die eingesetzten diagnostischen Instrumente zeigten folgende Ergebnisse:

Tab. 4.3: Überblick über die Ergebnisse der Testdiagnostik bei Annika

Was wurde untersucht?	Instrument	Ergebnis	Interpretation
Verhaltensauffälligkeiten (Einschätzung der Mutter)	Verhaltensfragebogen über das Verhalten von Kindern und Jugendlichen (CBCL/ 6–18R; Deutsche Schulalter-Form der Child Behavior Checklist von M. Achenbach, Döpfner et al., 2014)	Gesamt T-Wert: 66 Int-T-Wert: 71 Ext T-Wert: 65 Subskala »ängstlich-depressiv«: T-Wert 67	auffällige Angaben im Bereich »internalisierende Störungen« und auf der Subskala »ängstlich-depressiv«; sonst unauffällige Einschätzungen

Tab. 4.3: Überblick über die Ergebnisse der Testdiagnostik bei Annika – Fortsetzung

Was wurde untersucht?	Instrument	Ergebnis	Interpretation
Verhaltensauffälligkeiten (Einschätzung der Lehrerin)	Lehrerversion der Schulalter-Form der deutschen Version der Child Behavior Checklist von M. Achenbach (TRF/ 6–18R, Döpfner et al., 2014)	Gesamt T-Wert: 59 Int-T-Wert: 65 Ext T-Wert: 52 Subskala »ängstlich-depressiv«: T-Wert 67 Subskala »soziale Probleme«: T-Wert 70	im internalisierenden Bereich Grenze zur Auffälligkeit, auffällig in den zwei Subskalen »ängstlich-depressiv« und »soziale Probleme; sonst unauffällige Einschätzungen
depressive Symptome (Einschätzung der Mutter)	DISYPS- III, Diagnostiksystem für psychische Störungen nach ICD-10 und DSM-5 für Kinder und Jugendliche (Döpfner & Görtz-Dorten, 2017): FBB-DES; FBB-ANG	Gesamtsymptomatik Depression: Stanine 8; Kompetenzskalen: Stanine 6	depressive Symptomatik: auffällig Kompetenzskalen: durchschnittliche Kompetenz
Ängste (Einschätzung der Mutter)		Soziale Phobie: Stanine 7; Gesamtsymptomatik Angst: 6 Funktionsbeeinträchtigung/Leidensdruck: Stanine 7; Kompetenzen: Kontaktfreudigkeit und Zuversicht: Stanine 8	Soziale Phobie: grenzwertig; Gesamtsymptomatik Angst: unauffällig; Kompetenzskalen: hohe Kompetenz
depressive Symptome (Einschätzung der Lehrerin)		Gesamtsymptomatik Depression: Stanine 5; Kompetenzskalen: Stanine 4	depressive Symptomatik: unauffällig Kompetenzskalen: geringe Kompetenz
Ängste (Einschätzung der Lehrerin)		Soziale Phobie: Stanine 7; Gesamtsymptomatik Angst: 6 Funktionsbeeinträchtigung/Leidensdruck: Stanine 7; Kompetenzen: Kontaktfreudigkeit und Zuversicht: Stanine 3	Soziale Phobie: grenzwertig; Gesamtsymptomatik Angst: unauffällig; Kompetenzskalen: ausgeprägt niedrige Kompetenz
depressive Symptomatik (Selbstangaben)	CDRS-R (Children's Depression Rating Scale- Revised by E.O. Poznanski and H.B. Mokros Deutsche Version, Keller et al., 2012)	Rohwert 45, PR 98.6	depressive Episode ist erfüllt
kognitive Leistungsfähigkeit	WISC V (Wechsler Intelli-	Gesamt-IQ: 93 primäre Indexwerte:	durchschnittliche Intelligenz

Tab. 4.3: Überblick über die Ergebnisse der Testdiagnostik bei Annika – Fortsetzung

Was wurde untersucht?	Instrument	Ergebnis	Interpretation
	gence Scale for Children – Deutschsprachige Adaptation der WISC – V von David Wechsler, (Petermann, 2017)	Sprachverständnis Indexwert 98 visuell-räumliche Verarbeitung: Indexwert 97 fluides Schlussfolgern: Indexwert 88 Arbeitsgedächtnis: Indexwert 100 Verarbeitungsgeschwindigkeit: Indexwert 95	Sprachverständnis durchschnittlich visuell-räumliche Verarbeitung durchschnittlich fluides Schlussfolgern durchschnittlich Arbeitsgedächtnis durchschnittlich Verarbeitungsgeschwindigkeit durchschnittlich

Befundbesprechung und Therapieplanung

Die Therapeutin wertete alle erhaltenen Informationen aus und besprach dann mit Annika die Befunde. Folgende Diagnosen wurden mit dem multiaxialen Klassifikationsschema (MAS) gestellt:

- Achse 1: mittelgradige depressive Episode (ICD-10: F32.1G)
- Achse 2: keine
- Achse 3: durchschnittliche Intelligenz
- Achse 4: keine
- Achse 5: Abweichende Elternsituation (Z58.1); Streitbeziehung mit Mitschüler*innen (Z55.4), Sündenbockzuweisung durch Lehrkräfte (Z55.4)
- Achse 6: deutliche soziale Beeinträchtigung in mindestens einem Lebensbereich (4)

Darüber hinaus wurde folgendes verhaltenstheoretisches Entstehungs- und Aufrechterhaltungsmodell der Problematik (Makroanalyse) besprochen:

Makroanalyse

Als Ressourcen liegen ein fröhlich-offenes Temperament, eine gute Regulation als Säugling und Kleinkind vor. Von jeher sei die Essenssituation schwierig gewesen, Annika sei immer schon schlank, es falle ihr schwer, mehr zu essen. Annika hat durch verschiedene Ereignisse (Trennung der Eltern, Umzug, starke berufliche Beanspruchung der Mutter mit höheren Abwesenheiten der Mutter) Bindungserfahrungen gemacht, die teilweise durch Unsicherheit und Diskontinuität gekennzeichnet sind. Ausschlaggebend für die Entstehung der aktuellen depressiven Symptomatik ist das Mobbing durch die Mitschüler*innen, verbunden mit dem unzureichenden Schutz durch die Lehrerin. Ihr Wunsch nach Zuwendung, Halt und nach Anerkennung wird vermutlich nur unzureichend erfüllt.

Annika fühlt sich auf der einen Seite häufig im »Stich gelassen«. Sie versucht wiederholt, Nähe zu Gleichaltrigen zu schaffen, wird jedoch enttäuscht. Dies hat im Rahmen der Entwicklung zunehmend Auswirkungen auf ihren Selbstwert (»mit mir ist etwas nicht in Ordnung«, »ich bin nicht liebenswert«). Auch in der Familie hat sie das Gefühl, ihren Platz »erkämpfen« zu müssen, sie hat kein eigenes Zimmer, muss die Schwester bitten, wenn sie etwas aus ihrem Schrank holen möchte. Die Befriedigung der eigenen Bedürfnisse ist nicht ausreichend erfüllt, ggf. verstärkt dies eine geringe Selbstfürsorge (Essen), sie traut sich wenig zu. Ihre Sehnsucht nach Geborgenheit, in ihren Bedürfnissen gesehen werden und Unterstützung in ihrer Entwicklung führen in Konfliktsituationen in der Familie zu emotionalen Überreaktionen. Aufgrund dieser vielfältigen chronischen Stresssituation entwickelten sich schleichend die depressiven Symptome.

Mikroanalyse

Situation: Annika wurde in der Schule geärgert. Sie durfte in der Pause nicht mitspielen, auch nicht bei einer Kleingruppenarbeit mitmachen, die Jungs sagten zu ihr, dass ihre Wellensittiche »blöd« wären. Sie ging mit einer Klassenkameradin zur Lehrerin. Diese sagte, dass sie das »selbst klären soll«. Als sie nach Hause kommt, schimpft die Großmutter mit ihr, da ihr Zimmer unordentlich war. Die ältere Schwester sagt zu ihr, sie solle das Zimmer aufräumen.

Organismus:
unsichere Bindungserfahrungen, geringer Selbstwert, Gefühl der Hilflosigkeit, unzureichende Unterstützung durch Bezugspersonen in Konfliktsituationen, Gefühl, von anderen nicht gemocht zu werden

Reaktion$_{kognitiv}$: »Mir wird alles zu viel«, »alle finden mich blöd« »niemand ist für mich da« »überall nur Stress«

Reaktion$_{emotional}$: Unruhe, Ärger/Gereiztheit, Stress, Traurigkeit, Enttäuschung

Reaktion$_{physiologisch}$: Angespanntheit

Reaktion$_{motorisch}$: schreit die Schwester an, wirft einen Gegenstand durch das Zimmer

Kontingenz: immer

Consequenzen$_{kurzfristig}$: Wut/Gereiztheit reduziert sich (C-/), Anspannung reduziert sich (C-/), negative Gedanken an die Schule werden unterbrochen (C-/), Schwester ärgert sich, schreit zurück (C-), Großmutter schimpft weiter (C-), Annika wird von der Mutter wahrgenommen, sie kümmert sich um sie (C+).

Consequenzen$_{langfristig}$: Schwester/Mutter/Großmutter empfinden Annika als »anstrengend«, haben wenig Verständnis für sie (C-), Annika lernt nicht, ihre negativen Gefühle anzusprechen, sich Trost zu suchen, sich angemessen zu regulieren (C

+/), Interaktionen im familiären Bereich werden zusätzlich zum schulischen Bereich belastend (C+/), Annika wird von der Mutter wahrgenommen, sie kümmert sich um sie (C+).

Folgende Ziele wurden für die Psychotherapie festgelegt (dabei wurden die von der Mutter und Annika anfangs genannten Ziele (▶ Tab. 4.2) und die aus der Mikro- und Makroanalyse abgeleiteten Erkenntnisse verbunden):

Das Hauptziel der therapeutischen Behandlung besteht in der Verbesserung der Stimmung, der sozialen Interaktionen, dem Ausbau eines sozialen Netzes, der verbesserten Emotionsregulation und einer Stärkung des Selbstwertes von Annika.

Als Ziele für die Bezugspersonen wurden vereinbart:

1. Mehr gemeinsame Zeiten einplanen,
2. stärkere Unterstützung für die Kinder organisieren,
3. angemessenes Eingehen auf die Bedürfnisse von Annika,
4. adäquate Unterstützung bei Problemlösungen und
5. Förderung des Selbstwertes.

Für die Schule/die Lehrerin wurden als Ziele eine adäquate Unterstützung bei Problemsituationen und die Förderung des Selbstwertes von Annika festgelegt.

Zur Befundbesprechung und Festlegung von Therapiezielen können dem Anhang Arbeitsblätter entnommen werden (Anhang: AB 7 Befundbesprechung und AB 8 Zielerreichung).

4.6 Überprüfung der Lernziele

- Welche wesentlichen Schritte sollten bei der verhaltenstheoretischen Diagnostik durchgeführt werden?
- Welche diagnostischen Verfahren können für die unterschiedlichen Altersbereiche zur Erfassung der depressiven Symptomatik eingesetzt werden?
- Worauf sollte ein*e Therapeut*in beim Aufbau einer komplementären Beziehungsgestaltung achten?
- Worauf ist in Abhängigkeit vom Entwicklungsalter beim diagnostischen Prozess bei der Erhebung diagnostischer Informationen bei Kindern, Jugendlichen, jungen Erwachsenen methodisch zu achten?
- Im Fallbeispiel Annika stimmen die Einschätzung in den störungsspezifischen Fragebogen zur Erhebung der depressiven Symptomatik von Mutter, Vater

und Klassenlehrerin nicht ganz überein. Wie sollte mit diesen Unterschieden umgegangen werden?
- Wie sollten die diagnostischen Informationen an Kinder, Jugendliche, junge Erwachsene und deren Bezugspersonen kommuniziert werden?

5 Störungstheorien und -modelle

> **Lernziele**
>
> - Sie kennen die unterschiedlichen Störungsmodelle zur Entstehung und Aufrechterhaltung depressiver Störungen.
> - Sie können Risiko- und Schutzfaktoren identifizieren und in ein multifaktorielles Störungsmodell integrieren.
> - Sie wissen, welche biologischen und neurobiologischen Faktoren eine Rolle bei der Entstehung depressiver Störungen spielen.

Fallbeispiel Jessica

Dysfunktionale kognitive Verarbeitung und Schemata/Denkmuster

Jessica wuchs mit einer Mutter auf, die in vielen Phasen psychisch sehr krank war und nur unzureichend auf Jessicas Bedürfnisse und Anliegen eingehen konnte. Phasenweise war die Mutter für Jessica emotional »nicht erreichbar«. Sie entwickelte eine unsichere Bindung zur Mutter, verbunden mit starken Verlustängsten. Wenn ihre Mutter stationär behandelt wurde, wurde Jessica von unterschiedlichen Bekannten betreut; es kam zu vielen Beziehungsabbrüchen, die sich in der stationären Jugendhilfemaßnahme später wiederholten. Aufgrund der psychischen Erkrankung der Mutter übernahm Jessica schon im jungen Alter Verantwortung für deren Befinden und die Alltagsbewältigung (Parentifizierung). Letztlich suchte Jessica aus Verzweiflung und Hilflosigkeit nach Unterstützung durch das Jugendamt, wodurch die Schuldgefühle ihrer Mutter gegenüber sehr stark wurden und Jessica begann, viel und ausdauernd zu grübeln. Im Verlauf ihres Lebens verfestigten sich ungünstige Denk- und Erlebensmuster/Schemata bezüglich ihrer Person, der Zukunft und anderer Menschen (z. B. »Das Leben kann nicht gut werden, wenn man so eine Vergangenheit hat wie ich!«; »Ich habe meine Mutter im Stich gelassen, ohne mich kommt sie nicht zurecht!«).

5.1 Konzepte zur Entstehung und Aufrechterhaltung von depressiven Störungen

Forschungsansätze zur Ätiopathogenese depressiver Störungen haben gezeigt, dass es keine monokausale oder abschließend erklärende Ursache für das Auftreten von depressiven Störungen gibt. Die Vielzahl von Hypothesen und Erklärungsmodellen zur Entstehung von depressiven Störungen verdeutlichen, dass es sich um ein hochkomplexes Geschehen handelt. Faktoren auf genetischer und neurobiologischer Ebene im Zusammenspiel mit Umweltfaktoren und sozialen Aspekten tragen dazu bei, dass depressive Symptome bei Kindern, Jugendlichen und jungen Erwachsenen auftreten. So stellen ein erhöhtes Stresserleben sowie dysfunktionale kognitive Bewertungsstile, ein dysfunktionales Bewältigungsverhalten beim Auftreten von Herausforderungen oder Problemsituationen und eine dysfunktionale Emotionsregulation wichtige Risikofaktoren für die Entstehung von Depressionen dar. Depressionen als psychische Erkrankung können folglich bei einem Kind, Jugendlichen oder jungen Erwachsenen aufgrund unterschiedlicher Risikokonstellationen und unterschiedlicher Entwicklungswege entstehen.

5.1.1 Risiko- und Schutzfaktoren und Diathese-Stress-Modell

Grundlegend geht man bei der Entstehung von Depressionen bei Kindern, Jugendlichen und jungen Erwachsenen von einem Diathese-Stress-Modell aus.

Ein kritisches, nicht-normatives (z. B. der Tod eines Elternteils, Arbeitslosigkeit) oder normatives Lebensereignis (z. B. Wechsel in die weiterführende Schule) kann besonders ungünstig wirken, wenn eine Person eine hohe Vulnerabilität (= »Störungsbereitschaft«) aufweist. Mit »Vulnerabilität« bezeichnet man eine spezifische Anfälligkeit dafür, dass ein Risikofaktor bei einer Person wirksam wird. Ob ein Kind, ein*e Jugendliche*r oder junge*r Erwachsene*r vulnerabel für einen Risikofaktor ist, hängt von der Konstellation der übrigen Risiko- und Schutzfaktoren ab. Im Rahmen kognitiver Ansätze nimmt man beispielsweise an, dass ein Verlusterlebnis oder eine schwere Enttäuschung eher zu einer Depression führen kann, wenn jemand über ein niedriges Selbstwertgefühl, ein negatives Attributionsmuster oder fehlende Bewältigungskompetenzen verfügt (z. B. Essau, 2023; Seiffge-Krenke & Klessinger, 2001). Mit Resilienz bezeichnet man demgegenüber ein individuelles Potenzial, trotz einer Vielzahl von Entwicklungsrisiken eine günstige Entwicklung zu zeigen.

Gruppen von Risikofaktoren

- Biologische Risikofaktoren: Genetische Disposition, schwieriges Temperament, körperliche Reifung.

- Soziale Risikofaktoren: ACE (adverse childhood experiences), kritische Lebensereignisse, chronische Belastungen, konfliktreiche familiäre Beziehungen, wenig soziale Unterstützung, konfliktreiche Peer-Beziehungen, ungünstiges schulisches/berufliches Umfeld.
- Psychische Risikofaktoren: Geringes Selbstwertgefühl, geringe Problemlösefertigkeiten, unzureichende Bewältigungsstrategien, dysfunktionale Kognitionen und Kognitionsmuster, dysfunktionale Emotionsregulationsstrategien.

Exkurs: ACE und Depressionen

Adverse childhood experiences (ACEs) beziehen sich auf unterschiedliche Erfahrungen in der Kindheit, die einen anhaltenden negativen Effekt auf die Gesundheit und das Wohlbefinden von Personen haben können. Dazu gehören erlebte Trennungen oder Scheidung der Eltern, aber auch körperliche/sexuelle Gewalt oder Verwahrlosung und Vernachlässigung. Verschiedene Studien haben einen deutlichen Zusammenhang zwischen ACEs und psychosozialen Problemen später im Leben verdeutlicht (z. B. Hughes et al., 2017). So wurde beispielsweise ein starker Zusammenhang zwischen ACEs und Drogenkonsum und Suizidversuchen belegt. Es wird angenommen, dass Drogenkonsum bzw. Suizidversuche maladaptive Coping-Strategien zur Bewältigung der negativen Erfahrungen darstellen (z. B. Felitti et al., 2007).

In einer aktuellen deutschen Studie (Witt et al., 2019) wurden 2.531 Personen (55,4% weiblich) ab 14 Jahren (MW Alter = 48,6 Jahren, SD = 18) retrospektiv nach ACEs und psychosozialen Auffälligkeiten befragt. 43,7% der Befragten berichteten wenigstens ein ACE, 8,9% vier oder mehr. Am häufigsten wurde Trennung der Eltern angegeben, Alkohol- und Drogenmissbrauch in der Familie, emotionale Vernachlässigung oder emotionale Gewalt. Vier ACE-Muster wurden mit Hilfe einer Latent Class Analysis (LCA)[2] gefunden: 1. keine/minimale ACE, 2. dysfunktionale familiäre Verhältnisse, 3. Misshandlung und 4. multiple ACEs. Im kumulativen Modell mit vier oder mehr ACEs konnte ein deutlich erhöhtes Risiko zur Ausbildung von Depressionen, von körperlicher Aggression und eingeschränkter Lebenszufriedenheit gefunden werden.

Den Risikofaktoren stehen Schutzfaktoren gegenüber, die die Wirkung von Risikofaktoren abmildern können.

Schutzfaktoren

- Biologische Schutzfaktoren: Ausgeglichenes gut reguliertes Temperament, normale/mindestens durchschnittliche Intelligenz.

---

2 Statistisches Klassifikationsverfahren, bei dem den beobachtbaren diskreten Variablen latente, nicht direkt messbare Variablen (z. B. Milieu) zugeordnet werden. Mit der LCA werden Typologien entwickelt, die empirisch überprüft werden können.

- Soziale Schutzfaktoren: Unterstützende soziale Beziehungen, familiärer Zusammenhalt, sichere Bindung zu nahen Bezugspersonen, autoritativer (= wertschätzender, fürsorglicher, vorhersehbarer und konsequenter) Erziehungsstil (vgl. Baumrind, 1971), positives schulisches/berufliches Klima.
- Psychische Schutzfaktoren: Konstruktives Bewältigungs- und Problemlöseverhalten, gutes Selbstwertgefühl, funktionale Kognitionsmuster, funktionale Emotionsregulationsstrategien.

Bezüglich der Risiko- und Schutzfaktoren ist im Laufe der Entwicklung eine Veränderung der Gewichtung von Faktoren aus dem familiären Umfeld auf das schulische Umfeld und die Gleichaltrigengruppe, später die Ausbildung/das Studium, den Beruf und neue Partner*innenbeziehungen zu beobachten.

Viele der genannten Risikofaktoren können als potenzielle Mediatoren angesehen werden, das heißt, dass sie die Entwicklungsergebnisse kausal beeinflussen. Schutzfaktoren können hingegen zum Teil als Moderatorvariablen angesehen werden, da es von ihrem Vorhandensein abhängt, ob ein Risikofaktor eine ungünstige Auswirkung haben kann. Auch die individuelle Vulnerabilität oder Resilienz kann die Wirkung von Risikofaktoren moderieren. Manche Risikofaktoren sind jedoch ebenfalls als Moderatoren anzusehen. Beispielsweise kann das Aufwachsen in Armut moderierend wirken oder ein Mediator für ungünstige Förderbedingungen sein.

Entwicklungsrisiken in verschiedenen Lebens- und Entwicklungsabschnitten sind oft nicht unabhängig voneinander wirksam, sondern ein Entwicklungsrisiko in einem bestimmten Lebensalter kann die Wahrscheinlichkeit einer psychischen Erkrankung in einem anderen Entwicklungsalter erhöhen.

Fallbeispiel Tom

Tom war von jeher schüchtern und zurückhaltend. In der Jugendzeit, in der selbständige Kontakte mit Gleichaltrigen wichtiger werden, fühlte er sich immer unsicherer, wertete sich zunehmend ab und entwickelte dadurch zusätzlich zu den zunehmenden sozialen Ängsten eine depressive Episode.

Bei jüngeren Kindern ist bei der Entstehung von depressiven Symptomen am ehesten von einer genetischen Veranlagung und/oder von direkten Reaktionen auf ungünstige Sozialisationsbedingungen auszugehen. Dazu gehören sowohl singulär traumatische Erlebnisse (z. B. Verlusterlebnisse), aber noch mehr chronisch wirksame, belastende Stressoren wie Armut, Migration, geringes Bildungsniveau (z. B. Wartberg, Kriston & Thomasius, 2018). Auch ungünstige, konfliktreiche familiäre Interaktionsmuster, geringe erzieherische Kompetenzen der Eltern, eine unsichere Bindung zu den Hauptbezugspersonen (Spruit et al., 2019), Verwahrlosung, Vernachlässigung und Gewalterleben weisen einen erhöhten Zusammenhang zur Ausbildung depressiver Symptome auf. Depressionen können auch bei Kindern/Jugendlichen häufiger nachgewiesen werden, die mit einem psychisch erkrankten Elternteil aufwachsen. Gewalt ausübende, vernachlässigende, aber auch psychisch kranke Bezugspersonen sind häufig nur unzureichend, bzw. nicht in der Lage, auf die emotionalen und sozialen Bedürfnisse der Kinder zuverlässig einzugehen, ein für die Kinder vorhersehbares Reaktionsmuster zu zeigen und sie in den für sie wichtigen Reifungs- und Entwicklungsprozessen ausreichend zu unterstützen (Clemens et al., 2018).

Dennoch entwickeln nicht alle Kinder, Jugendliche und junge Erwachsene, die eine erhöhte Vulnerabilität zur Ausbildung von Depressionen haben, eine depressive Störung im Laufe ihres Lebens. Dies liegt an deren Resilienz, also an deren individuellem Potenzial, trotz vieler Entwicklungsrisiken dennoch eine gesunde Entwicklung zu nehmen. Resilienz bedeutet der Prozess positiver Anpassung angesichts bedeutsamer Belastungen. Resilienten Kindern, Jugendlichen und jungen Erwachsenen gelingt es, aversive Bedingungen (z. B. kritische Lebensereignisse wie Verlust eines Elternteils, Arbeitslosigkeit) längerfristig unbeschadet zu bestehen (Holtmann & Schmidt, 2004). Wenn genügend Bewältigungsressourcen zur Verfügung stehen, dann kann die Auseinandersetzung mit Herausforderungen sogar zu einer Stärkung des Selbstwertes und einer Verbesserung sozialer Fertigkeiten führen.

Vulnerabilität und Resilienz beziehen sich auf die individuellen Konstellationen, die das Risiko der Entstehung einer psychischen Störung erhöhen oder senken. Dabei spielen Persönlichkeitsvariablen, vorhandene Risiko- und Schutzfaktoren sowie bereits aufgebautes Bewältigungspotenzial eine Rolle.

5.1.2 Chronotypen und Schlafstörungen

Gerade im Kindes- und Jugendalter werden Ein- und Durchschlafschwierigkeiten, und damit eine niedrige Schlafqualität, häufig berichtet (Fricke-Oerkermann et al., 2007; Schnatschmidt & Schlarb, 2018). Zu unterscheiden sind dabei chronische Schlafstörungen von entwicklungsbedingten Schlafschwierigkeiten, da sich erstere negativ auf das physische, psychische, soziale und körperliche Funktionsniveau von Kindern und Jugendlichen auswirken (Dewald et al., 2010; Brand & Kirov, 2011; Dikeos & Georgantopoulos, 2011; Palagini & Rosenlicht, 2011). So ist beispielsweise eine Stunde weniger Schlaf durchschnittlich pro Nacht mit einem höheren Risiko für Suizidgedanken, dem Gefühl von Hoffnungslosigkeit und Substanzmissbrauch verbunden (Brand & Kirov, 2011).

Schlafstörungen sind ein häufiges Symptom einer depressiven Episode (Murphy & Peterson, 2015); sie treten bei ca. 75 % aller Jugendlichen mit depressiver Episode in Form von Einschlafstörungen, verkürzten REM-Schlafphasen oder unruhigem Schlaf auf (Ivaneko et al., 2008) und führen häufig zu stärkerer psychosozialer Beeinträchtigung, stärkerer Symptombelastung und einer längeren Krankheitsepisode. Zudem ist das Risiko, erneut an einer Depression zu erkranken, erhöht (Murphy & Peterson, 2015).

Die Assoziation von Schlafstörungen und Depressivität wird häufig in Zusammenhang mit einer verschobenen circadianen Rhythmik gebracht. Circadiane Rhythmik meint dabei einen endogenen 24-Stunden Tag- Nachtrhythmus, die sog. »innere Uhr« (Roenneberg et al., 2007). Diese wird vom Licht als wichtigsten externalen Zeitgeber gesteuert. Obwohl dieser Prozess bei allen Menschen gleich abläuft, kann es interindividuelle Unterschiede hinsichtlich der inneren Uhr geben.

Diese zeigen sich beispielsweise in unterschiedlichen tageszeitlichen Präferenzen (Roenneberg & Wirtz-Justice, 2003). Diese tageszeitlichen Gewohnheiten bzw. Präferenzen werden als Chronotypen bezeichnet. Die beiden sich gegenüberliegenden, extremen Chronotypen sind die sog. »Frühtypen«, also Menschen, die eine frühe Aufwach-, Aktivitäts- und Schlafenszeit bevorzugen und die »Spättypen«, die späte Aufwach- und Schlafzeiten aufweisen und deren Aktivitätspräferenz in den späten Nachmittags- und Abendstunden liegt. Zu beachten ist, dass sich der Chronotyp im Lebenslauf verändert (Roenneberg et al., 2007). So gehören bspw. Kinder häufig zu den frühen oder neutralen Typen, während in der Adoleszent (also dem Eintritt in die Pubertät und bis zum 20. Lebensjahr) eine Verschiebung des Chronotypen in Richtung Spättyp stattfindet (Crowley, Acebo & Carskadon, 2007). Ist das Maximum mit ca. 20 erreicht, verschiebt sich der Chronotyp erneut in Richtung Frühtyp oder neutraler Typ. Problematisch für Jugendliche ist, dass die späte Schlaf- und Aktivitätspräferenz häufig mit den sozialen Anforderungen (bspw. früher Schulbeginn) kollidiert. Die Folge sind oft Schlafdefizite und damit einhergehende Leistungseinbußen (Tzischinsky & Shochat, 2011; Fallone, Acebo, Seifer, & Carskadon, 2005; Russo, Bruni, Lucidi, Ferri, & Violani, 2007; Vollmer, Schaal, Hummel, & Randler, 2011). Daher gilt der Spättyp auch als Risikofaktor für psychische Störungen, insbesondere Depressionen (Fabbian et al., 2016; Kivelä, Papadopoulos & Antypa, 2018; Keller et al., 2016): während die Prävalenzrate für psychische Erkrankungen bei insgesamt ca. 15 % liegt, wurden bei 24–39 % der Spättypen depressive Symptome nachgewiesen (Fabbian et al., 2016). Es wird vermutet, dass das Ungleichgewicht der inneren und der sozialen Uhr dem erhöhten Risiko für Depressionen zugrunde liegen, indem sie zu niedrigerer Schlafqualität und kürzerer Schlafdauer führen (Short et al., 2013, Wittmann et al., 2006). Ein direkter Zusammenhang zwischen dem Chronotypen und der Leistungsbereitschaft bzw. Schulleistungen konnte bislang nicht nachgewiesen werden. Es scheint vor allem die Tagesmüdigkeit zu sein, die den Zusammenhang zwischen Chronotyp und Schulleistungen vermittelt (Roeser, Schlarb & Kübler, 2013). Solange auf politischer und sozialer Ebene keine Veränderungen stattfinden, das schulische System auf die Bedürfnisse späterer Chronotypen einzustellen, ist eine Möglichkeit, die innere Uhr mit der sozialen Uhr zu synchronisieren, die Anwendung chronotherapeutischer Verfahren (▶ Kap. 6.7.1)

5.1.3 Modell der Entwicklungsaufgaben

In den bisherigen Ausführungen wurden Risiko- und Schutzfaktoren beleuchtet, die an der Entstehung von Depressionen beteiligt sind, es blieb jedoch offen, warum Entwicklungsrisiken zu bestimmten Entwicklungsergebnissen führen können. Das Entwicklungsaufgaben-Modell (Havinghurst, 1972) geht dieser Fragestellung genauer nach, indem Erklärungsmechanismen herausgearbeitet werden, die als mögliches Verbindungsglied gelten können. Dabei wird angenommen, dass jeder Mensch im Laufe seines Lebens zu bestimmten Lebensabschnitten Entwicklungsaufgaben zu bewältigen hat. Diese können entweder normativer (z. B. Gehen lernen, Aufbau von Freundschaften, Sexualität, Einfinden in den Berufsalltag, Auseinandersetzung mit der Elternrolle, Umgang mit der Freizeit in der Rente) oder nichtnormativer Natur (z. B. Bewältigung kritischer Lebensereignisse wie Erkrankung eines Elternteils) sein. In Abhängigkeit von der subjektiven Wahrnehmung der Anforderungen und den zur Verfügung stehenden sozialen und personalen Ressourcen, werden diese Entwicklungsaufgaben entweder erfolgreich – was zu einer Stärkung des Selbstbewusstseins, der Stärkung von Fertigkeiten, der Stärkung von Selbstwirksamkeit führt – oder inadäquat gemeistert (Braun, 2020).

5.1.4 Genetische und neurobiologische Faktoren

Da depressive Störungen familiär gehäuft auftreten, liegt die Vermutung nahe, dass es genetische Einflüsse, bzw. ein genetisches »Risiko« gibt (Lieb et al. 2002). Das Risiko ist aber nicht »linear« in dem Sinne, dass Eltern, die eine Depression haben, Kinder bekommen, die später auch eine Depression entwickeln. Generell scheinen schwere psychische Störungen von Eltern, zu denen Depressionen zählen, bei ihren Kindern das Risiko für psychische Störungen generell zu erhöhen (Multifinalität, z. B. Rasic et. al., 2014). Hinsichtlich genetischer Faktoren hat sich bisher kein durchschlagendes Modell in der Forschung finden lassen. Verschiedene Befunde zeigen jedoch, dass genetische Varianten neben dem Erkrankungsrisiko auch das Therapieansprechen modulieren. So ist bekannt, dass Träger bestimmter Varianten des Serotonintransportergens (5-HTTLPR) besser bzw. schlechter auf antidepressive Medikation ansprechen. Auch das Suizidrisiko scheint bei einer speziellen genetischen Variante erhöht zu sein. Die verschiedenen Allele wiederum scheinen auch bei möglichen Risikofaktoren für die Entwicklung depressiver Störungen, wie frühkindlicher Vernachlässigung oder Misshandlung, eine Rolle zu spielen (Caspi et al., 2010; Uher et al., 2011). Personen mit homogenen kurzen Serotonintransportergenallelen (das sog. ss-Allel) haben ein höheres Risiko eine Psychopathologie nach solchen Ereignissen zu entwickeln im Vergleich zu Personen mit homogen langen Allelen (den sog. ll-Allelen). Personen, die heterozygot sowohl ein kurzes als auch ein langes Serotonintransportergenallel haben (sl-Allel) liegen in der Ausprägung einer depressiven Symptomatik nach Gewalt- oder Vernachlässigungserfahrungen in der Kindheit genau dazwischen. Dieses Befundmuster zeigt sich allerdings nicht für die einmalige depressiv-unipolare Episode, sondern bei der rezidivierenden Form (Caspi et al., 2010; Uher et al., 2011).

Zudem scheint das Stresssystem bei depressiven Störungen eine wichtige Rolle zu spielen: Es gibt konsistente Befunde, dass die Hypothalamus-Hypophysen-Nebennieren-Achse (HPA- Achse) bei Patient*innen mit depressiven Störungen Veränderungen im Vergleich zu Gesunden aufweist. Die HPA-Achse ist bei der Stressverarbeitung zentral. Bei depressiv Erkrankten scheint die HPA-Achse hyperaktiv zu sein, verbunden mit einer Störung der Funktion des Glukokortikoidrezeptors (Piecharczek et al., 2019). Chronischer Stress gilt als einer der stärksten Auslöser für depressive Störungen und Veränderungen in der Stressachse, die wiederum über komplizierte Rückkoppelungsmechanismen zu einer Störung der Funktion des Glukokortikoidrezeptors führen kann (Ising et al., 2019). Auf molekularer Ebene führt Stress zur Erhöhung des intrazellulären Glutamats, einer Veränderung der intrazellulären Signaltransduktion, Veränderung der Transkriptionsfaktoren und genetischen Expression (Harmer, Duman & Cowen, 2017). Eine Normalisierung in der HPA-Achse, bzw. Normalisierung der Glukokortikoidrezeptorfunktion wird als ein möglicher Wirkmechanismus von Antidepressiva postuliert (Aanacker et al., 2011).

Zur Bedeutung des Brain-Derived Neurothrophic Factor (BDNF) gibt es vielfältige Studien. Bei BDNF handelt es sich um einen neurotrophen Faktor, der eine wichtige Rolle bei der Neurogenese, der Synaptogenese und synaptischen Plastizität spielt. BDNF ist zum Beispiel erniedrigt bei chronischem Stress. Im Gehirn von depressiv Erkrankten soll die Konzentration ebenfalls erniedrigt sein, zumindest wurde dies bei post-mortem Untersuchungen an Patient*innen mit depressiven Störungen gefunden (Harmer, Duman & Cowen, 2017). Da BDNF die Neurogenese fördert, geht man davon aus, dass es bei Patient*innen mit Depression aufgrund eines BDNF Mangels zu Schäden z. B. am Hippokampus, bzw. verringerter neuronaler Plastizität in verschiedenen, an depressiven Störungen beteiligten Hirnarealen, wie dem limbischen System (u. a. Amygdala) kommt. Die genannten Strukturen sind sowohl involviert bei Lernprozessen wie auch bei der Emotionsverarbeitung und Erkennung, und damit auch von Relevanz bei depressiven Symptomen.

Im Vergleich zu gesunden Kontrollgruppen zeigte sich bei Jugendlichen und Erwachsenen mit depressiven Störungen eine erhöhte Aktivierung im subgenualen anterioren Cingulum (sgACC), außerdem eine erhöhte Amygdala-Aktivierung und eine veränderte, aber uneinheitliche Aktivierung im Hippocampus. Dies könnte mit dem z. B. in Studien an Ratten unter chronischem Stress gezeigten Verlust von Synapsen in kortikalen und limbischen Regionen des Hirns (insbesondere im Hippokampus, Amygdala und dem präfrontalen Kortex) und depressiven Symptomen zusammenhängen. Diese Regionen sind an der Emotionsverarbeitung, Stimmungsregulierung und kognitiven Prozessen, wie Lernen und Bewerten beteiligt. Bildgebungsstudien zeigen, dass Depressionen zu einer Verminderung des Volumens im präfrontalen Kortex und Hippocampus führen, und zu einer veränderten bzw. verringerten Konnektivität. Konnektivität meint, dass bestimmte Areale im Gehirn miteinander in Verbindung stehen und Aktivierungsmuster aufweisen: neurobiologisch bedeutet in diesem Fall, dass ggfs. bei depressiven Patient*innen Areale, die bei Gesunden in Verbindung stehen, weniger aktiv miteinander verbunden sind. Umgekehrt führt chronischer Stress zu einer Hypertrophie im Nucleus accumbens und der Amygdala. Der Nucleus accumbens ist eine für die Belohnungserwartung, bzw. -verarbeitung wichtige neurobiologische Struktur. Die Amygdala ist zentral im Rahmen der Emotionserkennung und -regulierung. Dies könnte Veränderungen im Bereich der Emotionen, des Belohnungserlebens, und der Motivation bei Menschen mit depressiven Erkrankungen erklären (Harmer, Duman & Cowen. 2017). Sowohl die Emotionserkennung als auch das Belohnungssystem generell scheinen bei depressiv Erkrankten verändert zu sein im Vergleich zu Gesunden; hierzu laufen derzeit mehrere Studien (Vulser et al., 2018, Vidal-Ribas et al., 2018). Studien mit Jugendlichen mit depressiven Störungen zeigten, dass nach einer Psychotherapie in entsprechenden depressionsrelevanten Regionen wie dem sgACC, der Amygdala und dem Hippocampus, Strukturen die sowohl für das Lernen, also auch positives Lernen aufgrund sozialer Kontakte Bedeutung haben, die zuvor bestehende Überaktivierung verringert wurde und sich der von gesunden Kontrollgruppen annäherte. Diese Befunde ähneln Ergebnissen aus Studien mit Antidepressiva, die an Erwachsenenpopulationen durchgeführt wurden und ebenfalls nach Besserung der Symptomatik bei den vormals depressiven Patient*nnen Aktivierungsmuster zeigten, die gesunden Kontrollen entsprachen (Straub et al., 2015; Straub et al., 2017)

5.2 Vertiefung einzelner psychologischer Faktoren zur Entstehung von Störungen

Es werden im Weiteren kognitive Faktoren, Bindungscharakteristika, soziale, behaviorale/interaktionelle Faktoren und eine dysfunktionale Emotionsregulation genauer betrachtet, die die Entstehung und Aufrechterhaltung von Depressionen beeinflussen.

5.2.1 Kognitive Faktoren und Theorien

Der Analyse von dysfunktionalen Denkmustern wurde in der Ursachenforschung von Depressionen und der Entwicklung von Behandlungsmöglichkeiten viel Aufmerksamkeit geschenkt. Einheitliche Grundlage für die kognitiven Theorien ist die Annahme, dass die Art, wie Individuen negative Ereignisse wahrnehmen, interpretieren und erinnern dazu beitragen, ob jemand depressive Symptome ausbildet.

Grundlage der Theorie der erlernten Hilflosigkeit (Seligman, 1974), deren Reformulierung (Abramson, Seligman & Teasdale, 1978) und der Hoffnungslosigkeitstheorie (Abramson, Metalsky & Alloy, 1989), ist der empirisch abgesicherte Befund, dass ein Gefühl von Hilflosigkeit entsteht, wenn Personen ihre Handlungen und die damit verbundenen Ergebnisse als unabhängig voneinander und negative Ereignisse als unkontrollierbar erleben. Eine Generalisierung dieser Erfahrungen auf andere Lebensbereiche steigert das Risiko zur Ausbildung von Depressionen. Das ursprüngliche Modell von Seligman (1974) wurde um die Annahme ergänzt, dass die Hilflosigkeits- und Hoffnungslosigkeitserfahrungen über bestimmte Ursachenzuschreibungen generalisiert werden. Die Entstehung und Aufrechterhaltung depressiver Symptome werden wahrscheinlicher, wenn eine Person negative Erlebnisse und Misserfolge internal, stabil und global attribuiert (z. B. »ich kann das nicht/bin selbst schuld, das wird immer und überall so sein!«).

Darauf aufbauende Forschungsergebnisse (Teasdale, 1988) haben einen Zusammenhang zwischen Stimmung, Kognitionen und Gedächtnisprozessen untersucht: Eine dysphorische Stimmung erhöht die Tendenz zu einer negativen Bewertung von Erfahrungen, bestimmte Gedächtnisstrukturen werden durch traurig machende

5.3 Vertiefung einzelner psychologischer Faktoren zur Entstehung von depressiven

Erlebnisse aktiviert und rufen wiederum negative Erinnerungen wach. Es kommt zu einer Verstärkung der negativen Stimmung, ein Teufelskreis entsteht (▶ Abb. 5.1).

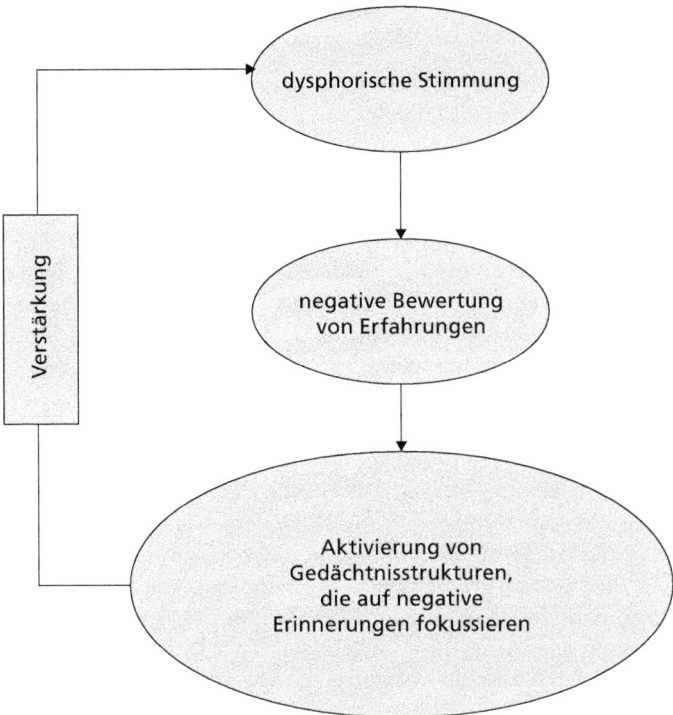

Abb. 5.1: Teufelskreis zur Entstehung depressiver Stimmung in Abhängigkeit von Kognitionen und Gedächtnisprozessen

Darüber hinaus wurden Zusammenhänge zwischen einem ruminierenden Denkstil und der Entstehung und Aufrechterhaltung depressiver Symptome in der Response Style Theory (Nolen-Hoeksema, 1991) empirisch belegt. Unter Ruminieren versteht man eine stark auf die eigene Gefühlslage und Symptomatik fokussierte Betrachtungsweise und ein fortlaufendes Kreisen um negative Gedanken. Konstruktive Problemlösungen werden so verhindert (vgl. Nolen-Hoeksema, 1991, 2000; Rood, Roelofs, Bögels, Nolen-Hoeksema & Schouten, 2009). In einer Längsschnittuntersuchung über zwei Jahre hinweg mit 11–15-jährigen Jugendlichen zeigte sich beispielsweise ein signifikanter Zusammenhang zwischen Rumination, früheren depressiven Episoden, zukünftigen Episoden und der Dauer der zukünftigen Krankheitsphasen. Ein ruminierender Denk- und Verarbeitungsstil fungierte als Moderator zwischen negativen Erlebnissen und zukünftigen depressiven Episoden (Abela & Hankin, 2011). Auch der Zusammenhang zwischen der depressiven Erkrankung von Eltern und deren Kindern (in die Studie wurden Kinder zwischen 6–15 Jahren eingeschlossen) wird durch das Vorhandensein depressiogener Informationsverarbeitungsstile moderiert (Abela et al., 2006). Außerdem erhöht das unangemessene Lösen von Problemen – dabei können Defizite bei jedem einzelnen der aufeinander folgenden Problemlöseschritte auftreten –die Wahrscheinlichkeit für Depressionen (Nezu, Nezu & Perri, 1989).

Ein weiteres kognitives Modell stammt von Beck (1987). Hier wird die depressive Störung als Folge negativer Schemata gesehen, die bei der Verarbeitung von belastenden Ereignissen zu kognitiven Fehlern führen und so eine kognitive Triade erzeugen. Diese ist bestimmt durch ein negatives Selbstbild, negative Vorstellungen von der Welt und der Zukunft.

Die Forschung zu den kognitiven Theorien wurde hauptsächlich an Erwachsenen durchgeführt. Verschiedene Studien verdeutlichen jedoch bereits verzerrte Wahrnehmungen, Interpretationen und Erinnerungen auch bei Kindern, verstärkt jedoch bei Jugendlichen. Die kognitiven Wahrnehmungs-, Verarbeitungs- und Attributionsstile und -muster wirken dabei häufig als Moderatoren auf Zusammenhänge mit depressiven Episoden. Neuere Studien (z. B. Vrijen, Hartman & Oldehinkel, 2019) belegen, dass bei Jugendlichen mit depressiven Störungen offenbar sehr früh – bereits vor dem eigentlichen Sichtbarwerden depressiver Symptome – bestimmte kognitive Muster bestehen, die prädiktiv für die Entwicklung einer Depression gewertet werden können. So zeigen Jugendliche, die in einer längsschnittlichen Untersuchung depressive Symptome ausbilden, im Alter von 16 Jahren (zu dem Zeitpunkt ohne depressive Erkrankung) in Belohnungsaufgaben eine geringere Erwartung von positiver Belohnung und eine höhere Erwartung von Bestrafung. Sie antizipieren im Vergleich zu Jugendlichen, die später keine depressiven Symptome ausbilden, in derselben Situation negative Folgen.

Denkmuster und kognitive Schemata scheinen also eine große Rolle bei der Entwicklung einer Depression zu spielen.

5.2.2 Bindungscharakteristika

Neben kognitiven Faktoren zählen auch Bindungscharakteristika zu den psychologischen Faktoren, die zur Entstehung und Aufrechterhaltung von Depressionen beitragen können (vgl. Heinrichs & Lohaus, 2011, S. 172/ 173; nach Groen & Petermann, 2008).
  Kinder benötigen von Beginn an feinfühlige, zuverlässige und vorhersehbare, an den Bedürfnissen der Kinder orientierte Reaktionen der Hauptbezugspersonen, um ein Gefühl von Sicherheit und Schutz zu erhalten, um getröstet und in der Emotionsregulation unterstützt zu werden. Auf dieser Grundlage entwickeln Kinder ein Arbeitsmodell über sich und die Beziehung zu anderen Menschen. Wenn die Bezugspersonen jedoch ein inkonsistentes Reaktionsmuster zeigen oder die Kinder sogar ängstigen, dann besteht ein Risiko der Ausbildung eines unsicheren Bindungsstils (Ainsworth et al. 1978; Main & Solomon, 1990). Ein unsicherer Bindungsstil steht im Zusammenhang mit psychischen Auffälligkeiten beim Kind, vor allem mit internalisierenden Störungen (Colonnesi et al., 2011; Groh et al., 2012;

Madigan et al., 2013); entsprechend ist eine unsichere Bindung als Prädiktor für Depressionen zu werten. Empirisch unterstützt wird diese Überlegung durch Befunde einer kürzlich publizierten Metaanalyse; hier wurden mittlere Effektstärken (r=.31) für diesen Zusammenhang bei Kindern und Jugendlichen gefunden (Spruit et al., 2019).

Es gibt verschiedene Erklärungen für den Zusammenhang zwischen Bindungsstil und Depression: Das durch die Bindungserfahrungen mit den Hauptbezugspersonen früh erworbene kognitiv-affektive Schema organisiert die Identifikation, Interpretation, Einordnung und Bewertung von (bindungsbezogenen) Erfahrungen (Bosmans, Breat & Van Vlierrberghe, 2010; Dozois & Beck, 2008). Durch wiederholte Erfahrungen damit, dass Hauptbezugspersonen nicht feinfühlig auf die Bedürfnisse der Kinder reagieren, können dysfunktionale kognitive Schemata über sich (»Ich bin wertlos«) und andere (»Niemand interessiert sich für mich«) ausgebildet werden. Außerdem erhöht eine frühe negative Eltern-Kind-Beziehung, die beispielsweise durch Misshandlungen oder Vernachlässigung in den ersten fünf Lebensjahren geprägt ist, das Risiko für die Entstehung einer Depression deutlich. Es wird davon ausgegangen, dass die durch die Misshandlungen/Vernachlässigung bedingten, andauernden stressreichen Erfahrungen des Kindes zu einer neuroendokrinen Dysregulation führen, die ebenfalls mit depressiven und anderen internalen Auffälligkeiten des Kindes assoziiert sind (Cicchetti et al., 2010; Banasr et al., 2017). Darüber hinaus sagen sichere Bindungserfahrungen mit Hauptbezugspersonen die Qualität späterer sozialer Beziehungen voraus; bedeutsame, unterstützende Beziehungen puffern den Effekt von Stress auf Depressionen ab (Jaremka et al., 2013).

5.2.3 Interpersonelle Beziehungen

Die Qualität sozialer Beziehungen, das Gefühl von Geborgenheit und Eingebundensein in eine soziale Gruppe ist für Kinder, Jugendliche und junge Erwachsene sehr wichtig für die soziale und emotionale Entwicklung, aber auch für die körperliche Gesundheit. Familiäre Beziehungen und mögliche Konflikte werden in systemischen Ansätzen besonders in den Blick genommen (z. B. Waraan, 2021). Es wird angenommen, dass dysfunktionale Interaktions- und Kommunikationsmuster depressive Symptome bei Kindern und Jugendlichen verursachen und aufrechterhalten können.

Ab dem Jugendalter werden aber auch Beziehungen zu Gleichaltrigen zur Identitätsentwicklung immer zentraler. Kinder und Jugendliche mit schwierigen/belasteten Gleichaltrigenbeziehungen haben eine höhere Wahrscheinlichkeit, depressive Symptome auszubilden (Kochenderfer & Ladd, 1996; Hames, Hagan & Joiner, 2013). Die sozialen Kompetenzen von Kindern und Jugendlichen mit depressiven Störungen werden im Selbst- und Fremdurteil negativer eingeschätzt als dies bei gesunden Kindern und Jugendlichen (z. B. Ihle, 2016) der Fall ist. Andere Studien haben sich auf den Zusammenhang zwischen Depressionen und Selbstwert konzentriert und festgestellt, dass Kinder und Jugendliche mit depressiven Störungen einen geringeren Selbstwert haben als psychisch gesunde Kinder und Jugendliche (Orth, Robins & Robert, 2008; Bos et al., 2010).

Längsschnittstudien bestätigen, dass Probleme bei Gleichaltrigenbeziehungen kindliche Depressionen und Depressionen im Jugendalter vorhersagen (Qualter et al., 2010; Katz et al., 2011). Katz et al. (2011) haben in ihrer Längsschnittstudie zeigen können, dass das Gefühl von Einsamkeit bei Kindern soziale Beeinträchtigungen im Jugendalter vorhersagt, die wiederum prädiktiv für depressive Störungen im jungen Erwachsenenalter und Erwachsenenalter sind. Negativ assoziiert mit dem Auftreten von Depressionen sind gute Adapationsfähigkeiten von Menschen in schwierigen Situationen; diese können sogar den Effekt abpuffern, den die soziale Isolierung auf das Auftreten von Depressionen hat (Geng-Feng et al., 2016).

Alle drei Fallbeispiele können hier zur Veranschaulichung dienen, auch wenn die Personen in den Fallbeispielen mit unterschiedlichen Gleichaltrigen-Situationen konfrontiert waren.

> Annika hatte aktiv massive Ablehnungserfahrungen erlebt durch das Mobbing der Mitschüler*innen, wodurch sie sich im sozialen Kontakt immer weniger zugetraut hat und ihr Selbstwert reduziert wurde.

> Tom hat sich im Laufe der Identitätsentwicklung im Jugendalter negativ mit den Gleichaltrigen verglichen, durch seine Schüchternheit gelang es ihm nicht, aktiv Kontakte mit ihnen einzugehen.

> Jessica fühlte sich stets »anders« als die Anderen, hatte früh das Gefühl, nicht »dazu zu gehören« und sich auch nicht auf andere verlassen zu können.

Darüber hinaus sollten relevante Sozialisationskontexte wie das schulische Umfeld betrachtet werden. Positive und unterstützende Beziehungen im schulischen Umfeld verringern die Wahrscheinlichkeit, dass Depressionen auftreten; Depressionen und eine geringe schulische Leistungsfähigkeit verstärken sich hingegen negativ (Jaureguizar et al., 2017).

5.2.4 Verstärkerverlusttheorie

Eines der ersten Erklärungsmodelle für depressive Störungen war die Verstärkerverlust-Theorie (vgl. Skinner, 1953; Lewinsohn, 1975; Lewinsohn, Rohde & Hautzinger, 1994), die davon ausgeht, dass depressive Symptome entstehen, wenn zuvor positiv bewertetes Verhalten nicht mehr verstärkt wird, wenn also Vermeidungsverhalten und damit verbunden das Fehlen positiver Verstärkung zu- oder die Wirkung positiver Verstärkung in Interaktionen mit relevanten Bezugspersonen abnimmt. Durch den mit depressiven Störungen häufig auftretenden Interessensverlust und sozialen Rückzug, haben die Kinder/Jugendlichen und jungen Erwachsenen deutlich weniger Möglichkeiten, mit anderen Menschen in positiven Kontakt zu treten und positive Erfahrungen zu machen (vgl. Tom, aber auch Annika). Ein Kind, ein*e Jugendliche*r oder junge*r Erwachsene*r, das bzw. der*die depressive Symptome ausbildet, bekommt normalerweise zunächst sehr viel Aufmerksamkeit von Personen aus dem näheren sozialen Umfeld (z. B. Familie, Freund*innen, Lehrkräfte); dadurch werden indirekt und unbewusst depressive Verhaltensweisen wie Weinen, Äußerungen von Schuldgefühlen oder Jammern verstärkt. Wenn sich diese Verhaltensweisen trotz Zuwendung jedoch steigern (denn obwohl Zuwendung natürlich wohltuend ist, genügt sie zumeist nicht, um das depressive Erleben signifikant zu verändern), führt dies meist dazu, dass sich Bezugspersonen zunehmend hilflos fühlen, ggf. auch Gefühle von Ärger der depressiv erkrankten Person gegenüber entwickeln und sich zurückziehen. Die depressiven Symptome des Kindes, des*der Jugendlichen oder jungen Erwachsenen steigern sich dadurch weiter, da unbewusst versucht wird, das gewohnte Muster an Verstärkung (Zuwendung) wieder zu aktivieren.

Eine geringe Verstärkung von Kindern, Jugendlichen und jungen Erwachsenen mit depressiven Störungen kommt häufiger bei geringer elterlicher Unterstützung oder Zurückweisung durch die Eltern vor. In der Verstärkerverlust-Theorie geht man folglich davon aus, dass es sich bei depressiven Störungen um erlerntes Verhalten handelt, das in einem Zusammenhang mit negativen Interaktionen zwischen dem Individuum und der Umgebung (z. B. niedrige Verstärkerrate, unzufriedenstellende soziale Beziehungen) steht, wie es im Fallbeispiel Jessica gesehen werden kann.

5.2.5 Dysfunktionale Emotionsregulation

In den letzten Jahren haben Weiterentwicklungen der psychologischen Theoriemodelle depressiver Störungen (z. B. Hautzinger, Keller & Kühner, 2006; Brockmeyer et al., 2012) komplexere Zusammenhänge zwischen Persönlichkeitsfaktoren, Bindungserfahrungen, Interaktionsmustern, der Emotionsregulation und den kognitiven Prozessen (wie z. B. Informationsverarbeitung, Aufmerksamkeitslenkung) formuliert. Konkret geht man davon aus, dass unter dem Vorliegen bestimmter Vulnerabilitäten (Dispositionen, Rahmenbedingungen) unmittelbare, unbewusste Emotionen, die von dysphorischer Stimmung beeinflusste Selbstaufmerksamkeit/Lageorientierung, der stimmungsabhängige Gedächtniszugang und das Lernen zusammenwirken und das Auftreten und die Aufrechterhaltung depressiver Störungen begünstigen. Eine ungünstige Emotionsregulation im Sinne von einer Unfähigkeit zur Inhibition oder Regulation von Emotionen und der damit verbundenen Schwierigkeit, Handlungen ziel- und aufgabenbezogen zu steuern, steht im Fokus verschiedener Theoriemodelle depressiver Erkrankungen. Sehr bekannt sind die Arbeiten von Gross (z. B. Gross, 2002; Werner & Gross, 2010). Das Ziel der Emotionsregulation ist es allgemein, die Dynamik von Emotionen und die Regulationsstrategien an die jeweilige Situation anzupassen (Aldao, 2013), Ziele zu verfolgen, auch wenn negative Gefühle erwartet werden und eigene Impulse zu kontrollieren (In-Albon, 2013).

Im Prozessmodell der Emotionsregulation (Gross, 2002) wird zunächst der zeitliche Ablauf von Situation, Aufmerksamkeit, Bewertung und Reaktion beschrieben. Emotionsregulation erfolgt dabei auf einem Kontinuum zwischen unbewusster, automatischer, müheloser Regulation und bewusster, kontrollierter und mühsamer (vgl. Gross & Thompson, 2007). Die Emotionsregulationsstrategien können in antizipatorische und reaktive Strategien eingeteilt werden. Antizipatorische Strategien (z.B. Situationsauswahl, kognitive Neubewertung der Situation, Aufmerksamkeitslenkung) beziehen sich dabei auf die Zeitspanne bevor eine Emotion entsteht, bei reaktiven Strategien (z.B. Emotionsunterdrückung) handelt es sich um unmittelbare emotionale Reaktionen auf eine entstandene Emotion.

Depressive Patient*innen im Kinder-, Jugend- und Erwachsenenbereich haben Defizite, negative Emotionen zu regulieren und adaptive Emotionsregulationsstrategien einzusetzen (bspw. aktive Ablenkung; vgl. Forbes et al., 2006). Diese Defizite – so wurde bei Erwachsenen gezeigt, die an depressiven Störungen erkrankten – lagen bereits vor Entwicklung der Symptome vor (z.B. Kovacs et al., 2008).

Wie bereits beschrieben (▶ Kap. 5.1.3), haben kognitive Prozesse einen großen Einfluss auf die Entwicklung von Depressionen. Dies ist insofern wichtig, da kognitive Prozesse auch zentral auf die Regulation von Emotionen wirken. Zu den maladaptiven kognitiven Strategien zählen beispielsweise Rumination oder Suppression von Gedanken. Depressive erwachsene Patient*innen wenden häufig Grübeln/Ruminieren als Antwort auf negative Emotionen an. In einer Metaanalyse (Aldao, Nolen-Hoeksema & Schweizer, 2010) zeigten sich zur Emotionsregulation im Kontext verschiedener psychischer Störungen, dass Depressionen vor allem mit den Regulationsstrategien der Vermeidung ($r = .48, p < .001$), Rumination ($r = .55, p < .001$) und Suppression ($r = .36, p < .001$) und seltener mit Emotionsregulation über Akzeptanz ($r = -.20, p < .001$), Problemlösung ($r = -.33, p < .001$) oder Reappraisal/Neubewertung ($r = -.17, p < .01$) verbunden sind. Adaptive Strategien wie Neubewertung und Problemlösung werden dagegen eher seltener angewendet (Aldao, 2013; Aldao, Nolen-Hoeksema & Schweizer, 2010. Die emotionale Neubewertung einer negativen Situation (im Gegensatz zu einem regelmäßigen Unterdrücken von negativen Umwelteinflüssen) hat einen positiven Effekt auf die psychische Gesundheit (vgl. John & Gross, 2007).

Diese Befunde unterstützen den Ansatz moderner kognitiver Verhaltenstherapien zur Behandlung von depressiven Störungen, bei denen negative Denkschemata langfristig aufgelöst und durch positive Interpretations- und emotionale Erlebensmuster ersetzt werden sollen.

5.3 Erklärungsansätze der 3. Welle der Psychotherapie

5.3.1 Schematherapeutisches Erklärungsmodell

Das schematherapeutische Erklärungskonzept für das Auftreten und die Aufrechterhaltung psychischer Störungen bei Kindern, Jugendlichen und jungen Erwachsenen knüpft an das zuvor vorgestellte Konzept von Risiko- und Schutzfaktoren, Entwicklungsaufgaben und Temperamentskonstellationen (neurobiologische Basis des Individuums) an. Zunächst sollen knapp hier die Grundlagen der Schematherapie vorgestellt (vgl. Fischer, Graaf & Eckardt, 2015) werden.

Relevant für ein gesundes Aufwachsen sind als Grundlage für das Selbsterleben und als Motivator für Erleben und Verhalten zunächst in Anlehnung an Grawe (2004) und Epstein (1990) die Erfüllung der Grundbedürfnisse

- Selbstwert/Anerkennung
- Bindung
- Lustgewinn/Spontanität
- Autonomie/Selbstwirksamkeit/Selbstbestimmung und
- Konsistenzerleben/Identitätserleben/Struktur und Grenzen.

Zentrale Begrifflichkeiten in der Schematherapie sind die Begrifflichkeiten des »Schemas« und der »Modi«:

Unter Schemata fasst man ein Konglomerat von Erinnerungen, Kognitionen, Emotionen und Körperreaktionen im Sinne eines erweiterten und komplex konditionierten respondenten Reflexes zusammen. In der Arbeit mit Kindern und Jugendlichen werden Schemata mit dem Anlegen von emotional-kognitiv-physiologisch-verhaltensbezogenen »Programmen« (»Brillen«, mit denen man die Realität wahrnimmt und interpretiert) verglichen, die sich im Laufe des Lebens aufgrund von Lebenserfahrungen bilden und dann »im Hintergrund/unbewusst« in bestimmten Situationen »ablaufen« (vgl. Loose, Graaf & Zarbock, 2013). Personen können sich entweder der aufgrund der Lebenserfahrung gebildeten Erwartungen

- beugen/untergeben (Freeze-Reaktion = Unterwerfung/Erdulden, jemand liefert sich der Situation und dem damit verbundenen Gefühl klaglos aus),
- diese Situationen vermeiden (Fluchtreaktion = Auslösung der gefürchteten Emotion wird entweder passiv oder aktiv vermieden),
- oder genau gegenteilig zu der Erwartung handeln (Überkompensation = Kampf- oder Angriffsreaktion).

Modi bezeichnen Zustände, die automatisch in Situationen aktiviert werden und mit mehreren Schemata verbunden sein können. Dabei gibt es maladaptive Kindmodi (intensive negative Gefühle), dysfunktionale Elternmodi (verinnerlichte negative Annahmen über sich selbst, Übernahme von belastenden, unangemessenen

Einstellungen, Haltungen, Werten), dysfunktionale Bewältigungsmodi (in früher Kindheit erlernte »Überlebensstrategien«, um schmerzhafte, unangenehme Gefühle zu regulieren, sich vor unangenehmen Gefühlen zu schützen) und gesunde Modi (fröhliche, glückliche Anteile, selbstfürsorgliche Regulations- und Problemlösekompetenzen).

Fallbeispiel Jessica

So ist es denkbar, dass »Jessica« in unserem Fallbeispiel gelernt hat, dass sie Menschen nicht vertrauen kann, da diese sie im Stich lassen werden (Schema). Da sie ein starkes Bindungsbedürfnis hat, sind Verlusterlebnisse für sie schmerzhaft. Sie kann nun immer wieder enge Kontakte zu Menschen eingehen, die vermutlich nicht beständig da sein werden (z. B. den Betreuer*innen), kann diese Kontakte eher vermeiden oder aber selbst rasch aus näheren Kontakten gehen. Jessica schützt sich unbewusst vor diesen schlimmen Gefühlen, indem sie Distanz zu den Betreuer*innen hält (dysfunktionaler Bewältigungsmodus = distanzierter Beschützer), sie kann aber dadurch auch keine vertrauensvolle/haltgebende Beziehung knüpfen.

Als dysfunktional werden solche Schemata folglich bezeichnet, weil sie einer Person zwar unmittelbar helfen, die als negativ erlebte Gefühle nicht/abgeschwächt zu erleben, mittel- oder langfristig aber haben die mit dem Schemata verbundenen Handlungsmuster für den*die Betreffende*n Nachteile.

Folgende dysfunktionale Schemata können sich bei chronischen Bedürfnisfrustrationen bei Kindern, Jugendlichen und jungen Erwachsenen ausbilden (▶ Tab. 5.1):

Tab. 5.1: Überblick über dysfunktionale Schemata bei Kindern, Jugendlichen und jungen Erwachsenen

	Domäne Abgetrenntheit/ Ablehnung	Domäne Beeinträchtigung von Autonomie und Leistung	Domäne Beeinträchtigung im Umgang mit Begrenzungen	Domäne Fremdbezogenheit	Domäne übertriebene Wachsamkeit und Gehemmtheit
verletztes Bedürfnis	Bindung	Autonomie/ Selbstwirksamkeit	Identität/ Strukturen/ Grenzen	Selbstwirksamkeit, Anerkennung, Autonomie/ Selbstbestimmung	Lustgewinn, Spaß und Spiel
mögliche Modi	verletztes oder wütendes Kind	verletzliches oder wütendes Kind	undiszipliniertes Kind	Unterordnung (dahinter fordernde innere Eltern)	Kompensation/Vermeidung (dahinter strafende innere Eltern)

Tab. 5.1: Überblick über dysfunktionale Schemata bei Kindern, Jugendlichen und jungen Erwachsenen – Fortsetzung

	Domäne Abgetrenntheit/ Ablehnung	Domäne Beeinträchtigung von Autonomie und Leistung	Domäne Beeinträchtigung im Umgang mit Begrenzungen	Domäne Fremdbezogenheit	Domäne übertriebene Wachsamkeit und Gehemmtheit
mögliche Schemata	Verlassenheit, emotionale Entbehrung, soziale Isolierung, Versagen, Missbrauch/ Misstrauen, Unzulänglichkeit/ Scham	Erfolglosigkeit/Versagen, Abhängigkeit/Inkompetenz, Verletzlichkeit, Verstrickung/unterentwickeltes Selbst	Anspruchshaltung/ Grandiosität (Besonders-Sein), unzureichende Selbstkontrolle/Selbstdisziplin	Unterordnung/Unterwerfung, Aufopferung, Streben nach Zustimmung und Anerkennung	emotionale Gehemmtheit, überhöhte Standards, negatives Hervorheben/Pessimismus, Strafneigung

Angenommen wird, dass Patient*innen mit depressiven Erkrankungen sich in negativen Gedanken und Emotionen verfangen (= erdulden/beugen), grübeln (= dysfunktionaler Bewältigungsmodus) und so in dysfunktionalen Kognitionen »stecken bleiben«. Eine länger andauernde schmerzliche Situation führt zu einer schmerzlichen Emotion. Wenn diese erduldet wird, führt dies zu einer depressiven Entwicklung. Gesunde Impulse zur Bedürfniserfüllung stehen durch die übermäßige Aufgabe der Erduldung nicht zur Verfügung, dies zeigt sich in der Antriebsminderung.

5.3.2 Metakognitives Erklärungsmodell

Das metakognitive Modell bietet eine weitere Erklärungsmöglichkeit für die Entstehung und Aufrechterhaltung depressiver Störungen (Wells, 1990): In bestimmten Situationen (»Trigger«) werden negative Gedanken über sich, die Beziehung zu anderen, die Zukunft oder über die Symptome der Depression ausgelöst. Bei Menschen, die an Depressionen erkrankt sind, lässt sich ein charakteristisches Muster an Denkprozessen und Aufmerksamkeitslenkung feststellen, das als kognitives Aufmerksamkeitssyndrom (CAS) bezeichnet wird und mit einer erhöhten Selbstaufmerksamkeit einhergeht. Darüber hinaus leiden Personen mit einer depressiven Erkrankung häufig an sich wiederholenden, ruminierenden Gedankenschleifen in Form von Grübeln, die nicht zur Lösung von Problemen führen. Das Grüben kann sich dabei auf die Vergangenheit beziehen (z. B. »Warum wurde ich nicht eingeladen?«) oder in Form von Sich-Sorgen (z. B. »Was ist, wenn ich mich immer so schlecht fühlen werde?«). Sich-Sorgen ruft meist Gefühle von Unsicherheit und Ängstlichkeit hervor. Sich-Sorgen und Ruminieren sind auch im Kindes- und Jugendalter weit verbreitet (Wilkinson, Croudace & Goodyer, 2013). Als problematisch hinsichtlich der Ausbildung einer Störung werden Sich-Sorgen/Grübeln dann, wenn Personen dysfunktionale Metakognitionen entwickeln und annehmen, das Sorgen/Grübeln nicht mehr kontrollieren zu können (Esjborn, 2014). Im Rahmen der MKT werden die problematischen Metakognitionen in »positive« (= Überzeugung, dass Grübeln/Sich-Sorgen nützlich ist) und »negative« Metakognitionen (= Gefühl der Unkontrollierbarkeit von Grübeln/Sorgen und der Dysfunktionalität) unterschieden.

Solche Prozesse können auch bei depressiven Jugendlichen gefunden werden: Viele Jugendliche mit depressiven Störungen geben an, oft ganz »in Gedanken zu sein«, direkt morgens nach dem Aufwachen beginnt häufig ein Prozess, in dem das Vorhandensein depressiver Symptome abgescannt wird. Depressive Überzeugungen werden aufgrund dieser selektiven Aufmerksamkeit und sich selbst erfüllender Prophezeiungen verstärkt. Inaktivität und Vermeidung (ggf. um sich zu schonen) führen zu einem erhöhten Grübeln, bewirken aber auch eine Ausweitung von Problemen, da z. B. Aufgaben unerledigt bleiben, soziale Kontakte nicht gefördert werden. Studien (z. B. Rose, 2002) verdeutlichen auch, dass depressive Kinder und Jugendliche im Kontakt mit Freund*innen oder Familienmitgliedern eher zum Co-Ruminieren tendieren als zu positiven Interaktionen.

5.4 Integrative Modelle

Die bisherigen Ausführungen spiegeln die multiplen Faktoren wider, die zur Entstehung einer depressiven Störung beitragen können. Bestehende integrative Modelle (bspw. McCauley, 2001; Abel & Hautzinger, 2013; Straub et al., 2015) betrachten genetische und biologische Vulnerabilitäten genauso wie frühe und auch spätere Sozialisations- und Bindungserfahrungen mit Bezugspersonen, kognitive, soziale und emotionale Kompetenzen und vorhandene Stressoren. Es wird davon ausgegangen, dass biologische Faktoren eine hohe Abhängigkeit von Umweltfaktoren aufweisen. Gerade bei jüngeren Kindern scheint der Einfluss umso größer, was die Relevanz psychosozialer Faktoren in dieser Altersgruppe unterstreicht. Bei Jugendlichen gilt die Erhöhung der Stressanfälligkeit durch die biologischen Veränderungen im Rahmen der frühen bis mittleren Pubertät als zentraler Faktor bei gleichzeitig steigenden Anforderungen an die Jugendlichen im Rahmen ihrer Entwicklungsaufgaben. Auch junge Erwachsene müssen eine Vielzahl von Anforderungen bewältigen (siehe Entwicklungsaufgaben wie Bezug einer eigenen Wohnung, Beginn Berufstätigkeit), die kognitiven »Umbauarbeiten« vom kindlichen zum erwachsenen Gehirn sind allerdings erst mit ca. 25 Jahren abgeschlossen, so dass die kognitive Entwicklung damit langsamer verläuft als die sozialisatorische.

Als Folge kumulierter Vulnerabilitätsfaktoren können sich ein niedriges Selbstwertgefühl und ein ungünstiger kognitiver Stil etablieren. Zusammen mit weiteren Defiziten im sozialen Bereich (bspw. mangelnde soziale Unterstützung, elterliche Beziehung, geringe soziale Kompetenzen) kann sich so eine negative Spirale etab-

5.4 Integrative Modelle

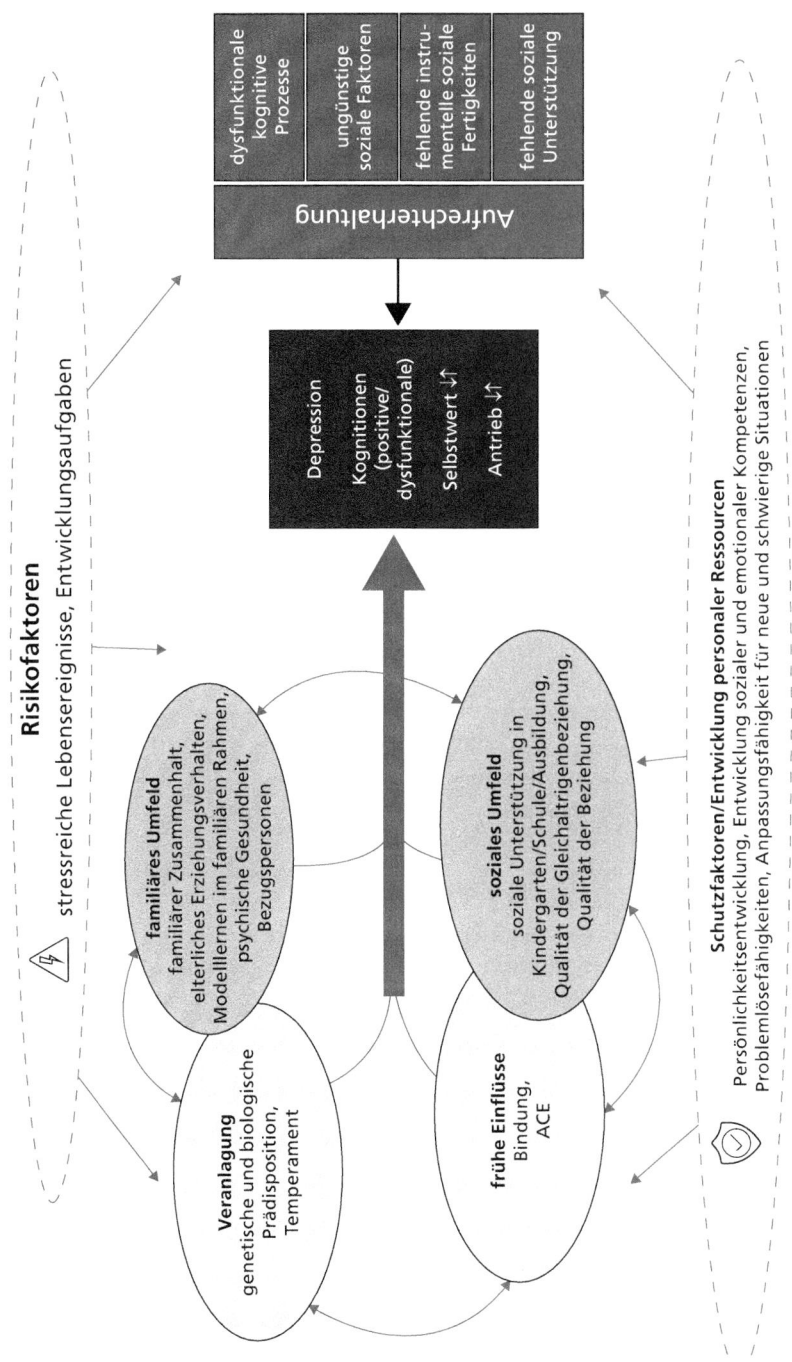

Abb. 5.2: Integratives Modell der Ätiologie depressiver Störungen bei Kindern, Jugendlichen und jungen Erwachsenen

lieren, die den Stress des Kindes bzw. des*der Jugendlichen verstärkt. McCauley und Kollegen (2001) stellen zudem eine bereits vorhandene negative Affektivität in den Mittelpunkt des Modells, die durch eine ungünstige Emotionsregulation erschwert werden kann und durch die verschiedenen, im Laufe der Entwicklung des Kindes oder des*der Adoleszenten steigenden, Anforderungen (bspw. in der Pubertät Abnabelung vom Elternhaus, körperliche und kognitive Reifung, Identitätsbildung, Leistungsdruck in der Schule) die Entwicklung einer Depression begünstigt. Ist eine depressive Erkrankung einmal aufgetreten, tragen vor allem die etablierten dysfunktionalen kognitiven (und metakognitiven) Prozesse und ungünstige soziale Faktoren wie fehlende instrumentelle soziale Fertigkeiten oder fehlende soziale Unterstützung zur Aufrechterhaltung der Depression oder einem Rückfall in die depressive Symptomatik bei.

Die dargestellten Zusammenhänge sind in folgendem integrativem Modell veranschaulicht, das auch als Grundlage für die Besprechung eines individuellen Störungs- und Aufrechterhaltungsmodells herangezogen werden kann (▶ Abb. 5.2, vgl. auch Groen & Petermann, 2011).

5.5 Überprüfung der Lernziele

- Welche Faktoren spielen bei jüngeren Kindern eine wesentliche Rolle bei der Entstehung von Depressionen?
- Welche Rolle spielen Risiko- und Schutzfaktoren zur Entstehung von Depressionen?
- Welchen Zusammenhang gibt es zwischen Entwicklungsaufgaben und der Entwicklung depressiver Störungen?
- Welche Entstehungsbedingungen spielen in einem integrativen Modell zur Entstehung depressiver Störungen bei Kindern, Jugendlichen und jungen Erwachsenen eine Rolle?
- Wie könnte ein individuelles Erklärungs- und Aufrechterhaltungsmodell bei Annika, wie bei Jessica aussehen?

6 Behandlung depressiver Störungen

> **Lernziele**
>
> - Sie wissen, wie ein typischer Psychotherapieantrag für ein Kind, eine*n Jugendliche*n oder junge*n Erwachsene*n mit einer depressiven Störung geschrieben wird.
> - Sie können das therapeutische Vorgehen beschreiben (Diagnostik, Indikation, Zielformulierung, Psychoedukation, bei Bedarf Krisenmanagement/Festlegen von Notfallstrategien, Aktivitätenaufbau, Beachtung der Grundbedürfnisse, Veränderung dysfunktionaler Gedanken, Aufbau von funktionalen Gedanken, Veränderung dysfunktionaler Erlebensmuster, Aufbau funktionaler Erlebensmuster, Problemlösetraining, Stärkung sozialer Fertigkeiten).
> - Sie kennen die Leitlinien der Fachgesellschaft für Kinder- und Jugendpsychiatrie und -psychotherapie zur Behandlung von Depressionen (AWMF, 2013; Schulte-Körne et al., 2023).
> - Sie kennen wichtige Manuale für die einzelnen Altersbereiche.
> - Sie erkennen schwierige Therapiesituationen und wissen, wie Sie damit umgehen können.

6.1 Beispiel für einen Antrag an eine(n) Gutachter*in zur Bewilligung einer Psychotherapie

1. Soziodemografische Angaben: Der 16-jährige Gymnasiast (aktuell 11. Klasse) lebt gemeinsam mit seinen beiden Brüdern (+2 J.; -5 J.) und seiner Schwester (-7 J.) bei seinen leiblichen Eltern (Mutter 48 J., Literaturwissenschaftlerin, nicht berufstätig, »managt« die Familie; Vater 54 J., ganztägig berufstätig als Schulleiter einer Berufsschule) in einem eigenen Einfamilienhaus, städtisches Wohngebiet. Er ist musikalisch, spielt Fagott, ist Mitglied eines Orchesters.

2. Geschilderte Symptomatik: Der 16-jährige Patient berichtet beim Erstgespräch, dass er sich seit fast einem Jahr zunehmend »depressiv« fühle: Er wäre oft traurig, niedergeschlagen, verzweifelt, weine dann allein in seinem Zimmer, könne sich nur schwer beruhigen. Er schlafe schlecht, grüble viel, ziehe sich sozial immer mehr zurück. Besonders belastet wäre er dadurch, dass er an sich zweifle. Er sei davon überzeugt, dass Gleichaltrige ihn nicht mögen würden. In der Schule habe er zwar Kontakte zu Klassenkamerad*innen, aber in der Freizeit sei er für sich allein. Seine Freund*innen/Mitschüler*innen würden fast nie nachfragen, ob er etwas mit ihnen unternehmen wolle. Wenn er einmal – was selten sei – zu einer Party eingeladen werde, dann fühle er sich nicht zugehörig. Er könne nicht so ausgelassen sein wie die anderen und denke viel über seine Wirkung auf Gleichaltrige nach. Im Kontakt mit anderen fürchte er meist, eher negativ bewertet zu werden: so fühle er sich ungeschickt und auch unattraktiv, er wisse nicht, was er in Gesprächen sagen solle. T. meide soziale Situationen mit vielen Menschen, da sie ihm »immense Angst« verursachten. Manchmal sei er so unglücklich darüber, dass sein Leben ihm sinnlos und hoffnungslos erscheine, fast wöchentlich habe er Suizidgedanken, jedoch ohne konkrete Absichten. Begonnen hätten die Schwierigkeiten bei einer Schülerdisco. Er erinnere auf der Party gewesen zu sein und alles nur beobachtet zu haben, als wäre es »ein Film« und er nicht wirklich dabei. Damals sei er plötzlich davon überzeugt gewesen, »uncool« zu sein und hässlich auszusehen. Den Gedanken hätte er nicht mehr »aus dem Kopf bekommen«. Damals habe er auch starke Gedanken gehabt, das Leben habe keinen Sinn und er sollte sich eigentlich umbringen. Nur der Gedanke an seine Familie habe ihn davon abgehalten, sich etwas anzutun. Zusätzlich belastend bezüglich der beschriebenen Symptomatik wäre, dass er oft erröte, schäme sich dafür. Durch dieses Erröten käme er sich noch unattraktiver vor.

Psychopathologischer Befund: Gepflegter, altersentsprechend gekleideter 16-Jähriger, der schüchtern und zurückhaltend in Kontakt geht. Spricht leise, zurückhaltend, hält Blickkontakt. Bewusstseinsklar und zu allen vier Qualitäten voll orientiert. Auffassung intakt, Merkfähigkeit erhalten. Konzentration während der Exploration erhalten, anamnestisch Konzentrationsschwierigkeiten in der Schule. Im Kontakt psychomotorisch leicht unruhig, nervös wirkend. Nach klinischem Eindruck mindestens durchschnittliche kognitive Leistungsfähigkeit, differenzierte Persönlichkeit, hohe Introspektionsfähigkeit, Eloquenz. Mnestische Funktionen intakt, keine inhaltlichen Denkstörungen, keine Ich-Störungen, keine Halluzinationen. Verstärkte Grübelneigung. Vom Affekt her wirkt der Patient deutlich herabgestimmt, verzweifelt, niedergeschlagen, hoffnungslos, er beginnt während des Gespräches wiederholt zu weinen. Antriebslosigkeit, Erschöpfungsgefühle werden berichtet, Einsamkeitsgefühle, Gefühl der sozialen Isolation bei gleichzeitigem sozialem Rückzug, soziale Ängste. Suizidgedanken ohne akute -absichten, keine Fremdgefährdung. Traumatische Erlebnisse werden verneint.

3. Vegetative Anamnese: Keine Schlafschwierigkeiten, keine Albträume. T. esse wenig und sei in seinem Essverhalten sehr wählerisch (z. B. kein Obst oder Gemüse).

Medizinische Anamnese: Keine Allergien, keine Medikation. Einmaliger Krankenhausaufenthalt wegen Harnverhalts, kein somatisches Korrelat.

Vorbehandlung: Keine.

4. Behandlungsrelevante Angaben zur Lebensgeschichte, zur Krankheitsanamnese und zur Verhaltensanalyse: Der 16-jährige Gymnasiast (aktuell 11.

Klasse) lebt gemeinsam mit seinen beiden Brüdern und der Schwester bei seinen leiblichen Eltern in einem eigenen Einfamilienhaus in einem städtischen Wohngebiet. Die Meilensteine der Entwicklung sind laut Angaben des Vaters regelrecht absolviert worden, T. sei ein »liebes, unproblematisches, schüchternes Kind« gewesen. Die Mutter sei nach der Geburt von T. zu Hause geblieben und habe den Hauptteil der Kindererziehung übernommen. Unauffälliger Kindergarten- und Grundschulbesuch. T. sei in dieser Zeit in die Gleichaltrigengruppe integriert gewesen – trotz seiner Schüchternheit – er habe einen besten Freund gehabt, zu dem auch aktuell noch Kontakt bestehe. Er sei von jeher ein nachdenkliches Kind gewesen, gute schulische Leistungen. Im Gymnasium käme er von den Leistungen her gut zurecht, er habe auch Anschluss an die Gleichaltrigen, würde in der Schule Zeit mit ihnen verbringen, allerdings würden diese sich in der Freizeit häufiger treffen, da sie aus anderen Dörfern kämen, dort durch Vereine viel Kontakt miteinander hätten. Ihn würde man oft nicht fragen, ob er bei einer Freizeitaktivität mitkommen wolle, er würde sich aber auch nicht trauen, Schulkamerad*innen diesbezüglich anzusprechen, habe Angst, abgelehnt zu werden. Darüber hinaus habe er »noch nie ein Mädchen geküsst«, alle anderen hätten diesbezüglich Erfahrungen. Er käme sich deshalb unbeholfen, unattraktiv vor.

Die Familie habe immer schon eher zurückgezogen gelebt, hätte einen eher kleinen Bekanntenkreis. Der Vater erinnert, in seiner Jugend ebenfalls sehr schüchtern gewesen zu sein, T. »sei manchmal wie er damals«, er hätte jedoch keinen Leidensdruck verspürt. Die Mutter sei ebenfalls von jeher zurückgezogen und schüchtern, sie habe ein paar wenige gute Freundinnen. Beide Elternteile seien ebenfalls nachdenklich. Finanziell sei die Familie bis heute immer unbelastet gewesen. Die Grundbedürfnisse der Kinder würden angemessen befriedigt, den Eltern wäre es wichtig, dass die Kinder Sicherheit, Geborgenheit erfahren, Anerkennung für ihre Leistungen. Aufgrund seiner Schüchternheit hätten die Eltern T. viel »abgenommen« und für ihn geregelt. Problematisch wäre, dass die Mutter hohe Leistungsanforderungen an sich und ihre Kinder stellen würde, die nie erfüllt würden, sie wäre deshalb schon seit vielen Jahren unzufrieden; beispielsweise hadere sie damit, dass sie wegen der Kinder ihre berufliche Karriere als Akademikerin zurückgestellt habe; die Mutter habe einen dysfunktionalen Stil zur Regulation von Emotionen, ein negatives Bild von sich und der Zukunft. Vor fünf Jahren sei sie – ggf. vorbelastet durch die eigene Mutter, die an Depressionen erkrankt war – depressiv erkrankt, sei auch mit Medikamenten behandelt worden. Diese hätte sie irgendwann abgesetzt, sei dann relativ stabil gewesen. In der Familie kümmere man sich viel umeinander, respektiere aber auch die Privatsphäre der Familienmitglieder. Die Beziehung zwischen Vater und Mutter habe der Patient immer als »normal«, nicht besonders konfliktbelastet erlebt, die Eltern seien verständnisvoll ihm gegenüber. Speziell in seinem Vater habe er eine Vertrauensperson. Die depressive Erkrankung der Mutter habe T. als sehr belastend wahrgenommen, sie wäre eine lange Zeit für die Kinder emotional nicht erreichbar gewesen. Aufgrund der Tatsache, dass es T. nun psychisch »so schlecht ginge«, sei die Mutter erneut depressiv geworden, seit ein paar Tagen befinde sie sich in stationärer Behandlung. T. gibt an, keine Schuldgefühle deshalb zu haben.

In seiner Freizeit spiele er im Orchester Fagott, spiele Gitarre, schaue sich Ausschnitte auf »YouTube« an und spiele Computerspiele.

Familienanamnese: Mütterlicherseits seien Angstzustände, Panikattacken und Depressionen bekannt. Die Kindsmutter (KM) sei derzeit in stationärer Behandlung. Väterlicherseits seien Asthma, kardiologische Erkrankungen und Depressionen bekannt. Für den Patienten stehen seine soziale Unsicherheit, Selbstzweifel, Erröten und die niedergeschlagene, traurige Stimmung im Vordergrund der Symptomatik, weshalb er begonnen hat, sich immer stärker sozial zurückzuziehen.

Mikroanalyse

S:	T. steht in der Pause im Kreis von Klassenkamerad*innen
O:	Genetische Disposition für depressive Erkrankungen, schüchternes, ängstliches Temperament, fühlt sich schon längere Zeit niedergeschlagen, T. ist davon überzeugt, »uncool«, weniger attraktiv als die Gleichaltrigen zu sein (geringer Selbstwert); errötet rasch, Blick nach innen auf die Bewertung der anderen gerichtet (erhöhte Selbstaufmerksamkeit), mangelnde aktive und funktionale Copingstrategien, Grübelneigung
Reaktion$_{kognitiv}$:	»Mit mir wird sich keiner unterhalten, ich bin nicht cool, Mädchen finden mich auch nicht interessant, vermutlich sind alle genervt, dass ich auch hier stehe« «, »Ich weiß gar nicht, wie ich mich richtig verhalten kann, benehme ich mich so wie die anderen?«, »Hoffentlich erröte ich nicht«, »Ich kann nicht aufhören, darüber nachzudenken«
Reaktion$_{emotional}$:	unsicher, ängstlich, niedergeschlagen
Reaktion$_{physiologisch}$:	erregt, errötet
Reaktion$_{motorisch}$:	hört zu, beteiligt sich nicht aktiv am Gespräch, steht ruhig im Kreis
Kontingenz:	immer
Consequenzen$_{kurzfristig}$:	bleibt für sich (C-/)[3], kommt nicht in Kontakt mit Gleichaltrigen (C+/), fühlt sich einsam (C-); dadurch, dass T. sich ruhig verhält, auch non-verbal kaum Kontakt aufnimmt, steigt die Angst/Unsicherheit nicht weiter an (C-/), vermeidet Kontakte, Gleichaltrige nehmen keinen Kontakt auf, da T. keine Signale aussendet, dass er Kontakt haben möchte (C +/)
Consequenzen$_{langfristig}$:	bleibt unsicher (C-), da er keine Möglichkeit hat, seine Kompetenzen zu stärken, seine Annahme »mit mir will keiner reden« bestätigt sich, Selbstzweifel verstärken sich (C-), traut sich kaum mehr auf Partys, wird seltener eingeladen (C+/), da der Eindruck entsteht, dass ihm dies nicht

---

[3] Nomenklatur: Consequenzen = Konsequenzen/Verstärkung; C+ = positive Verstärkung/Belohnung folgt; C – = negative Verstärkung/Bestrafung folgt auf ein Verhalten; C +/ = Wegfall einer positiven Verstärkung/indirekte Bestrafung; C-/ = Wegfall einer negativen Verstärkung/ (▶ Kap. 4.5.3)

gefällt, niedergeschlagene Stimmung bleibt (C-), starkes Grübeln als Problemlösestrategie (C-).
K: kontinuierlich

Die Entstehung und Aufrechterhaltung der depressiven Erkrankung und der sozialen Phobie können folgendermaßen erklärt werden:

Bei Tom kann aufgrund der depressiven Erkrankung der Mutter von einer Vulnerabilität für Depressionen/psychische Erkrankungen ausgegangen werden. Gleichzeitig war er schon immer vom Temperament her schüchtern und zurückhaltend, wie auch beide Elternteile. Tom ist intelligent, hat alle Entwicklungsschritte im Baby- und Kleinkindalter zeitgerecht absolviert. Er wuchs in einer Familie mit zwei Brüdern und einer Schwester auf, ist das zweitälteste Kind. Die Familie hat finanziell keine Sorgen, Mutter und Vater haben eine eher hohe Leistungsorientierung und wenige soziale Kontakte. Die Mutter hat beruflich »zurückgesteckt«, ist für die Kinder da. Es bestand ein günstiger Erziehungsstil mit sicherer Bindung an beide Elternteile. Neue Situationen haben Tom jedoch von klein auf Angst gemacht, er benötigte viel emotionale Unterstützung; da beide Eltern selbst solche Ängste als Kind hatten, zeigten sie ein hohes Verständnis, forderten ihn aber teilweise nicht genügend, um eine emotionale Selbständigkeit und adäquate soziale Fertigkeiten zu entwickeln. Die Mutter wendet selbst einen eher dysfunktionalen Emotionsregulationsstil an und hat negative Kognitionen bezüglich ihrer Person und der Zukunft. Tom zeigte sich in den Kinderjahren bis auf seine Schüchternheit unauffällig, es ging ihm gut. Er erbrachte gute schulische Leistungen, hatte Freunde, war sehr musikalisch, blieb aber schüchtern und zurückhaltend im Umgang mit Gleichaltrigen.

Beim Wechsel auf die weiterführende Schule, in Kombination mit der jugendlichen körperlichen Entwicklung (z.B. Hautunreinheiten) fühlte sich Tom immer unsicherer und wurde sozial ängstlicher. Als dann die Mutter eine depressive Episode hatte, erlebte er dies als sehr stressreich (Frustration Sicherheitsbedürfnis). Er hatte nur unzureichende emotionale Bewältigungskompetenzen zur Regulation negativer Emotionen ausgebildet. Die Gleichaltrigenbeziehungen wurden wichtiger, gleichzeitig setzte im Rahmen der kognitiven Entwicklung auch eine verstärkte Auseinandersetzung mit der Identität ein. Tom verglich sich mit Gleichaltrigen, wertete sich ab, hatte unzureichende soziale Kompetenzen, um auf andere zuzugehen und blieb daher sozial wenig integriert – entsprechend gab es zu wenige positive und haltgebende Freundschaften. Bei Tom bildeten sich dysfunktionale Schemata aus über sein Selbst (Versagensängste, Gefühl der Unzulänglichkeit/Unattraktivität). Dies hat verhindert, dass etwa Peer-Beziehungen als Resilienzfaktoren gegenüber den familiären Belastungen hätten wirken können. Er schaffte den »Sprung« zur Exploration sexueller Kontakte nicht und fühlte sich dadurch minderwertig. Es kam zur Entwicklung erster depressiver Symptome, teilweise mit suizidalen Gedanken. Tom grübelte viel über sich, sein Selbst, spielte soziale Situationen in Gedanken ständig durch, gepaart mit dem Erleben negativer Gefühle und der Überzeugung, »ein Versager« zu sein (vgl. Situation Schülerdisco). Er zog sich in Folge immer mehr zurück, vermied, auch wegen seiner sozialen Ängste, Kontakte, weshalb es zu immer weniger positiven Aktivitäten kam und so auch die Weiterentwicklung der sozialen Fertigkeiten eingeschränkt blieb und sich die sozialen Ängste immer mehr ausweiteten.

5. Achse-I Diagnose zum Zeitpunkt der Antragstellung (nach ICD-10) Soziale Phobie (F40.1G) Mittelgradige depressive Episode (F32.1G), **Achse II:** Keine bekannt **Achse III:** durchschnittliche Intelligenz (3, getestet mit WISC-V) **Achse IV:** keine **Achse V:** psychische Störung eines Elternteils (F63.7) **Achse VI:** Deutliche soziale Beeinträchtigung (4)
Differenzialdiagnostisch ist kein anderes Störungsbild zu erwägen.

6. Behandlungsplan und Prognose:

- Psychoedukation und Erstellung individuelles Erklärungsmodell
- Krisenmanagement/Umgang mit Suizidalität
- Steigerung des Antriebs/Aktivitätenaufbau
- Stabilisierung und Verbesserung der Stimmung/Verbesserung der Strategien zur Emotionsregulation
- Reduktion sozialer Ängste
- Reduktion dysfunktionaler Kognitionen/Reduktion der Grübelneigung
- Veränderung des Selbstkonzeptes, Steigerung des Selbstwertes
- Verbesserung sozialer Fertigkeiten
- Perspektivenplanung
- Elternarbeit: Förderung funktionale Emotionsregulation und aktives Problemlösen, Förderung funktionaler Denkmuster, Förderung altersangemessene Selbständigkeit
- Rückfallprophylaxe

Bei T. liegt bereits seit Kindheit eine starke Schüchternheit und Tendenz zur Nachdenklichkeit vor, er hat sich bereits – gemessen an seinem Lebensalter – relativ lange von Gleichaltrigen zurückgezogen, so dass er nicht mehr automatisch in soziale Kontakte eingebunden ist. Als familiäre Belastungsfaktoren ist die Erkrankung der Mutter zu sehen. Die depressive Symptomatik und die sozialen Ängste liegen ausgeprägt vor (vgl. Suizidgedanken). Die Prognose für einen positiven Verlauf der Therapie ist trotz aktueller Schwere der Symptomatik aufgrund seiner hohen Therapiemotivation, Bereitschaft zur Veränderung, seiner Bereitschaft zur Selbstreflexion, der Unterstützung durch den Vater als günstig einzuschätzen, es ist jedoch von einem längeren Therapieprozess auszugehen. T. war noch nie zuvor in psychotherapeutischer Behandlung.

Die Therapieziele sollen im Einzelnen durch folgende Therapieschwerpunkte erreicht werden, die situativ auch parallel stattfinden können:

- Erarbeitung eines individuellen Erklärungs- und Veränderungsmodells, Psychoedukation (gemeinsam mit den Bezugspersonen).
- Durchführung eines antidepressiven Verhaltenstrainings zur Stimmungsverbesserung, Umgang mit emotionalen Krisen (»Notfallstrategien«, Problemlösestra-

tegien in emotional belastenden Situationen), Verbesserung der Selbstkontrolle und Erlebens- und Erlebnisfähigkeit, Aktivitätenaufbau.
- Kognitive Vorbereitung der Konfrontationstherapie zur Reduktion sozialer Ängste.
- Konfrontation mit angstbesetzten sozialen Situationen (z. B. in einem Café, im Kino), Aushalten der auftretenden unangenehmen Gefühle, physiologischer Zustände, Identifikation dysfunktionaler Gedanken, Neubewertung der Situationen; hierzu sollen zwei Therapieblöcke á 4 Therapiestunden durchgeführt werden.
- Kognitive Umstrukturierung zur Veränderung des Selbstkonzeptes, des Selbstwerts (z. B. Führen eines Erfolgsbuches, 3 Spalten-Technik), Unterbrechen von dysfunktionalen Gedanken (z. B. durch 321-Methode, Annehmen dysfunktionaler Gedanken); Reduktion der Grübelneigung durch metakognitive Methoden.
- Soziales Kompetenztraining (Identifikation von Situationstypen, Erarbeiten von adäquaten sozialen Fertigkeiten, Rollenspiele mit Videofeedback), Ausbau eines tragfähigen sozialen Netzes.
- Analyse der familiären Strukturen, Interaktionen, ggf. Veränderung ungünstiger Strukturen
- Elternarbeit: Analyse des Erziehungsverhaltens, Ableiten konkreter Möglichkeiten, wie T. in seiner Selbständigkeit, einer funktionalen Emotionsregulation unterstützt werden kann, sein Selbstwert gestärkt wird und er aktives Problemlösen erlernt.
- Verbesserte Wahrnehmung von Erlebens- und Verhaltensmustern, Anbahnen von hilfreichen Strategien im Sinne von Selbstmanagement zur Rückfallprophylaxe.

Es werden zunächst 24 Einzeltherapiestunden zu je 50 Minuten (zunächst wöchentlich) sowie 6 Bezugspersonenstunden veranschlagt.

Ich bitte, dem Antrag zuzustimmen.

6.2 Vorgehen in der psychotherapeutischen Behandlung

Die Behandlung erfolgt je nach Schweregrad und Beeinträchtigung entweder im ambulanten oder im (teil-)stationären Setting, wobei die große Mehrzahl ambulant psychotherapeutisch behandelt wird. Es liegen verschiedene Behandlungsmethoden mit unterschiedlichen Wirksamkeitsnachweisen vor (vgl. Schulte-Körne et al, 2023): Die kognitive Verhaltenstherapie (KVT), die interpersonelle Therapie (IPT), die Psychopharmakotherapie, die Systemische Therapie und die psychodynamische Psychotherapie (▶ Kap. 7); darüber hinaus wurden Online- Elemente entwickelt und auf deren Wirksamkeit hin untersucht, die im Rahmen der Therapien angewendet werden können. Ist ein Kind/ein*e Jugendliche*r oder junge*r Erwachsene*r an einer Depression erkrankt, dann müssen immer verschiedene Personengruppen in die Gestaltung einer günstigen Umgebung und in die Umsetzung von therapeutisch relevanten Verhaltensänderungen einbezogen werden. Neben der Arbeit mit den Eltern und weiteren engen Bezugspersonen (z. B. Geschwistern) bedarf es in vielen Fällen einer Kooperation mit Lehrkräften, Erzieher*innen, Ausbilder*innen, Sozialarbeiter*innen, Kinderärzt*innen und Mitarbeiter*innen des Jugendamtes, der Arbeitsagentur oder Berufsbildungswerken. Und es ist in vielen Fällen sinnvoll, auch den Freundeskreis/Partner*innen in die Interventionen einzubeziehen, da sie gerade im Jugendalter und jungen Erwachsenenalter eine wichtige Rolle im Rahmen der Individuation, sowie für das Selbstbild spielen kann. Die Zusammenarbeit zwischen den Disziplinen Psychotherapie und Psychiatrie ist, wenn es um eine mögliche pharmakologische Behandlung über die Psychotherapie hinaus geht, zwingend notwendig. Die Behandlung sollte dabei den Leitlinien der Fachgesellschaft zur Behandlung depressiver Erkrankungen bei Kindern und Jugendlichen folgen (Schulte-Körne et al., 2023). Die Behandlung der jungen Erwachsenen orientiert sich an den Leitlinien zur Behandlung von Erwachsenen mit depressiven Erkrankungen (DGPPN et al., 2017).

6.3 Therapieziele, Behandlungsplanung und Therapiesetting

Wenn die Diagnostik/Probatorik abgeschlossen ist, werden die diagnostischen Befunde mit der/dem Patienten*in und den Bezugspersonen besprochen. Bei der Behandlung von Depressionen bei Kindern, Jugendlichen und jungen Erwachsenen werden multifaktorielle Ursachen zur Entstehung und Aufrechterhaltung der individuellen Problemkonstellation berücksichtigt (▶ Kap. 5). Es wird multimodal und multimethodal unter Berücksichtigung der komorbiden Störungen gearbeitet.

Allgemeine Ziele der Behandlung

- Die Symptome der depressiven Störung zu vermindern und letztlich eine vollständige Remission zu erreichen;
- die Mortalität, insbesondere durch Suizid zu verringern;
- die schulische, berufliche und psychosoziale Leistungsfähigkeit und Teilhabe wiederherzustellen;
- das seelische Gleichgewicht wieder zu erreichen sowie
- die Wahrscheinlichkeit für einen direkten Rückfall oder eine spätere Wiedererkrankung zu reduzieren.

Das Vorliegen, bzw. die Veränderung der depressiven Symptomatik im Sinne der Erreichung der oben genannten Ziele sollte in regelmäßigen Abständen durch eine Wiedervorgabe der zur Diagnosestellung verwendeten Symptomfragebogen erfolgen.

Diese hier benannten allgemeinen Ziele müssen je nach individueller persönlicher und sozialer Situation angepasst und spezifiziert werden. Dabei sollte immer beachtet werden, dass in der therapeutischen Arbeit mit Kindern, Jugendlichen und auch jungen Erwachsenen sowohl Ziele für den*die Patienten*in, aber auch für relevante Bezugspersonen festgelegt werden sollten, da durch die Umgebung teilweise zuerst Bedingungen geschaffen werden müssen, damit der*die Patient*in seine*ihre Ziele erreichen kann.

Um eine Zwischenevaluation der Therapieziele zu ermöglichen, bietet es sich an, bei Therapiebeginn bereits festzulegen, in welcher Form die Zielerreichung veranschaulicht werden soll. Es können – wie bereits beschrieben – Symptomfragebogen wiederholt zum Monitoring der Symptomentwicklung vorgegeben und durch das Goal Attainment Scaling (GAS).

Exkurs Goal Attainment Scaling (GAS)

Die GAS wurde ursprünglich von Kiresuk & Sherman (1968) entwickelt. Es handelt sich um ein Instrument zur Überprüfung selbst festgelegter Ziele. Zunächst müssen ein oder mehrere Ziele und Indikatoren der Zielerreichung genau festgelegt werden. Diese Indikatoren werden in eine fünfstufige Skala überführt. Mit »0« wird das erwartete Ergebnis eingetragen, es werden dann zwei Stufen formuliert wie es »besser als erwartet« aussehen kann oder aber »schlechter als erwartet«. Damit stellt das Festlegen der GAS auch eine kognitive Intervention dar, da verdeutlicht wird, dass im Therapieprozess auch passagere Verschlechterungen möglich sind (siehe Anhang, AB 6).

Es wurde bereits thematisiert, dass in der Psychotherapie mit Kindern und Jugendlichen, teilweise auch mit den jungen Erwachsenen ebenso Ziele für die Bezugspersonen festgelegt werden sollen.

Fallbeispiel Annika

Folgende Ziele konnten für Annika abgeleitet werden:

- Verbesserung der Stimmung,
- Verbesserung der sozialen Interaktionen,
- Ausbau eines sozialen Netzes,
- Verbesserung der Emotionsregulation und
- Stärkung des Selbstwertes.

Für Annikas Mutter ergaben sich diese Veränderungsziele:

- Mehr gemeinsame Zeiten einplanen,
- stärkere Unterstützung für die Kinder organisieren,
- angemessenes Eingehen auf die Bedürfnisse von Annika,
- adäquate Unterstützung bei Problemlösungen und
- Förderung des Selbstwertes.

Relevante Veränderungsziele für die Lehrkraft in der Schule:

- adäquate Unterstützung bei Problemsituationen und
- die Förderung des Selbstwertes.

Die Ziele von jüngeren Kindern richten sich meist nach dem unmittelbaren Erleben von positiver Verstärkung (z. B. ich will eine Freundin haben) oder dem Wegfall negativer Verstärkung (z. B. die Mama soll weniger schimpfen). Diese Ziele können aufgenommen werden, der*die Therapeut*in und die Bezugspersonen legen gemeinsam die zur Zielerreichung notwendigen Schritte fest und kommunizieren sie kindgerecht mit dem*der Patienten*in.

Bei der therapeutischen Arbeit mit depressiven Patient*innen ist eine konkrete Festlegung von erreichbaren Zielen aufgrund der sehr häufig vorkommenden Hoffnungslosigkeit und der Neigung zu negativem Denken wichtig zur Motivierung. Allerdings lassen depressive Gedankenstile teilweise kaum zu, positive Antizipationen von Zielzuständen vorzunehmen.

Tipps für Therapeut*innen zur Festlegung von Zielzuständen mit Patient*innen:

- Konkretes Erfragen von früherem Erleben, um dies als Zielzustand zu wählen; eventuell Bildmaterial mitbringen lassen (z. B. »Foto glücklicher Tage«).
- Imaginationsübung »Ich zaubere mir eine Zukunft«: Der*die Therapeut*in bittet den*die Patienten*in, sich vorzustellen, dass er*sie Zauberkräfte hätte: Wie würde dann die Zukunft, das Selbst in der Zukunft aussehen? In Anlehnung an die systemische Therapie kann auch die »Wunderfrage« gestellt werden: »Stell Dir vor, Du gehst jetzt nach Hause und heute Nacht kommt eine Fee, die alle Probleme wegzaubert. Du wachst morgen auf und merkst, dass Du mich anrufen kannst und mitteilen, dass Du gar nicht mehr zur Therapie kommen musst. Wie sieht dann Dein Tag aus? Beschreibe ganz genau!« Diese Vorstellung eines Wundertages, der durch die Vorstellungen der Bezugspersonen ergänzt werden kann, kann im Verlauf der Therapie als Messinstrument für das Erreichen der Ziele genommen werden (i. S. von: Wie stark bist Du Deinem Wundertag nähergekommen? Was fehlt noch?). Bedacht werden sollte jedoch, dass Patient*innen/Bezugspersonen nicht in jedem Fall das vollständige Erreichen des Wundertages anstreben, sondern z. B. bei 60% des Erreichens des Wundertages zufrieden sind und auch das psychosoziale Funktionsniveau ausreichend hergestellt ist.

- Umfragemethode: Der*die Patient*in erhält die Aufgabe, drei Bezugspersonen nach Zielen für den*die Patienten*in zu fragen.

Manchmal ist es in der Interaktion spürbar, dass Patient*innen zunächst eine Validierung des Leidens/der aktuellen Schwierigkeiten durch den*die Therapeuten*in benötigen, bevor sie ein Veränderungsziel festlegen können. Beispielhaft könnte ein*e Therapeut*in sagen: »Ich kann gut nachvollziehen, dass es dir gerade überhaupt nicht gut geht und du dich belastet fühlst. Manchmal kann man sich kaum vorstellen, dass alles wieder leichter werden kann.«

Neben der Festlegung von Zielen muss auch das Setting der Behandlung gut abgewogen werden.

Nach den aktuellen Leitlinien der Arbeitsgemeinschaft der Wissenschaftlichen Medizinischen Fachgesellschaften (AWMF, 2013) richtet sich das Setting (ambulant, teilstationär, stationär) der empfohlenen Behandlung bei Kindern, Jugendlichen und Erwachsenen mit depressiven Störungen nach verschiedenen Faktoren (s. auch Groen & Petermann, 2011; AWMF, 2024):

- Dem Schweregrad und der Art der depressiven Symptomatik,
- dem Vorliegen von Gefährdungsaspekten (z. B. Suizidalität, Drogenkonsum),
- dem Verlauf der Erkrankung,
- dem Vorliegen und der Bedeutung komorbider Störungen,
- dem Alter und dem Entwicklungsstand,
- störungsbedingten individuellen Merkmalen in kognitiver, emotionaler, verhaltensbezogener und biologischer Hinsicht,
- psychosozialen Belastungen und externalen Stressoren,
- vorhandenen persönlichen und sozialen Ressourcen,
- früheren Behandlungen und Behandlungserfolgen,
- Motivation und Krankheitsverständnis.

Bei schwerwiegender Symptomatik, einer starken Einschränkung des psychosozialen Funktionsniveaus, dem Vorliegen von Gefährdungsaspekten und/oder wenn im sozialen System nicht genügend Ressourcen für Veränderungen zur Verfügung stehen, sollte über eine stationäre oder eine teilstationäre Maßnahme nachgedacht werden.

Exkurs Schul-/Ausbildungsvermeidung

Teilweise haben v. a. Jugendliche (eher selten Kinder) aufgrund der depressiven Symptomatik erhöhte Fehlzeiten in Schule oder Ausbildung (vgl. Walter & Döpfner, 2022), da sie unter allgemeiner Antriebslosigkeit, Traurigkeit und Hoffnungslosigkeit leiden. Zirkadiane Schwankungen der Symptomatik (z. B. Morgentiefs) und der allgemeine soziale Rückzug können den Schulbesuch/den Besuch der Ausbildung/des Studiums erschweren. Viele depressiv erkrankte Jugendliche/junge Erwachsene haben Schwierigkeiten, einen normalen Schlaf-

Wach-Rhythmus aufrechtzuerhalten (am Morgen aufzustehen, kein Schlafen über den Tag hinweg). Hier gilt es, eine Balance zu finden zwischen Anforderung und Überforderung. Mit Bezugspersonen und auch den depressiv erkrankten Jugendlichen/jungen Erwachsenen ist zu besprechen, dass Vermeidung von schulischen Anforderungen (oder Anforderungen in der Ausbildung/im Studium) den sozialen Rückzug stärkt, und den sozialen und leistungsbezogenen Anschluss erschwert. Das Vermeiden von Schule und Ausbildung/Studium wird nicht zu einer Besserung der Symptomatik führen, sondern wirkt eher problemverstärkend. Sollten konkrete Problematiken im Zusammenhang mit der Schule/der Ausbildung/dem Studium vorliegen (z. B. Mobbing in der Klasse, ungünstiges Verhalten eines*einer Ausbilders*in), dann ist es relevant, diese Problematiken zu adressieren mit dem Ziel, den Alltag mit Schule/Ausbildung/Studium des*der depressiv Erkrankten wiederherzustellen. Bei einer längerfristigen Vermeidung des Schulbesuchs/der Ausbildung/des Studiums ist über eine stationäre Behandlung nachzudenken; je nach Alter und Ausprägung muss auch über eine chronische Gefährdung des Kindeswohl nachgedacht und ggf. Interventionen (▶ Kap.8) eingeleitet werden.

Darüber hinaus muss bei Vorliegen komorbider Störungen entschieden werden, welches Störungsbild zunächst behandelt werden soll. So ist es zum Beispiel denkbar, dass ein Jugendlicher aufgrund starker sozialer Ängste, keine Steigerung seiner Aktivierung vornehmen kann (z. B. traut sich nicht, Freizeitangebote wahrzunehmen), was jedoch zur Reduktion der depressiven Symptomatik notwendig wäre. Therapeut*in, Patient*in und Bezugspersonen sollten in Absprache eine Hierarchie der Zielerreichung in einem geeigneten Setting verabreden und überlegen, wie der Alltagstransfer von Strategien gelingen kann.

Fallbeispiel Annika

Bei Annika konnte ein ambulantes Setting durchgeführt werden, da keine akuten Gefährdungsaspekte vorlagen und ihr psychosoziales Funktionsniveau so war, dass sie den Alltag bewältigen konnte. Es stand kein komorbides Störungsbild im Vordergrund, aber die Reduktion der (subklinischen) sozialen Ängste wurden in den Behandlungsplan integriert und waren wichtig, um die Reduktion der depressiven Symptomatik zu erreichen (z. B. Annika sollte wieder die Lehrkraft bei Problemen aktiv um Unterstützung bitten).

6.4 Therapiebaustein: Behandlungsaufklärung, Psychoedukation und Störungsmodell

Im Anschluss an die Rückmeldung der diagnostischen Ergebnisse, der Festlegung von Behandlungszielen, dem Einschätzen der Veränderungsmotivation und dem Festlegen eines Therapiesettings müssen die Patient*innen und Bezugspersonen/Sorgeberechtigte über die Indikation einer Psychotherapie (vgl. In-Albon, Christiansen & Schwenck, 2020) und die Rahmenbedingungen (z. B. aktive Mitarbeit, Elterngespräche) informiert werden.

Wird eine ambulante Psychotherapie durchgeführt, ist es im Rahmen depressiver Störungen von Beginn an notwendig, einen möglichen Wechsel des Therapiesettings zu besprechen, sollten Anzeichen von Selbstgefährdung ohne ausreichende Distanzierung vorkommen, die eine stationäre Aufnahme notwendig machen. Kinder und Jugendliche sind nochmals konkret darüber aufzuklären, dass die Sorgeberechtigten in Fällen der Selbst- oder Fremdgefährdung durch den*die Therapeuten*in verständigt werden müssen und es in solchen Fällen nicht möglich ist, dass Bezugspersonen nicht einbezogen werden (manchmal möchten v. a. Jugendliche dem*der Therapeuten*in etwas anvertrauen, ohne dass die Sorgeberechtigten darüber Bescheid wissen). Die konkreten Informationen zu rechtlichen Aspekten weiter unten (▶ Kap. 8) dargestellt.

Geben Patient*innen und Sorgeberechtigte ihr Einverständnis, kann mit der Psychotherapie begonnen werden (▶ Kap. 8).

Vor Beginn der Behandlung sollte in einem ersten Schritt eine altersentsprechende Psychoedukation über das Störungsbild bzw. vorliegende Störungsbilder vermittelt werden. Die Psychoedukation dient dabei der Wissensvermittlung, damit der*die Patient*in und die Bezugspersonen fachlich fundiertes Wissen über das Krankheitsbild, über Entstehung, Aufrechterhaltung, Folgen, über wirkungsvolle und notwendige Behandlungsmaßnahmen bekommen und somit aktiv in der Behandlung mitarbeiten können. Eine wichtige Annahme der KVT ist es, dass Gedanken, Gefühle, Körperreaktionen und motorische Verhaltensweisen zusammenhängen und sich wechselseitig in Situationen beeinflussen. Dieser Zusammenhang wird in der KVT störungsunabhängig zunächst altersadäquat veranschaulicht. Hilfreich dazu ist eine gemeinsame Verhaltensanalyse, in der der*die Therapeut*in den*die Patienten*in und die Bezugspersonen anleitet, relevante Zusammenhänge zwischen Verhaltensweisen, Gedanken, Gefühlen und Körperreaktionen herzustellen. Dies dient dazu, die individuellen Mechanismen zu veranschaulichen, die in depressiven Episoden wirksam werden und daraus Ziele für Veränderungen abzuleiten.

> **Filme/Bücher, die bei der Psychoedukation von depressiven Störungen eingesetzt werden können**
>
> Fachlich sehr gut aufgearbeitete Filme zu psychosozialen Themen und auch zum Thema Depressionen werden vom Medienprojekt Wuppertal e. V. erstellt. Im

Bereich Depressionen ist hier z. B. der Film »Tiefpunkte« erhältlich. Zudem gibt es für Kinder, Jugendliche und junge Erwachsene zahlreiche Bücher, die sich mit dem Thema Depressionen beschäftigen. So werden in dem Buch »Sonnige Traurigtage« (Homeier, 2020), »Mamas Monster« (Mosch, 2008) und »Linns Licht« (Rzany et al., 2020) die depressive Störung der Eltern kindgerecht erläutert. Für Jugendliche und junge Erwachsene ist beispielsweise das Buch »Mein schwarzer Hund« (Johnstone, 2009) zu empfehlen. Hier wird für die Betroffenen selbst als auch für Angehörige die Erkrankung erläutert. Ein weiterer Ratgeber für Eltern, Erzieher*innen und Angehörige ist der »Ratgeber Traurigkeit, Rückzug, Depression: Informationen für Betroffene, Eltern, Lehrer und Erzieher (Groen et al., 2012).

Hilfreich ist zudem das Informationsportal »FIDEO« (»Stark gegen Depression«; https://fideo.de), das für Betroffene ab 14 Jahren Informationen bereithält und in einem moderierten Chat auch Fragen beantwortet. Es wurde von der Stiftung Depression initiiert. Auf der Homepage der Stiftung Depression (www.deutsche-depressionshilfe.de) können zudem auf weitere Links sowohl für Informationen aus dem Netz als auch für aktuelle Ratgeber und Selbsthilfeliteratur für Betroffene und Angehörige zugegriffen werden:. Weiteres Online-Material zur Psychoedukation und Bibliotherapie sind beispielsweise »Depression – kostenloses Unterrichtsmaterial, Arbeitsblätter und Übungen« des Leibniz Instituts für Bildungsforschung und Bildungsinformation und das »ich-bin-alles« Projekt von der Beisheim Stiftung, entwickelt in Zusammenarbeit mit der LMU München, Prof. Dr. Schulte-Körner.

Bausteine, die auf jeden Fall im Rahmen der interaktiven Psychoedukation depressiver Störungen benannt und erläutert werden sollten, sind:

- Die Kernsymptome der Depression, dabei sollte der*die Patient*in die eigenen Symptome zuordnen.
- Eine Abgrenzung zwischen »normaler schlechter Stimmung« und einer depressiven Symptomatik.
- Eine Einschätzung des Verlaufs/der Prognose je nach Anzahl bisheriger Episoden, Risiko- und Schutzfaktoren, der Motivation des*der Patienten*in und der Bezugspersonen, den vorliegenden Ressourcen, ggf. den bereits vorhandenen Erfahrungen mit Therapie.
- Einen Überblick über die relevanten Bausteine einer Psychotherapie bei depressiven Störungen, eine Aufklärung über weitere Behandlungselemente wie Psychopharmakotherapie.

Nach einer kriteriengeleiteten Psychoedukation sollten die Kinder, Jugendlichen und jungen Erwachsenen, aber auch deren Bezugspersonen nach eigenen Erklärungsansätzen zur Entstehung der Depression gefragt werden. Therapeut*innen sollten anschließend interaktiv die Besprechung eines individuellen Erklärungs- und Aufrechterhaltungsmodells vornehmen (▶ Kap. 5). Das oben vorgestellte integrative Erklärungsmodell (▶ Kap. 5) kann dafür als Grundlage genommen werden. Die

Vorstellungen der Patient*innen und Bezugspersonen sollten eingeordnet und ggf. korrigiert werden. Problematisch kann es zum Beispiel sein, wenn Personen annehmen,

- dass die depressive Erkrankung vererbt sei und daraus ableiten, dass man »eh nichts tun kann« (geringe Selbstwirksamkeitserwartung, geringe Hoffnung auf Erfolg); funktionaler für Veränderungen: »Es liegt eine genetische Vulnerabilität vor, das bedeutet jedoch nicht, dass depressive Symptome auftreten oder bestehen bleiben.«
- dass die depressiv erkrankte Person »sich einfach gehen lässt« (Schuldzuweisung an erkrankte Person, keine Validierung des Leidens); funktionaler für Veränderungen: »Dem Kind bzw. dem*der Jugendlichen/jungen Erwachsenen geht es gerade emotional schlecht, dies hat Gründe. Er*sie kann aber daran arbeiten, dass es ihm*ihr besser geht. Und die relevanten Personen des Umfeldes sollten ebenfalls unterstützende Veränderungen durchführen.«

Fallbeispiel Tom: Therapeutisches Vorgehen

Stand: Der Therapeut hat mit Tom und dem Vater bereits die Diagnosen »mittelgradige depressive Episode« und »soziale Angst« besprochen, sie haben die Kriterien als erfüllt erkannt. Die Wirksamkeit der KVT wurde erläutert, über eine unterstützende Medikation mit Antidepressiva wurde aufgeklärt und eine Prognose zur Veränderung besprochen (siehe Antrag; ▶ Kap. 6.1). Der Patient und sein Vater wollten über eine medikamentöse Therapie (die ihnen von der Behandlung der Mutter bekannt ist) nachdenken. Tom war – trotz Suizidgedanken – absprachefähig und hatte auch keine konkreten Suizidabsichten, er ging regelmäßig zur Schule, Vater und Sohn befanden sich in der Motivationsphase der »Vorbereitung von Handlungen« (▶ Kap. 6.3). Eine ambulante Psychotherapie war indiziert, beide Bezugspersonen und Tom hatten ihr Einverständnis dazu gegeben. Es wurde verabredet, in der nachfolgenden Sitzung einen Notfallplan zu entwerfen. Zunächst stand jedoch die Entwicklung eines individuellen Entstehungs- und Aufrechterhaltungsmodells für die depressive Symptomatik und die sozialen Ängste im Vordergrund, dazu wurde mit Tom interaktiv folgende Tabelle ausgefüllt (▶ Tab. 6.1).

Tab. 6.1: Individuelles Erklärungsmodell für Tom (16 Jahre) – interaktiv erarbeitet

Prädisposition	Auslösung	Aufrechterhaltung
Veranlagung: schüchternes, eher ängstliches Temperament Angst vor neuen Situationen intelligent musikalisch Mutter leidet unter einer wiederkehrenden depressiven Erkrankung	Entwicklung in der Jugendzeit Gleichaltrigenkontakte werden wichtiger, Tom scheut diese aber Durch unzureichende Selbständigkeit kann er seine sozialen Fer-	sozialer Rückzug verhindert positive soziale Kontakte/ Erfahrungen soziale Fertigkeiten werden nicht weiter ausgebildet negativer Selbstwert bleibt

Tab. 6.1: Individuelles Erklärungsmodell für Tom (16 Jahre) – interaktiv erarbeitet – Fortsetzung

Prädisposition	Auslösung	Aufrechterhaltung
In der Familie des Vaters sind ebenfalls Verwandte an Depressionen erkrankt. Umwelt: Hatte im Kindergarten und in der Grundschulzeit einige wenige Freundschaften. zurückhaltendes, schüchternes Verhalten im Kindergarten/ in der Schule gute schulische Leistungen gehörte nie zu der »In-Gruppe« Familie: Eltern leistungsorientiert Familie hat wenige soziale Kontakte Mutter äußert häufig negative Gedanken über »die Welt, die Zukunft« Mutter hat wiederholte depressive Phasen, teilweise auch mit Klinikaufenthalten; Tom sorgt sich um sie, will Eltern nicht belasten mit eigenen Problemen Eltern sprechen wenig offen mit den Kindern über die Erkrankung der Mutter Eltern gehen Probleme wenig aktiv an = Modell für aktive Problembewältigung fehlt Eltern sorgen gut und liebevoll für die Kinder Eltern nehmen Tom viele Anforderungen ab, die ihn ängstigen, dadurch unzureichende Selbständigkeitsentwicklung	tigkeiten nicht ausbauen, keine neuen und jugendtypischen Bereiche »erobern« Verstärkte jugendtypische IST-SOLL-Vergleiche führen zu einem negativen Selbstwert Schülerdisco: Tom steht da und fühlt sich minderwertig, »hässlich« Mutter hat eine erneute depressive Phase, Belastung der Familie, Kinder sorgen sich	Grübeln als dysfunktionale Problemlösestrategie permanente kritische innere Stimmen, die hoffnungslos und verzweifelt sind bis hin zu suizidalen Gedanken Hilflosigkeit Eltern unterstützen unzureichend, da Tom sie »schonen« möchte, bzw. da die Mutter selbst krank ist

Th.: »Nachdem ich dir Informationen über depressive Erkrankungen und Behandlungsmöglichkeiten gegeben habe, wollen wir zusammen überlegen, weshalb bei dir die depressive und die ängstliche Symptomatiken entstanden sind und weshalb sie nicht ‚einfach verschwinden'. Dazu hilft uns diese Tabelle, hier können wir unsere Erkenntnisse eintragen.

Zuerst zu den Vorbedingungen der Entstehung, wir nennen das auch ‚Prädisposition':

Bei ‚Veranlagung' könnten wir annehmen, dass es eine Rolle spielt, dass deine Mutter auch depressiv erkrankt ist und es auch in der Familie deines Vaters depressive Erkrankungen gibt. Eventuell hast du eine genetische Vulnerabilität, d.h. Verletzlichkeit zur Entstehung von Depressionen vererbt bekommen. Dann hast du mir erzählt, dass du schon immer schüchtern warst. Du bist – so hat es auch dein Vater beschrieben – mit einem zurückhaltenden ‚langsam auftauendem' Temperament auf die Welt gekommen.

Welche Einflüsse in der Umgebung haben dich geprägt?«

6.4 Therapiebaustein: Behandlungsaufklärung, Psychoedukation und Störungsmodell

Tom: »Na, ich habe noch nie so richtig dazugehört zu den Mitschülern, habe zwar immer einzelne Freunde gehabt, aber ich war noch nie ‚cool' und meine Freunde auch nicht. Aber im Kiga und auch in der Grundschule hat es mir gefallen, meine Noten waren gut, da bin ich viel gelobt worden. Im Orchester, da fühle ich mich wohl und ich merke, dass ich hier ‚jemand bin'.«

Th.: »Prima, genau, das sind Erfahrungen aus der Umgebung, die dich geprägt habe: Du warst immer schon zurückhaltend, hattest Freunde, warst nie in der ‚In-Gruppe', bist musikalisch… das war lange Zeit in deiner Kindheit und auch zu Beginn der Jugendzeit für dich so okay. Welche Faktoren in der Familie haben gegebenenfalls schon im Vorfeld eine Rolle bezüglich der Entstehung der Depressionen oder der Ängste gespielt?«

Tom.: »Das ist schwer zu sagen, aber ich glaube, meine Mutter hat oft Phasen, in denen sie alles sehr negativ sieht; manchmal hat sich das auf mich übertragen. Und klar: Wenn es ihr schlecht geht, dann war es immer mal wieder so, dass unser Alltag ganz schön schwierig wurde und ich hatte auch Angst, wusste nicht genau, was mit ihr los ist.«

Th.: »Ja, das hast du geschildert. Die Erkrankung deiner Mutter und die wiederkehrenden Auswirkungen auf euch Kinder könnten zu chronischen Stressoren zählen. Grundsätzlich wurdest du und auch deine Geschwister in solchen Phasen verunsichert, ihr wusstet lange nicht, was los ist. Und deine Mama hat oft ihre dann negative Sicht der Welt, von sich und der Zukunft geäußert. Außerdem hat sie sich dann auch zurückgezogen und Probleme wenig aktiv bewältigt. Dein Vater hat mir noch erzählt, dass er und deine Mutter dir im sozialen Bereich viel ‚abgenommen' haben, weil du dich nicht getraut hast. Das hat dir zwar kurzfristig geholfen, deine Angst zu reduzieren, aber du hast keine ausreichenden Fertigkeiten im sozialen Kontakt, in einer hilfreicheren Emotionsregulation und in aktiver Problemlösung erlernt.«

Tom:: »Ja, das stimmt«

Th.: »Und dennoch: Obwohl du immer schon schüchtern warst, nie das Gefühl hattest – bis auf das Orchester – richtig dazuzugehören und deine Mutter auch in der Vergangenheit immer wieder krank war – manchmal sogar stationär behandelt wurde – warst du lange Zeit nicht depressiv oder so ängstlich, dass du darunter gelitten hast. Neben all den Stressoren hattest du früher und hast du heute auch viele Ressourcen wie z. B. der gute und einfühlsame Kontakt zu deinem Vater, die liebevolle Beziehung zur Mutter, deine Intelligenz, deine Musikalität, du hast Freunde. Wir wollen nun überlegen, was zur Auslösung der psychischen Erkrankungen beigetragen hat. Dazu möchte ich dir etwas über das Jugendalter erklären: Anzunehmen sind Veränderungen im Rahmen der jugendlichen Entwicklung, die eine Entstehung der depressiven und ängstlichen Symptomatik begünstigen. So werden der Kontakt und die Anerkennung durch Gleichaltrige immer wichtiger, neue Entwicklungsaufgaben kommen dazu, z.B. viel mehr selbstständig zu meistern, intime Beziehungen zu knüpfen, mit Sexualität Erfahrungen zu sammeln. Das Gehirn im Jugendalter ist auch schon viel besser in der Lage als im Kindesalter, sich und andere zu vergleichen oder über die Zukunft nachzudenken. Das ist ein Vorteil, aber kann auch dazu führen – wie es bei dir war – dass jemand beginnt, sich abzuwerten (siehe Schülerdisco), einen negativen Selbstwert, wenig Hoffnungen für die Zukunft zu entwickeln, sich immer mehr zurückzuziehen. Dadurch hast du immer weniger Möglichkeiten gehabt, gute Erfahrungen zu machen. Wir nennen das Verstärkerverlust. Gleichzeitig hast du deine sozialen Kompetenzen, Problemlöse- und Emotionsregulationskompetenzen nicht weiter ausbauen können. Deine Eltern wolltest du nicht mit deiner Problematik belasten aufgrund der eigenen Sorgen, so dass du immer mehr begonnen hast, zu grübeln. Vom Grübeln wissen wir, dass dies auch eher problemverstärkend wirkt.«

Tom: »Ja, so war das. Ich habe mich so hässlich gefühlt und doof und konnte nicht aufhören, darüber nachzudenken.«

Th.: »Deine sozialen Ängste wurden immer stärker und damit einhergehend auch deine depressive Symptomatik, du konntest nicht mehr gut schlafen, wolltest nicht essen, wurdest unkonzentrierter, so dass auch die Schulleistungen schlechter wurden. Und dadurch hast du dich immer ‚doofer' gefühlt. Manchmal warst du so hoffnungslos, dass du nicht mehr leben wolltest – wie du es nennst. Das nennen wir eine ‚Abwärtsspirale'.«

Tom: »Das ist alles richtig. Und jetzt?«

Th.: »Wir überlegen gemeinsam, was sich verändern muss, damit es dir besser gehen kann. Was denkst du sollte sich bei dir, aber auch bei deinen Bezugspersonen ändern?

Tom und der Psychotherapeut leiten für ihn folgende Ziele ab:

Tom soll lernen,

- seinen Tag wieder zu strukturieren, ausreichend zu essen, zu trinken, zu schlafen, sich zu bewegen;
- Aktivitäten wieder aufzunehmen, ggf. neue auszuprobieren (aber dazu ist eine Reduktion der sozialen Ängste notwendig);
- negative Gefühle besser zu regulieren;
- soziale Situationen aufzusuchen, Fertigkeiten zu üben;
- seine dysfunktionalen Gedanken zu ändern/weniger zu grübeln;
- seinen Selbstwert zu steigern;
- Probleme aktiv zu lösen.

Für die Bezugspersonen wurde überlegt: Die Eltern sollen

- mit den Kindern offener über die Erkrankung der Mutter sprechen,
- den Kindern verdeutlichen, dass dennoch für sie genügend Möglichkeiten da sind, ihnen beizustehen, aktives Problemlösen mit Tom zu üben,
- Tom aktiv in dem Aufsuchen sozialer Situationen unterstützen,
- den Kindern ein positiveres Bild von »der Welt, der Zukunft« vermitteln,

- Tom in der Entwicklung funktionaler Emotionsregulationsstrategien unterstützen.

Neben der Psychoedukation stellt die professionell-therapeutische Beziehungsgestaltung eine wichtige Grundlage zur Durchführung der Psychotherapie dar (▶ Kap. 4). Zum Aufbau einer tragfähigen therapeutischen Beziehung im Rahmen von depressiven Erkrankungen ist die Aktivierung von Ressourcen (siehe Anhang: AB 1) und das Einbauen gemeinsamer positiver Erfahrungen in der Therapie (z. B. Spiele, Experimente, bei älteren Patient*innen z. B. das Anhören von Musik) besonders relevant.

Fallbeispiel Tom

Toms Symptomatik bessert sich nicht hinreichend im Verlauf der Behandlung, im Gegenteil, er versäumt Termine, da er antriebslos ist und im Bett liegen bleibt. Die Schule besucht er auch nicht mehr regelmäßig. Daher scheint eine Medikation mit Fluoxetin sinnvoll. Tom und seine Eltern stimmen einer Antidepressivabehandlung mit Fluoxetin nach einer ausführlichen Aufklärung zu. Nach entsprechenden Untersuchungen (Blutbild) wird bei Tom mit 10 mg begonnen und auf 20 mg Fluoxetin gesteigert (zu genauem Vorgehen und altersspezifischer Dosierung vgl. Kölch, Plener & Fegert, 2020). Er berichtet rasch davon, dass er sich »fitter« fühle. Genauer befragt, äußert er, er spüre einfach mehr Energie, seine Stimmung sei zwar nicht viel besser, aber er könne wieder »Sachen« tun. Suizidgedanken habe er nicht. Er werde aber manchmal schnell sauer. Im Verlauf berichten die Eltern, Tom habe manchmal aggressive Wutausbrüche, die kenne man gar nicht von ihm. Deshalb wird gemeinsam mit Tom und den Eltern überlegt, ob ein Substanzwechsel auf Escitalopram sinnvoll ist (zumal Tom berichtet, er habe Schmerzen, wenn er masturbiere). Tom und die Eltern werden über den Off-Label-Use aufgeklärt, da Tom aber auch bald 17 Jahre alt wird und aufgrund der Chronizität der Symptomatik eine Weiterbehandlung bis über das 18. Lebensjahr hinaus erwogen wird und es unter Fluoxetin zu Nebenwirkungen gekommen ist, ist ein individueller Heilversuch auch sozialrechtlich begründbar.

6.5 Therapiebaustein: Psychopharmakotherapie

Wie genau Antidepressiva wirken, ist bis heute unbekannt, allerdings gibt es ausreichend Hinweise, dass bei entsprechender Schwere der Symptomatik und Beeinträchtigung der Alltagsfunktionen eine pharmakologische Unterstützung sinnvoll sein kann. Man geht davon aus, dass sich durch das Medikament mögliche Veränderungen in der Konnektivität im Sinne einer Normalisierung dysfunktionaler Aktivierungen und einer verbesserten Belohnungsverarbeitung zeigen (Harmer; Duman & Cowen, 2017; Murphy et al. 2021). Gerade für Psychotherapeut*innen ist es wichtig, zu erkennen, wann eine Medikation angezeigt ist. Die Revision der S3-Leitlinie »Behandlung von depressiven Störungen bei Kindern und Jugendlichen« gibt hier Hinweise (AWMF, 2024). Beispielsweise können folgende Kriterien genutzt werden:

- Bisherige Studien belegen, dass eine Medikation dann sinnvoll sein kann, wenn der Schweregrad der Depression mittelgradig oder schwer ist.
- Wenn das psychosoziale Funktionsniveau so eingeschränkt ist, dass Alltagsaufgaben nicht mehr gelingen (z. B. Schulbesuch).
- Wenn eine Psychotherapie nach einigen Sitzungen (z. B. sechs Sitzungen) nicht dazu führt, dass basale Aktivierungen (wie z. B. Schulbesuch) gelingen, bzw. die Symptomatik unverändert persistiert.

Fallbeispiel Annika

Bezieht man diese Empfehlungen auf das Fallbeispiel von Annika, wäre bei ihr aufgrund des jungen Alters und der sehr guten Verbesserung der Symptome unter Psychotherapie eine Medikation nicht notwendig. Die Therapeutin sollte aber im Auge haben, dass, wenn es längere Phasen von Schulabwesenheit aufgrund depressiver Symptome, kombiniert mit großer Angst vor der Schule gäbe, eventuell eine antidepressive Medikation (die auch stark anxiolytisch wirkt) auch bei Annika sinnvoll sein könnte.

Aus Studien ist bekannt, dass auch Antidepressiva eine Latenz bezüglich der Wirkung von einigen Wochen zeigen (Harmer, Duman & Cowen 2017). Dies ist bei der Beurteilung des Behandlungserfolgs zu beachten. Nach allen bisherigen Befunden führt die Medikation nicht zu einer »Heilung«, sondern hilft dabei, eine Besserung der Symptomatik, insbesondere durch eine Verbesserung der Aktivierung herbeizuführen. Ein allzu langes Abwarten bzgl. einer Medikation bei schweren Funktionsbeeinträchtigungen aufgrund depressiver Störungen bei Jugendlichen und jungen Erwachsenen ist nicht zu rechtfertigen. Gleichwohl sollte die pharmakologische Behandlung eingebettet sein in eine psychotherapeutische Behandlung. Dies dürfte in Deutschland regelhaft der Fall sein (DAK, 2020; Hoffmann et al., 2012).

Nach neueren Metaanalysen zeigen sich für Fluoxetin, Sertralin, Escitalopram und Duloxetin kaum Unterschiede in der Wirksamkeit (Hetrick et al. 2021). Zugelassen für Minderjährige in Deutschland ist derzeit einzig Fluoxetin (ein selektiver Serotonin Wiederaufnahme Hemmer, SSRI) ab dem Alter von acht Jahren. Die Revision der deutschen Leitlinie empfiehlt aufgrund möglicher Nebenwirkungen von Duloxetin eher den Einsatz von Fluoxetin, Escitalopram und Sertralin, weist aber darauf hin, dass nur für Fluoxetin eine Zulassung besteht (AWMF 2024). Pharmakodynamisch führt Fluoxetin, wie alle SSRI, zur Wiederaufnahme-Hemmung von Serotonin in den Synapsen (Koelch et al., 2012). Es hat keine anticholinergen/antihistaminergen Eigenschaften. Fluoxetin ist ein Inhibitor von CYP2D6. Dadurch hemmt es seinen eigenen Abbau (Autoinhibition der Metabolisierung) und es kann zu einer Interaktion mit anderen Arzneimitteln, die Substrate von CYP2D6 sind, wie Benzodiazepine, einige Neuroleptika aber auch Amphetaminpräparate, kommen. Bei Fluoxetin ist der Hauptmetabolit das Nor-Fluoxetin. Fluoxetin hat eine lange Halbwertszeit von 1–3 Tagen und kumuliert aufgrund der beschriebenen Autoinhibition des Abbaus. Der Vorteil gerade bei Jugendlichen kann dadurch sein, dass eine reduzierte Therapieadhärenz mit zum Beispiel Vergessen der Einnahme an einem einzelnen Tag, kaum Auswirkungen hat. Voruntersuchungen vor Medikationsgabe sind Laboruntersuchungen des Bluts (z. B. Blutbild, ggfs. Gerinnung, Leberwerte), um ggfs. Effekte der Medikation im Verlauf beurteilen zu können, und bei einigen Substanzen (z. B. Sertralin) auch ein EKG, da sie auf die Reizleitung im Herzen Auswirkung haben können.

Hinsichtlich der Nebenwirkungen zeigen Metaanalysen und Re-Analysen von Studiendaten deutlich, dass es altersspezifische Unterschiede bei Nebenwirkungen von SSRI gibt (Safer & Zito, 2006, Murphy et al. 2021). Erbrechen ist bei Kindern häufiger, insbesondere aber auch die sog. »Aktivierung«, womit das Auftreten von suizidalen Impulsen und Gedanken gemeint ist (Amitai et al., 2015). Diese tritt bei Kindern und Jugendlichen häufiger als bei Erwachsenen auf. Neuere Analysen haben diese Befunde bestätigt und gezeigt, dass SSRI gerade bei Jugendlichen das Risiko für aggressives Verhalten erhöhen können, worauf im individuellen Fall dann zu achten ist (Sharma et al., 2016). Jedoch hat sich auch gezeigt, dass es in keiner Studie bei Minderjährigen zu einem Suizid gekommen ist.

Nebenwirkungen von Fluoxetin (vgl. auch Kölch, Plener & Fegert, 2020)

- häufig: leichte Unruhezustände, Schlafstörungen, Übelkeit, Kopfschmerzen, Schwindel, Appetitlosigkeit, Durchfall, Zittern, Zwangsgähnen
- gelegentlich/selten: allergische Hautreaktionen, sexuelle Funktionsstörungen, vermehrtes Auftreten von Suizidgedanken
- schwere Nebenwirkungen, aber selten: zentrales Serotoninsyndrom (Symptome u. a. Unruhe, Muskelzuckungen, Schwitzen, Schüttelfrost, Tremor und erhöhte Muskelreflexe)

Entscheidend ist bei der Behandlung mit Fluoxetin die ausreichend lange Behandlung (empfohlen wird sechs Monate lang nach Remission) und vor allem das geplante Absetzen, da es auch beim Abdosieren zur oben beschriebenen Verhaltensaktivierung kommen kann. Patient*innen und Angehörige sollten darauf hingewiesen werden, dass aus diesem Grund ein Absetzen ohne Rücksprache mit dem*der Behandler*in nicht erfolgen sollte.

Bei Nichtansprechen auf einen SSRI ist der Substanzwechsel auf einen anderen SSRI primär zu erwägen. Auch die TORDIA-Studie in den USA hat gezeigt, dass – was in Deutschland ohnehin in der klinischen Praxis Usus sein sollte – bei Nichtansprechen auf die erste Substanz die psychotherapeutische Begleitung und der Wechsel auf eine andere Substanz (gleichgültig welche) die höchste Wahrscheinlichkeit einer Besserung hat (Emslie et al., 2010, Strawn et al., 2019). Wenngleich im Erwachsenenalter etabliert und es auch einige Studien zur Wirksamkeit bei Minderjährigen gibt, so sind folgende Substanzen aufgrund der fehlenden Zulassungsstudien derzeit in Deutschland für Minderjährige nicht zugelassen: Citalopram/Escitalopram und Sertralin. In diesem Fall können die Substanzen im Rahmen eines individuellen Heilversuchs im sog. Off-Label-Use eingesetzt werden (Kölch, Plener & Fegert, 2020). Vor allem für ältere Jugendliche im Übergang zum Erwachsenenalter kann überlegt werden, ob nicht auf ein im Erwachsenenalter zugelassene Substanz eingestellt werden sollte, auch wenn dies bei unter 18-Jährigen dann noch für einige Monate ein Off-Label-Use wäre. Anhand des Fallbeispiels von Tom werden die beschriebenen Aspekte zu Medikationsprüfung, Nebenwirkungen, Wirkstoffwechsel in der täglichen Praxis dargestellt.

Im Erwachsenenalter steht ein breites Spektrum zugelassener Antidepressiva zur Verfügung und die Studienlage zur Effektivität ist breit (Schmauß, 2020). Auch hier wird eine Monotherapie (also der Einsatz eines Präparats) angestrebt. Die neueren Antidepressiva, wie die SSRI oder SNRI, sind den tri-tetrazyklischen hinsichtlich Sicherheit (z.B. bei Überdosierung) und Verträglichkeit überlegen. Typische Substanzen, die eingesetzt werden, sind z.B. Escitalopram und Sertralin. Generell ist bei möglichem Kinderwunsch oder einer Schwangerschaft zu beachten, dass eine Güterabwägung hinsichtlich Schwere der Depression und Rezidivrisiko und möglichen Nebenwirkungen bezogen auf das ungeborene Kind zu treffen ist (Schmauß, 2020). Erwachsenpsychiatrische Expertise ist hier unerlässlich.

Als experimentelle Ansätze zu werten sind Behandlungen mit Ketamin und Johanniskraut. Bei Erwachsenen ist hinsichtlich des Ketamins der antidepressive Effekt bekannt (Fond et al., 2014); erste Studien hierzu liegen auch bei Jugendlichen vor, jedoch ist diese Therapie sicher noch nicht als Routinetherapie einzuschätzen (Cullen et al., 2018). Zu Johanniskraut liegen weiterhin bei Minderjährigen keine Befunde vor. Untersucht wird in Studien auch, ob ein Einsatz spezifischer Ernährungszusätze wie z.B. Vitamin D oder Omega-3 Fettsäuren einen Effekt haben, bisher reicht die Evidenz aber nicht aus, dass diese zur Behandlung empfohlen werden könnten.

Fazit für die medikamentöse Behandlung ist also, dass die Behandlung mit SSRI in Kombination mit Psychotherapie indiziert sein kann und mit einer Besserung der Symptomatik einhergeht. Insgesamt scheinen die Effekte aber geringer zu sein, als früher angenommen wurde. Insbesondere in der Aufdosierung und bei Beendigung der Therapie sollte regelmäßig nach Suizidgedanken gefragt werden. Patient*innen und Angehörige müssen gut über dieses Phänomen aufgeklärt werden.

6.5.1 Therapiebaustein Elektrokrampftherapie (EKT):

Bei sehr schweren Fällen älterer Jugendlicher und junger Erwachsener kann auch eine EKT-Behandlung in Einzelfällen erwogen werden (Reinhardt et al., 2018; Methfessel et al., 2021). Dies sollte in Zentren mit entsprechender Expertise erfolgen. Insbesondere schwere katatone Symptome, die jedoch selten in diesem Altersbereich sind, können dadurch gut gebessert werden.

6.6 Therapiebaustein: Kognitive Verhaltenstherapie

Die KVT und die IPT zielen darauf ab, Wissen über das Erkrankungsbild zu vermitteln, (Psychoedukation, Erarbeiten individuelles Störungsmodell), als angenehm erlebte Aktivitäten zu steigern, um positive Erfahrungen/Erlebnisse zu ermöglichen, soziale Fertigkeiten auf- oder auszubauen, die Emotionsregulation zu verbessen und dysfunktionale Denkmuster und Problemlösestrategien zu verändern. Je nach Symptombild und Schwerpunkt der individuellen Behandlung können auch Therapieformen wie das Metakognitive Training (v. a. beim Vorliegen von Grübeln) oder die Schematherapie eingesetzt werden, die der dritten Welle der Verhaltenstherapie zugeordnet werden können.

6.6.1 Überblick über manualisierte Therapieangebote

Im deutschsprachigen Raum sind in der kognitiven Verhaltenstherapie verschiedene manualisierte Behandlungsverfahren, sowohl für das Einzel- wie auch für das Gruppensetting verfügbar. Nachfolgende Tabelle (▶ Tab. 6.2) gibt einen Überblick über die verfügbaren Manuale:

Tab. 6.2: Überblick über die im deutschsprachigen Raum verfügbaren Behandlungsmanuale

Name des deutschen Programms	englisches Original	Alter der Teilnehmer*innen	Setting	Anzahl/ Dauer der Sitzungen
Kognitive Verhaltenstherapie bei depressiven Kindern und Jugendlichen (Harrington, 2001)	Cognitive behavioral therapy for children and adolescents with depressive disorders (Vostanis et al., 1996)	8–17 Jahre	Einzel	8 Sitzungen á 45 Minuten
Stimmungsprobleme bewältigen (Ihle & Herrle, 2011)	Coping with depression course for adolescents (CWD-A) (Clarke, Lewinsohn & Hops, 1990)	16–21 Jahre	Gruppe	10 Sitzungen á 90 Minuten
Kognitive Verhaltenstherapie bei Depressionen im Kindes- und Jugendalter (Abel & Hautzinger, 2013)	Coping with depression course for adolescents (CWD-A) (Clarke, Lewinsohn & Hops, 1990)	12–18 Jahre	Gruppe	17 Sitzungen á 90– 120 Minuten
Manualized Intervention to Cope with depressive symptoms Help strengthen resources and Improve emotion regulati-		13–18 Jahre	Gruppe	5 Sitzungen á 75–90 Minuten + Auffri-

Tab. 6.2: Überblick über die im deutschsprachigen Raum verfügbaren Behandlungsmanuale – Fortsetzung

Name des deutschen Programms	englisches Original	Alter der Teilnehmer*innen	Setting	Anzahl/ Dauer der Sitzungen
on (MICHI) (Spröber, Straub, Fegert & Kölch, 2012)				schungs-sitzung
Kognitive Verhaltenstherapie bei Depressionen (Hautzinger, 2013)		Erwachsene	Einzel	30 bis 40 Sitzungen á 50 Minuten

Folgende Elemente sind in den jeweiligen Behandlungsmanualen enthalten (▶ Tab. 6.3):

Tab. 6.3: Überblick über die in den Behandlungsmanualen enthaltenen Elemente (KVT = Kognitive Verhaltenstherapie)

Inhalte	Kognitive Verhaltenstherapie bei depressiven Kindern und Jugendlichen (Harrington, 2001)	Stimmungsprobleme bewältigen (Ihle & Herrle, 2011)	KVT bei Depressionen im Kindes- und Jugendalter (Abel & Hautzinger, 2013)	MICHI (Spröber, Straub, Fegert & Kölch, 2012)	Kognitive Verhaltenstherapie bei Depressionen (Hautzinger, 2013)
Psychoedukation	ja	ja	ja	ja	ja
Selbstbeobachtung	ja	ja	ja	ja	ja
kognitive Umstrukturierung	ja	ja	ja	ja	ja
Verhaltensaktivierung	ja	ja	ja	ja	ja
Problemlösetraining	ja	ja	ja	ja	ja
Entspannungsverfahren	nein	ja	ja	nein	nein
soziales Kompetenztraining	ja	ja	ja	nein	ja
Einbezug Eltern/Vertrauenspersonen	ja	nein	ja	ja	ja
Umgang mit Krisen	nein	nein	nein	ja	ja
Rückfallprophylaxe	ja	ja	ja	ja	ja

Die hier aufgeführten Behandlungsmanuale der KVT liegen teilweise als Einzel- in vielen Fällen auch als Gruppentherapieprogramm vor. Gruppentherapien bei Kindern und vor allem bei Jugendlichen und jungen Erwachsenen gehen mit einigen Vorteilen einher: Sie sind für die Behandler*innen zwar teilweise mit viel Organisationsaufwand verbunden, ermöglichen jedoch verkürzte Wartezeiten, die Teilnehmer*innen unterstützen sich gegenseitig, geben einander Rückmeldung, und der Gruppenprozess wirkt darüber hinaus einer Stigmatisierung entgegen (Oei & Dingle, 2008). Hinsichtlich der Wirksamkeit lässt sich zwischen kognitiv-verhaltenstherapeutischen Einzel- und Gruppentherapieverfahren kein Unterschied feststellen (Weisz; McCarty & Valeri, 2006).

In einer metaanalytischen Studie (Weisz, McCarty & Valeri, 2006) wurde untersucht, welche Elemente in der Psychotherapie von Kindern und Jugendlichen mit Depressionen besonders wirksam sind. Folgende Elemente wurden gefunden:

- Das Festlegen von konkreten Zielen,
- die Stärkung/der Aufbau von Kompetenzen,
- Psychoedukation,
- Selbstbeobachtung,
- soziale Interaktionen/Kommunikationsfertigkeiten verbessern,
- kognitive Umstrukturierung,
- Problemlösen.

Klinischen Erfahrungen und die Herleitungen aus ätiologischen Befunden (▶ Kap. 5) zeigen, dass diese Bausteine ergänzt werden sollten durch folgende Elemente:

- Zu Beginn (bereits in der Diagnostikphase) erfolgt eine Einschätzung der Suizidalität. Liegen suizidale Gedanken vor, so ist ein Festlegen eines Notfallplanes/Krisenplanes unbedingt erforderlich.
- Beim Auftreten von Grübelgedanken sollten Elemente der Metakognitiven Therapie in den Behandlungsplan eingebaut werden.
- Bei Schwierigkeiten in der Emotionsregulation sollte an einer verbesserten Emotionsregulierung gearbeitet werden.
- Darüber hinaus sollte das Umfeld (Bezugspersonen im familiären Rahmen, schulische Settings) adressiert werden.

Zusätzlich zu den genannten Manualen gibt es auch medienbasierte Therapieansätze (z. B. SPARX, Merry et al., 2012), die die KVT-Methoden realisieren. Computerisierte Therapien haben Vorteil, dass sie gut verfügbar sind, es besteht in der Nutzung eine zeitliche und räumliche Flexibilität und niedrige Behandlungskosten.

6.6.2 Verhaltenstherapeutische Standardmethoden

In den Manualen zur Behandlung von depressiven Erkrankungen bei Kindern und Jugendlichen (▶ Tab. 6.3) sind verschiedene kognitiv-verhaltenstherapeutische

Standardmethoden (vgl. auch Döpfner, Hautzinger & Linden, 2020) integriert, die wiederholt und mit unterschiedlichen Zielsetzungen angewandt werden. Dazu gehören:

- Die Selbst- und Fremdbeobachtung: Prinzipiell dient diese Methode dazu, in einem festgelegten Zeitintervall oder Zeitraum die Häufigkeit oder Dauer eines bestimmten Verhaltens- oder Erlebenszustandes aus der Eigen- oder Fremdperspektive zu registrieren (vgl. Hautzinger & Döpfner, 2020). Beobachtet werden können das Auftreten von Gedanken, von Verhaltensweisen, von Emotionen/Stimmungen. In der Depressionsbehandlung werden Tages- und Wochenprotokolle eingesetzt, die auf die Erfassung von Aktivitäten, Handlungen, Verhalten und Stimmungen im Tages- und Wochenverlauf sowie auf die Planung von Aktivitäten (▶ Kap. 6.7.3) abzielen. Durch die parallele Erfassung von Aktivitäten und Stimmungen soll der wechselseitige Zusammenhang verdeutlicht werden, um z. B. gezielt positive Aktivitäten einzuplanen. Während Kinder ab ca. der 3. Klasse in der Lage sind, einfache Beobachtungsprotokolle durchzuführen (auch in digitaler Form möglich), benötigen jüngere Kinder Unterstützung für solche Beobachtungen (z. B. durch Bezugspersonen). In vielen Fällen bietet sich bei jüngeren Kindern an, in der Therapiesitzung Rollenspiele (z. B. mit Handpuppen) durchzuführen, um Situationen aus dem Alltag zu erinnern und den Zusammenhang zwischen Gefühlen und Aktivitäten zu verdeutlichen (vgl. auch Mikroanalyse, ▶ Kap. 4.5.1). Wichtig ist, dass genau festgelegt wird, in welcher Form eine Beobachtung gemacht werden und wann und wie sie notiert werden soll. Eine konkrete Möglichkeit der Fremdbeobachtung stellt beispielsweise das »Lobtagebuch« dar. Hierbei werden Bezugspersonen gebeten, täglich positive Verhaltensweisen ihres Kindes zu notieren und rückzumelden.
Zur Selbst- und Fremdbeobachtung wird auch die Methode der Verhaltensanalyse gezählt. Hierbei werden Verhaltenssequenzen beobachtet und notiert (vgl. auch Mikroanalyse)
- (Selbst-)Verstärkung: Mit Hilfe dieser Methode soll die Selbstwahrnehmung von Patient*innen geschult werden. Es werden auf der Basis von Verhaltensanalysen und den Erfahrungen mit angenehmen Aktivitäten sog. Verstärker abgeleitet. Dabei handelt es sich um positiv erlebte Konsequenzen für gezeigtes Verhalten. Diese können entweder durch die Umgebung/Bezugspersonen (extern) oder selbst (intern) realisiert werden. Klassischerweise werden bei externen Verstärkern »Belohnungen« durch Bezugspersonen vergeben (z. B. Annika darf länger aufbleiben am Wochenende, Jessica darf ins Kino gehen, eine Bezugsbetreuerin kümmert sich um ihren Sohn), mit internen Verstärkern meint man zum Beispiel, dass eine Person sich lobt, sich etwas gönnt.

In der praktischen psychotherapeutischen Arbeit ist es in den meisten Fällen so, dass zwar mit der Behandlung bestimmter Symptome und dysfunktionaler Erlebens- und Verhaltensmuster begonnen wird, unterschiedliche Interventionen dann jedoch auch parallel durchgeführt werden (z. B. können mit Annika in der Therapie in Rollenspielen Fertigkeiten zur Selbstbehauptung eingeübt werden, gleichzeitig führt ihre Mutter ein Lobtagebuch, um ihre negativen selbstbezogenen Kognitionen zu verändern und ein positives Selbstbewusstsein aufzubauen); auch die Reihenfolge der Interventionen kann individuell angepasst werden.

6.7 Konkrete KVT-Methoden bei Depressionsbehandlung

Die psychotherapeutischen Interventionsbausteine nach der KVT können durch das Akronym »GLÜKK« (siehe Spröber, Straub & Kölch, 2012) gegliedert werden.

G = (körperliche) Gesundheit, Grundbedürfnisse und Körperreaktionen beachten!
Ü = Überlebenshilfe bei Krisen und eine hilfreiche Emotionsregulation festlegen!
L = Leben aktiv und sozial gestalten!
K = Kennenlernen und verändern der (ungünstigen) Gedanken!
K = Kompetentes Problemlösen anwenden!

In der Psychotherapie kann es hilfreich sein, wenn Psychotherapeut*innen bei der Erarbeitung der einzelnen GLÜKK-Bausteine nach folgender Reihenfolge vorgehen:

1. Analyse des IST-Zustandes/Psychoedukation
2. Unterscheidung in funktionale/dysfunktionale Elemente
3. Aufbau funktionaler Erlebens- und Verhaltensweisen

6.7.1 G = Gesundheit, Grundbedürfnisse und Körperreaktionen beachten!

Mit Patient*innen wird erarbeitet, dass auch somatische Problematiken (▶ Kap. 5) dazu führen können, dass eine negative Stimmungslage und Erschöpfungssymptome entstehen. Dabei wirken sich sowohl akute Infekte/Erkrankungen (z. B. Magen-Darm-Erkrankung), aber auch chronischere Problematiken (z. B. Eisenmangel) auf die Stimmungslage und die körperliche Belastbarkeit aus.

Damit Menschen sich ausgeglichen und voller Energie fühlen können, ist es außerdem wichtig, dass die körperlichen Grundbedürfnisse (schlafen, essen) ausreichend befriedigt werden.

Als dritten Aspekt kann psychoedukativ die Wirkung von Alkohol/Drogen/verschreibungspflichtigen Medikamenten auf depressive Stimmungslagen thematisiert werden. Dies spielt ab dem Jugendalter eine zentrale Rolle. Die Einnahme von Drogen, Alkohol, verschreibungspflichtigen Medikamenten wirkt sich unkontrollierbar auf Stimmungslagen aus und steht einer gezielten Verbesserung von Stimmungen/Gefühlen entgegen.

Analyse des IST-Zustandes der Gesundheit und der Erfüllung der körperlichen Grundbedürfnisse

Zur Analyse des Gesundheitszustandes und der körperlichen Grundbedürfnisse können folgende Fragen handlungsleitend sein:

- Wie geht es mir körperlich? Wenn es mir nicht gut geht (z. B. spezifische Symptome): Welche Erkrankung kommt in Frage?
- Fühle ich mich fit oder erschöpft/ausgelaugt?
- Wie ist mein Schlafverhalten?
- Wie ist mein Essverhalten?
- Konsumiere ich stimmungsverändernde Substanzen?

Zur Analyse dieser Faktoren können Methoden der Selbstbeobachtung genutzt werden.

Bewertung des Gesundheitszustandes und der Erfüllung der körperlichen Grundbedürfnisse

Nachdem eine Selbst- oder/und Fremdbeobachtung der genannten Aspekte erfolgt ist, sollte diese ausgewertet werden. Patient*innen werden gebeten, ihre Stimmungslage den Beobachtungen zuzuordnen (z. B.: 8 Std. Schlaf – ich fühle mich morgens ausgeschlafen/ausgeglichen).

Psychoedukativ können Patient*innen über die Bedeutung eines ausreichenden Schlafes informiert werden und über eine regelmäßige und ausgewogene Ernährung, die ausgeglichene Stimmungslagen unterstützen können.

Veränderung des Gesundheitszustandes und der Befriedigung körperlicher Grundbedürfnisse

Aus den Beobachtungen und den individuellen Bewertungen können relevante Änderungen abgeleitet werden. Was muss ich tun/ändern, damit ich mich körperlich besser fühlen kann?

Sollten spezifische Probleme im Zusammenhang mit dem Schlafen vorhanden sein, sollten Interventionen zur Verbesserung des Schlafverhaltens (Schlafhygiene) eingeplant werden, die in anderen Quellen ausführlich thematisiert werden (z. B. Schnadtschmit & Schlarb, 2018). Beim Vorkommen körperlicher Problematiken, können konsiliarische Untersuchungen oder somatische Interventionen in Rücksprache mit einem*einer Facharzt*ärztin geplant werden.

Exkurs: Lichttherapie

Für die Praxis kann die Anwendung von Lichttherapie empfohlen werden (empirische Befundlage ▶ Kap. 7.3), da diese nebenwirkungsarm bei Kindern und

Jugendlichen ab dem Alter von 12 Jahren eingesetzt werden kann. Im Rahmen einer Lichttherapie setzt man Patient*innen UV-gefiltertem, weißem Licht aus. Die Lichtintensität sollte 10.000 Lux betragen bei einer Dauer von ca. 30 Minuten pro Exposition. Die Lichttherapie sollte morgendlich über zwei bis fünf Wochen angewandt werden. Der ideale Zeitpunkt für die morgendliche Lichttherapie hängt dabei von der individuellen zirkadianen Rhythmik der Patient*innen ab. Durch die Lichttherapie wird eine Synchronisierung der verschobenen zirkadianen Rhythmik über die Beeinflussung der Melatoninsekretion erwartet. Möglicherweise gilt dies insbesondere für die Gruppe von depressiv erkrankten Kindern und Jugendlichen mit Schlafstörungen, da die Lichttherapie schnell und effektiv den Schlaf verbessert. Eine ausführliche Darstellung zu chronotherapeutischen Verfahren und die Anwendung von Lichttherapie findet sich bei Kirschbaum-et al. (2018).

Bei einem regelmäßigen Konsum von Drogen, Alkohol oder verschreibungspflichtigen Medikamente sollte mit den Patient*innen eine Entwöhnung verabredet und geplant werden.

6.7.2 Ü = Überlebenshilfe bei Krisen und eine hilfreiche Emotionsregulation festlegen!

Personen, die depressiv erkrankt sind, fühlen sich zum einen kontinuierlich traurig/niedergeschlagen, geraten aber in manchen Situationen auch in besonders schwierige emotionale Zustände. Da Emotionen eine zentrale Rolle im Rahmen depressiver Erkrankungen spielen, sollten Therapeut*innen zunächst sicherstellen, dass Patient*innen ihre Emotionen und Gefühle angemessen wahrnehmen, altersgerecht ausdrücken und negative/dysfunktionale Gefühlszustände regulieren können.

Analyse des IST-Zustandes der Gefühle/Stimmungen

Zunächst sollte abgeklärt werden – vor allem bei jüngeren Patient*innen –, inwieweit sie Gefühle benennen und differenzieren können. Psychotherapeut*innen können dazu den Patient*innen zunächst die Grundgefühle Trauer – Ärger – Freude – Abneigung – Zuneigung – Angst – Ekel erklären. Hilfreich ist der Einsatz von Therapiematerialien wie Gefühlskarten (eine Vielzahl an Gefühls-/Emotionskarten findet sich zum Beispiel beim Manfred-Vogt-Verlag). Diese Materialien können unterschiedlich eingesetzt werden: Zum Erkennen von Gefühlen bei sich/anderen, dem Zuordnen von auslösenden Situationen. Sie können auch als Vorlage dienen, um im Rollenspiel Gefühlsausdrücke und Begrifflichkeiten einzuüben.

Bewertung von Gefühlen

Patient*innen können nachfolgend eine individuelle Einteilung der erarbeiteten Gefühlsqualitäten vornehmen, dabei können sich Psychotherapeut*innen an dem jeweiligen Bedarf orientieren. Eingeordnet werden kann:

- Welche Gefühle habe ich häufig? Welche selten?
- Welche Gefühle erlebe ich in einer starken Intensität?
- Welche Gefühle empfinde ich als angenehm/welche als unangenehm?
- Welche Gefühlsqualitäten möchte ich in ihrem Auftreten steigern? Welche reduzieren?

Veränderung von Gefühlen/Emotionen

Anhand der vorgenommenen Analyse der Gefühle und Stimmungslagen kann individuell abgeleitet werden, welche Gefühle in ihrer Auftretenshäufigkeit oder -intensität verändert werden sollten.

Zur Veränderung von Gefühlen können verschiedene Methoden angewandt werden:

- Bezugsnehmend auf die Verstärkerverlusttheorie (▶ Kap. 5.2.4) können als angenehm empfundene Aktivitäten aufgebaut oder wieder in den Alltag eingeplant werden. Genaueres dazu unter (L = Leben aktiv und sozial gestalten!, ▶ Kap. 6.7.3).
- Darüber hinaus können Entspannungsverfahren wie Progressive Muskelrelaxation oder Imaginationsreisen eingeübt werden, um Anspannungszustände zu verändern.

In Anlehnung an das Modell der Emotionsregulation nach Gross (2002) können auch folgende Strategien eingeübt werden (nach In-Albon, 2013):

- Innehalten und Durchatmen;
- Wahrnehmen und Erkennen von Emotionen;
- Entscheiden, wie die Situation und die Emotion kontrollierbar sind;
- Handeln im Sinne langfristiger Ziele.

Fallbeispiel Tom

Konkret könnte Tom folglich lernen, innezuhalten, tief durchzuatmen (tiefe Bauchatmung), seine Gefühle (Angst, Traurigkeit) adäquat wahrzunehmen (z. B., indem er mit dem*der Therapeuten*in analysiert, welche Körpersignale bei spezifischen Gefühlen auftreten). In diesem Zustand kann Tom überlegen und entscheiden, wie er die Situation und oder die Emotion verändern kann. Dafür stehen ihm folgende Strategien zur Verfügung: Er kann die Situation vermeiden oder gezielt aufsuchen, er kann die Situation verändern, indem er z. B. bestimmte

Begleitpersonen mitnimmt/Selbstverstärker einplant, er kann sich auf bestimmte positive Aspekte der Situation konzentrieren und seine Aufmerksamkeit lenken oder die Situation neu bewerten (z. B. »Wenn ich zu der Party gehe, dann erwartet niemand von mir, dass ich tanze!«). In der sozialen Situation kann er wiederum seine Gefühle wahrnehmen und eingeübte Strategien zur Veränderung von Gefühlen (z. B. Aufmerksamkeitslenkung mit den Sinnen »was höre, sehe, spüre ich?«; tiefe Atmung) nutzen.

Erstellung eines Krisen-/Notfallplans

Das zeitnahe Festlegen eines Krisen- oder Notfallplans sollte erfolgen, wenn der*die Patient*in über das Vorkommen von suizidalen Gedanken, -absichten, aber auch von sehr intensiven negativen Gefühlszuständen berichtet. Der Krisen- oder Notfallplan zielt darauf ab, dass der*die Patient*in in emotionalen Krisensituationen ein verstärktes Gefühl von Selbstwirksamkeit zur Gefühlsregulation erhält und soziale Unterstützung als Ressource aktiviert wird.

In einem Krisenplan sollte immer festgelegt werden, in welchen Situationen es zu einer Krise kommen kann (Steigerung der Selbstwahrnehmung), es sollen konkrete Telefonnummern (Kontaktmöglichkeiten von unterstützenden Personen) notiert werden. Anschließend werden Möglichkeiten erarbeitet, wie eine Person selbst eine krisenhafte Stimmung verändern (z. B. eine Freundin anrufen, Musik hören, joggen gehen) und wie das soziale Umfeld unterstützend wirken kann (z. B. zur Mutter gehen, mit ihr einen Kuchen backen, einen Film anschauen). Je nach Auslöser für die Krisensituation sollte auch überlegt werden, wer darin unterstützen könnte, ein konkretes Problem zu lösen. Diese Strategien sollten mit allen Personen besprochen werden, die für die Umsetzung relevant sind. Es ist hilfreich, die Strategien auf eine Karte zu schreiben, mitzugeben oder abzufotografieren, so dass der*die Patient*in den Krisenplan stets bei sich hat. Relevante Telefonnummern sollten direkt in ein Mobiltelefon – sofern vorhanden – eingespeichert werden.

Bei akuter Suizidalität sind besondere Maßnahmen notwendig (vgl. auch In-Albon, Christiansen & Schwenck, 2020). Zunächst sollte eine fundierte Einschätzung der Suizidalität erfolgen (▶ Kap. 4.2 und ▶ Kap. 8), das heißt, dass eine Kontaktaufnahme zu dem*der Behandler*in oder Fachkolleg*innen vereinbart werden muss.

Wenn ein*e Patient*in nicht ausreichend von Suizidalität distanziert ist, um ambulant behandelt werden zu können, dann muss eine stationäre Therapie zur Kriseninterventions und ggf. zur Veränderung und Stabilisierung erfolgen (▶ Kap. 8).

6.7.3   L = Leben aktiv und sozial gestalten!

Oben (▶ Kap. 5) wurden zum einen die Theorie zum Verstärkerverlust dargestellt, aber auch die interpersonellen Problematiken, die im Rahmen depressiver Erkrankungen auftreten und zu sozialem Rückzug führen können. Zur Reduktion depressiver und zum Aufbau positiver Gefühle ist es relevant, den Alltag wieder durch verstärkungsreiche Erfahrungen anzureichern und problemverstärkendes Vermeidungsverhalten abzubauen (vgl. Abel, 2020). Dazu gehört es, Aktivitäten wieder vermehrt einzuplanen, die die Patient*innen gerne machen oder vor der depressiven Erkrankung gemacht haben, eventuell auch neue Aktivitäten auszuprobieren. Darüber hinaus ist es wichtig, hilfreiche soziale Kontakte zu pflegen oder aufzubauen. Wichtig ist die Einbeziehung der Bezugspersonen (vgl. von Döring- Ulmenstein & Zarbock, 2022).

Analyse des IST-Zustandes der Aktivitäten und sozialen Kontakte

In einem ersten Schritt können mit Hilfe der Methoden der Selbst- oder Fremdbeobachtung eine Baseline der Aktivitäten registriert werden, das heißt, dass die durchgeführten Aktivitäten, Schlaf-, Essenszeiten beobachtet (Selbstbeobachtung) und manchmal auch schon die Stimmungen/Gefühle dazu notiert werden.

Das soziale Netz der Patient*innen kann ebenfalls erfasst werden. Dazu gibt es verschiedene Möglichkeiten wie Handpuppen oder aber das Notieren und graphische Veranschaulichen der für den*die Patienten*in relevanten Personen im sozialen Umfeld auf einem Arbeitsblatt.

Bewertung der Aktivitäten und der sozialen Kontakte

Die Aktivitäten und die sozialen Kontakte können nach der Beobachtung bewertet werden, hinsichtlich ihrer Funktionalität zur Erreichung positiver Gefühle.

Veränderung der Aktivitäten und der sozialen Kontakte

Steigerung positiver Aktivitäten: Mit den Patient*innen wird herausgearbeitet, dass positive und selbstverstärkende Aktivitäten und Unternehmungen dabei helfen, die Stimmung zu verändern und zu stabilisieren und auch den Selbstwert zu verbessern. Typischerweise werden den Patient*innen Listen mit Beispielen angenehmer Aktivitäten vorgelegt. Es gibt eine Vielzahl solcher Materialien online (z. B. https://www.ich-bin-alles.de), in Verhaltensexperimenten wird die Durchführung dieser Aktivitäten systematisch geplant und anschließend die Veränderungen auf Gedanken- und Gefühlseben und auf der Körperebene (z. B. »fühle mich fitter, wenn ich mit dem Fahrrad zur Ausbildungsstätte fahre«) analysiert. Viele Patient*innen mit depressiven Erkrankungen benötigen zur Durchführung die Unterstützung von Bezugspersonen.

Fallbeispiel Annika

So könnte im Fallbeispiel Annika erarbeitet werden, dass Annika sich regelmäßig mit der Freundin aus der Nachbarschaft treffen soll. Zur Umsetzung benötigt sie die Unterstützung der Mutter und der Großeltern (z. B. schlagen Tage vor, an denen sich Annika verabreden kann, helfen ihr bei der Verabredung).

Für eine Stabilisierung und Verbesserung der Gefühle und Stimmungslage ist es auch entscheidend, genügend körperliche Bewegung in den Alltag einzubauen. Studien (vgl. Oberste et al 2020; Carter et al., 2016) weisen auf eine antidepressive Wirkung von Sport hin. Bei moderater körperlicher Aktivität können eine Steigerung von Antrieb, Stimmung, kognitiver Leistungsfähigkeit und eine Reduktion von Erschöpfung und Ruhelosigkeit beobachtet werden. Es wird angenommen, dass die Wirkung über die Reduktion der hormoneller Stressantwort (bspw. Kortisol) und Neuroinflammation (z. B. pro-inflammatorische Zytokine) vermittelt wird (Verbesserung der Neurogenese). Folgende Empfehlungen zur Bewegung werden dabei gegeben (vgl. Graf et al, 2017):

- Kindergartenkinder (4–6 Jahre): 180 Minuten/Tag (angeleitete und nicht angeleitete Bewegung)
- Grundschulalter und Jugendalter (6–11 Jahre/12–18 Jahre): Täglich Bewegungszeit von 90 Minuten und mehr in moderater bis hoher Intensität; 60 Minuten können dabei durch Alltagsaktivitäten (z. B. Rad fahren zur Schule) absolviert werden.

Aus der Analyse der sozialen Kontakte kann differenziert herausgearbeitet werden, ob weitere soziale Kontakte aufgebaut oder/und bestehende verändert werden müssen (z. B. Aufbau Freundschaften, Lösung von Konflikten). Die dazu notwendigen Fertigkeiten können spezifiziert und schrittweise aufgebaut werden (vgl. Kompetentes Problemlösen anwenden!, ▶ Kap. 6.7.5).

Fallbeispiel Annika

Bei der Analyse von Annikas sozialem Netz wird deutlich, dass sie sich mehr Freundschaften wünscht und bestehende Kontakte (z. B. zu Klassenkamerad*innen) funktionaler gestaltet werden müssten. In Teilen kann Annika selbstständig daran arbeiten (z. B. in dem sie einen Verein in einem anderen Dorf besucht, dort sozial kompetent auf Kinder zugeht), für andere Bereiche (z. B. Reduktion Mobbing) benötigt sie die Unterstützung von Bezugspersonen.

6.7.4 K = Kennenlernen und Verändern der ungünstigen Gedanken!

Bei den Ausführungen zur Ätiologie depressiver Erkrankungen wurden zahlreiche Erkenntnisse über die Funktion dysfunktionaler Gedanken gezeigt (z. B. dysfunktionale Annahmen). Deshalb ist es bei den meisten depressiv erkrankten Personen zentral, die dysfunktionalen Gedanken und Grundannahmen zu verändern. Jüngere Kinder haben aufgrund ihrer kognitiven Entwicklung meist noch keine sehr verfestigte Grundannahmen gespeichert, bei Jugendlichen können sich diese aber bereits anbahnen.

Den Zusammenhang zwischen Gedanken und Gefühlen/Emotionen können Therapeut*innen auf kreative Art und Weise verdeutlichen: Über Comics, Filmausschnitte, über den Einsatz von Gefühlskarten (was denkt sich XY? Wie fühlt sich XY dabei?); aber man kann auch einen Eigenbezug herstellen (z. B. Wie ging es dir da? Was hast Du dabei gedacht?)

Analyse des IST-Zustandes der Gedanken

Selbst- und Fremdbeobachtungsmethoden helfen, eigene Gedanken zu erfassen. Bei jüngeren Patient*innen bietet es sich wieder an, in der Therapiesituation mit Hilfe von Handpuppen Alltagssituationen nachzuspielen und dabei nach Gedanken zu fragen. Diese werden notiert. Ältere Patient*innen können selbst über verschieden Methoden (Arbeitsblatt, Beobachtungsbogen, Sprachfunktion des Handys) ihre Gedanken in Situationen erfassen. Mit ihnen kann man analysieren, welche Gedanken häufiger auftauchen und als »automatische« Gedanken zu bezeichnen sind (z. B. der Gedanke von Tom, dass er »langweilig oder unattraktiv« sei). Verschiedene Gedanken können teilweise auf eine gemeinsame Grundannahme zurückgeführt, die Entstehung dieser biographisch erklärt werden.

Fallbeispiel Jessica

> Bei Jessica entstehen im Alltag häufig Gedanken wie »ich bekomme nichts hin«, »ich werde nichts erreichen können«; es konnte mit ihr herausgearbeitet werden, dass diese automatischen Gedanken auf der Grundannahme basieren »ich bin eine verantwortungslose und schlechte Person und habe kein Glück verdient!« Biografisch hat sich diese Erfahrung gefestigt, da sie im Aufwachsen bei ihrer Mutter wenig Unterstützung hatte und sie massiv unter Schuldgefühlen leidet, weil sie die Mutter »im Stich« gelassen hat.

Bewertung der Gedanken

Mit den Patient*innen werden die Gedanken in hilfreiche Gedanken und wenig hilfreiche Gedanken sortiert, bei jüngeren Kindern kann auch eine Unterteilung in »Mutmach- und Runterziehgedanken« verwendet werden.

Veränderung dysfunktionaler Gedanken

Die Veränderung von Kognitionen ist ein Prozess, bei dem das Auftreten bestimmter automatischer Gedanken zwar in ihrer Häufigkeit reduziert und das Auftreten positiverer und funktionaler Gedanken verstärkt werden kann. Dennoch gehört es zu einem Alltag dazu, dass Menschen auch immer wieder dysfunktionale Gedanken haben. Das Auftreten an sich ist nicht problematisch, problematisch ist es jedoch, wenn dysfunktionalen Gedanken viel Aufmerksamkeit geschenkt werden.

Verschiedene Methoden können eingesetzt werden, um auf kognitiver Ebene Veränderungen zu erreichen:

Kognitionen weiterdenken/in Frage stellen

Zentrale Kognitionen werden herausgenommen aus dem Sammelsurium von Gedanken und genauer analysiert. Der*die Therapeut*in versucht, durch unterschiedliche Disputationsansätze die Gedanken in ihrer verfestigten Annahme aufzuweichen oder aber inhaltlich zu verändern.

Fallbeispiel Jessica

Jessica: »Jemand wie ich hat keine Chance im Leben!«
Es wird gemeinsam überlegt, woher diese Grundannahme kommt (biografische Erklärung/Hinführung/Entpathologisieren); dann wird erarbeitet, dass diese Grundannahme mit sehr negativen Gefühlen in der Gegenwart und Zukunft verbunden ist. Die Therapeutin erklärt Jessica, dass Grundannahmen wie »Brillen« zu verstehen sind, mit denen Personen »in die Welt schauen«, die die Wahrnehmung und Verarbeitung von Erfahrungen beeinflussen. Durch Fragen erreicht die Therapeutin, dass Jessica beginnt, die Grundannahme, in Frage zu stellen. Folgende Fragen sind möglich: »Wie kommst du darauf? Was bedeutet dieser Satz für dich? Usw. Darüber hinaus kann sie auch den Nutzen des Gedankens prüfen lassen, damit die Patientin die Funktionalität des Gedankens kritisch zu prüfen lernt und Widersprüche aufdeckt: »Was bringt es dir, so zu denken? Hilft dir der Gedanke dabei, dass es dir besser geht und du dich wohl fühlst?«

Patient*innen können zwischen zwei Therapiesitzungen Aufträge bekommen, um sich weiter mit den Gedanken und deren Funktionalität auseinanderzusetzen: So können sie Personen ihres sozialen Umfeldes befragen, wie sie zu dem Gedanken stehen, diesen einschätzen; sie können Vor- und Nachteile des Gedankens/der Grundannahme notieren; sie können Gegengedanken formulieren und prüfen, wie es ihnen im Alltag geht, wenn sie diesen Gegengedanken denken (bei Jessica könnte ein Gegengedanken sein: »Jeder hat Chancen im Leben, ich habe viel bewältigt, vielleicht ist das manchmal ein Vorteil!«) Die Erfahrungen können in den Therapiesitzungen besprochen und analysiert werden.

Sokratischer Dialog (Ellis & Hoellen, 1997)

Ellis entwickelte gemeinsam mit seinem ABC-System den sokratischen Dialog zur Veränderung dysfunktionaler Gedanken. Er verdeutlichte anhand des ABC-Systems in der Zeit der »kognitiven Wende« in der Verhaltenstherapie, wie Bewertungen und Glaubenssätze unsere Gefühle und letztlich unsere Verhaltensweisen bestimmen.

Unterschieden wird in dem Modell in:

- Situation A = Anlass;
- Überzeugungen B = Bewertungen sowie

- emotionale Konsequenzen C = Consequences.

Schwierige Situationen können von Patient*innen anhand dieses Musters analysiert und irrationale Glaubenssätze (z. B. »Ich werde es niemals zu etwas bringen!«) identifiziert werden. Der Einfluss der Glaubenssätze auf die Emotionen wird herausgearbeitet, anschließend erfolgt eine Diskussion/Disputation der negativen Bewertungen (D = Diskussion). Die Disputation soll dazu beitragen, hilfreichere Gedanken/angemessenere Bewertungen zu finden. Dies führt zu einem positiven Effekt E = Effekt; zu anderen Emotionen, aber auch ggf. zu anderen Verhaltensweisen (z. B. Jessica traut sich etwas zu, versucht etwas).

Selbstinstruktionstraining nach Meichenbaum (1991)

Meichenbaums Methode der Selbstinstruktion kann bereits mit jüngeren Kindern eingesetzt werden, da es keine komplexe kognitive Umstrukturierung verlangt. Die Methode baut auf dem inneren Sprechen von Menschen im Sinne von Anleitungen oder Selbstinstruktionen auf. Die Idee ist es, negative Selbstverbalisationen zu beobachten und durch positive zu ersetzen. Angewendet werden könnte diese Methode bei Annika.

Fallbeispiel Annika

Annika wird in der Therapiesitzung gebeten, mit Hilfe von Fingerpuppen eine Konfliktsituation in der Klasse nachzustellen. Sie wird explizit nach ihren Gedanken in der Situation gefragt. Annika gibt an, dass sie sich denkt: »Ich gehe nicht zur Lehrerin, sie glaubt mir ohnehin nicht, niemand mag mich.« Annika fühlt sich dann hilflos und schweigt. Gemeinsam wird ein »Mutmach-Gedanke« gesucht und formuliert, den Annika sich in einer ähnlichen Situation sagen könnte, z. B.: »Ich werde die Lehrerin ansprechen und ihr schildern, was passiert ist. Sie wird mir zuhören, bestimmt findet sich eine Lösung.«

Exkurs: Umgang mit Grübeln

Zur Reduktion von intensivem Grübeln kann die MKT angewandt werden. Die MKT (Wells & Fisher, 2016; Wells & Papageorgiou, 2001) kann ab dem Jugendalter angewendet werden und zielt darauf ab, den Prozess der CAS (kognitives Aufmerksamkeitssyndrom, ▶ Kap. 5) zu reduzieren. Dabei wird einem konkreten Ablauf gefolgt:

- Psychoedukation: Entwicklung und Besprechung eines gemeinsamen Störungsmodells.
- Neuen Umgang mit belastenden Gedanken und perservierendem Denken aufbauen.
- Metakognitive Überzeugungen verändern.
- Sicherheitsverhalten und maladaptive Bewältigungsstrategien verändern.

- Rückfallprävention machen und neue metakognitive Pläne entwickeln.

Üblicherweise umfasst eine MKT 5–10 Sitzungen. Es wird mit einer Selbstbeobachtung der Stimmung, der Grübelphase und des Bewältigungsverhaltens begonnen.

Im Rahmen der Psychoedukation wird erarbeitet (z. B. anhand der Analyse der letzten Krankheitsepisode), dass depressiv erkrankte Jugendliche/junge Erwachsene negative Gedanken mit Grübeln beantworten und immer mehr die Idee haben, mit dem Grübeln nicht mehr aufhören zu können, wodurch sich die depressive Symptomatik ausbreitet. Die eigenen Gedankengänge werden sehr stark fokussiert, gleichzeitig werden das Grübeln und dysfunktionale Bewältigungsversuche (z. B. Vermeidung, sozialer Rückzug) nur unzureichend wahrgenommen.

Der*die Therapeut*in erarbeitet interaktiv mit Bezugnahme des Erlebens der*des Patienten*in ein solches Erklärungsmodell und leitet relevante Änderungen ab. Metaphern sollen helfen, die Bedeutung des Grübelns als maladaptiven Lösungsversuch zu verdeutlichen (z. B. Grübeln ist wie der Versuch, sich selbst aus einem Loch »herauszugraben«, vgl., Wells, 2011, S. 229; »Grübeln ist wie schaukeln, man ist in Bewegung, kommt aber kein Stück voran«).

Wichtige Elemente, um einen neuen Umgang mit belastenden und wiederkehrenden Gedanken zu bekommen, sind:

- Aufmerksamkeitstraining (ATT):
Mit Hilfe des ATT lernen depressiv Erkrankte, das Grübeln bewusst wahrzunehmen. Im ATT wird zunächst die selektive Aufmerksamkeit trainiert. Patient*innen sollen ihre Aufmerksamkeit über einen Zeitraum von 5 Minuten verschiedenen Geräuschen zuwenden, die an unterschiedlichen Orten lokalisiert werden können. Anschließend wird ein schnelles Umschalten der Aufmerksamkeit (ca. 5 Minuten) eingeübt. Dazu werden in schneller Abfolge dieselben Geräusche fokussiert. Das Training der geteilten Aufmerksamkeit liegt am Ende des Trainings; Patient*in übt das gleichzeitige Auftreten der verschiedenen Geräusche bewusst wahrzunehmen. Patient*innen sollen das ATT regelmäßig zu Hause durchführen.
- Losgelöste Achtsamkeit und Affect Labeling:
Depressive Jugendliche/junge Erwachsene sollen von dem sog. Objekt- in den metakognitiven Modus gelangen. Es wird angenommen, dass negative Gedanken automatisch/unkontrollierbar auftreten (z. B. Tom: »Ich bin weniger attraktiv als meine Mitschüler!«), das Grübeln stellt eine willkürliche und kontrollierbare Antwort darauf dar. Auch hier wird wieder mit Metaphern gearbeitet, um den Patient*innen diesen Gedankengang zu veranschaulichen. Beispielsweise können negative automatische Gedanken mit dem Klingeln an der eigenen Haustüre verglichen werden (unkontrollierbar), jede*r kann entscheiden, ob er*sie öffnet oder nicht (kontrollierbare Antwort). In der losgelösten Achtsamkeit trainieren Patient*innen, Gedanken als Gedanken wahrzunehmen und sich nicht weiter damit zu beschäftigen. Relevant ist, dass Patient*innen sich entscheiden, sich nicht weiter mit den Gedanken zu beschäftigen, die automatisch und unkon-

trollierbar kommen. Diese losgelöste Achtsamkeit soll dann auf automatische Gedanken und emotionale Reaktionen angewendet werden, die meist Auslöser für Grübeln sind. Die Kombination der losgelösten Achtsamkeit mit dem Affect Labeling (Lieberman et al., 2007) hilft, sich diese inneren Prozesse bewusst zu machen, indem Patient*innen verbalisieren, wenn sie einen negativen Gedanken haben und benennen, welche Gefühle dieser auslöst. Die Gedanken sollen bewusst »ziehen« können, das heißt, dass Patient*innen sich bewusst entscheiden, sich mit den Gedanken nicht beschäftigen zu wollen. So könnte Tom im Fallbeispiel sagen: »Aha…jetzt fange ich wieder an zu grübeln, weil ich alleine in meinem Zimmer sitze. Ich denke, dass ich unattraktiv bin, dadurch fühle ich mich richtig schlecht. Aber ich möchte nicht grübeln, ich überlasse den Gedanken sich selbst. «

- Aufschieben von Rumination:
Die Losgelöste Achtsamkeit wird in Kombination mit dem Aufschieben des Ruminierens durchgeführt. Patient*innen sollen im Sinne einer Selbstbeobachtung potenzielle Auslöser für Grübeln erkennen und das Grübeln dann bewusst auf einen vereinbarten Zeitpunkt aufschieben. Tom könnte für sich feststellen, dass der Gedanke über seine Attraktivität immer kommt, wenn er nach der Schule allein in seinem Zimmer sitzt. Er könnte mit sich ausmachen, das Grübeln auf Samstagvormittag zu verschieben. Manchmal stellen Patient*innen fest, dass sie dann zu der vereinbarten Zeit keine Lust haben zu grübeln (dadurch schwächt sich der Drang zu grübeln bereits ab).

Zur Veränderung negativer metakognitiver Überzeugungen werden die Erfahrungen, die Patient*innen mit der losgelösten Achtsamkeit und dem Grübelaufschub gemacht haben immer wieder analysiert. Auf verbaler Ebene können Belege für die Unkontrollierbarkeit des Grübelns und Gegenbeweise gesucht werden. Es können aber auch Verhaltensexperimente durchgeführt werden, z. B., indem Patient*innen die Intensität des Grübelns verändern sollen.

Die Analyse von Vor- und Nachteilen des Grübelns hilft ebenfalls, diese abzuschwächen.

6.7.5 K = Kompetentes Problemlösen anwenden!

Probleme, also chronische oder/und akute Stressoren spielen bei der Entstehung und Aufrechterhaltung depressiver Symptome eine wichtige Rolle, weshalb Strategien zur Bewältigung von Problemen vertieft werden sollten.

IST Analyse von Problemen = Stressoren

In einem ersten Schritt werden Stressoren/Probleme in der Selbst- und/oder Fremdbeobachtung erfasst.

Bewertung der Probleme/Stressoren

Es wird nachfolgend eingeschätzt, welche Stressoren mit dem höchsten Leidensdruck verbunden sind (vgl. Spröber & Dresbach, 2022). Wenn eine Situation als stressreich empfunden wird, sollten Patient*innen prüfen, ob die Situation veränderbar erscheint. Die Fragen, die Patient*innen sich stellen können, um den Stressor und die möglichen Reaktionen einzuschätzen lauten:

- Love it? – Mag ich die Situation, so wie sie ist? Wenn nein:
- Change it? – Kann ich die Situation verändern? Wenn ja (siehe Problemlöseschritte); wenn nein:
- Accept it? – Kann ich die Situation akzeptieren? Wenn nein:
- Leave it? – wie kann die Situation vermieden, bzw. Distanz zu ihr geschaffen werden?

Das Vorgehen soll am Beispiel von Tom verdeutlicht werden:

> Tom identifiziert als eines seiner Probleme: »Meine Mutter spricht nicht über ihre Erkrankung, ich sorge mich deshalb sehr und kümmere mich viel um sie, wenn es ihr schlecht geht.« Tom glaubt, dass er diese Situation – unter der er leidet – verändern könne, indem er sich traut, seine Mutter anzusprechen, nachzufragen und ihr von seinen Sorgen zu erzählen. Wie Tom hierbei vorgehen kann, könnte konkret mit ihm geplant und anhand von Rollenspielen eingeübt werden.
>
> Ein weiteres Problem von Tom ist: »Ich bin unsportlich und schneide im Sport immer sehr schlecht ab.« Tom vermutet, dass er dies nicht wirklich ändern kann, er nimmt an, zwar seine Ausdauer trainieren zu können, aber glaubt, dass er dennoch in vielen sportlichen Disziplinen nicht so gut abschneiden wird wie andere in seiner Klasse. Jetzt muss Tom abwägen, ob er dies akzeptieren kann. Tom gibt an, dass er sich sagen könnte, dass er nur noch zwei Jahre lang Schulsport haben wird, dann entscheiden kann, welche Sportart er durchführen möchte. Und er könnte sich verdeutlichen, dass er zwar in Sport keine guten Leistungen zeigt, dafür aber sehr musikalisch ist.

Veränderung von Problemen/Stressoren

Mit Hilfe eines Problemlösetrainings sollen die allgemeinen Fertigkeiten zur Problemlösung gesteigert werden. Praktisch verwenden Therapeut*innen in der KVT meist Arbeitsblätter zur Veranschaulichung von Problemlöseschritten, exemplarisch werden Probleme analysiert und dieses Vorgehen auf den Alltag transferiert. In Rollenspielen können bestimmte Fertigkeiten geschult werden, die zur Umsetzung ggf. notwendig sind (z. B. Übung mit Jessica im Rollenspiel, wie sie mit einer Betreuerin ein persönliches Anliegen besprechen kann, ohne zu emotional zu reagieren; Tom übt ein, wie er ein Gespräch mit seiner Mutter führt). Bei einem Problemlösetraining (D'Zurilla & Goldfried, 1971) werden verschiedene Schritte durchgeführt:

- Problemdefinition: Was genau ist das Problem? Was soll besser werden? Wann wäre ich zufrieden oder glücklich?
- Ideensammlung: Es werden alle Ideen zur Problemsammlung notiert, dabei wird noch nicht gewertet, wie sinnvoll oder machbar diese erscheinen.
- Ausprobieren in Gedanken: Die Lösungen werden bewertet, in Gedanken werden diese durchgespielt. Die besten Ideen (die auch zum Ziel führen können) werden ausgewählt.
- Umsetzungsplanung: Für jede Lösung werden nun konkrete Schritte der Umsetzung erarbeitet. Hierbei sollte auch überlegt werden, ob weitere Personen zur Umsetzung notwendig sind.
- Beim nächsten Termin erfolgt die Auswertung der Umsetzungen: Was hat schon gut funktioniert, was muss noch verändert werden?

Das Problemlösetraining wird in den meisten Behandlungen mehrfach angewendet und hilft Patient*innen, im Sinne des Selbstmanagements Situationen zu analysieren und Lösungen und deren Umsetzung abzuleiten.

Rückfallprophylaxe

Zum Ende der Psychotherapie ist es wichtig, dass die Sitzungen ausgeschlichen werden, das heißt, dass die Abstände zwischen zwei Therapiesitzungen größer werden. Dies ist zum einen relevant für die Lösung der therapeutischen Beziehung, aber auch für die Stärkung der Selbstwirksamkeit von Patient*innen und Bezugspersonen.

Es empfiehlt sich, am Ende der Psychotherapie mit Patient*in und Bezugspersonen folgende Fragen schriftlich zu erarbeiten:

- Was habe ich in der Psychotherapie erreicht?
- Was hat mir geholfen die einzelnen Ziele zu erreichen?
- Muss ich an einzelnen Zielen noch weiterarbeiten? Wenn ja, wie?
- Werde ich – wenn die Therapie beendet ist – an einer anderen Maßnahme/ einem unterstützenden Angebot (z. B. Selbsthilfegruppe) teilnehmen. Wenn ja, an welcher?
- Was habe ich in der Psychotherapie über meine depressive Störung gelernt?
- Welche Risikosituationen könnten in Zukunft entstehen, die ein Wiederauftreten der Symptomatik begünstigen? Was tue ich, um diese Risikosituationen zu minimieren?
- Auf welche Frühwarnsignale muss ich achten? Welche können Bezugspersonen wahrnehmen?
- Was tue ich, wenn ich die Frühwarnsignale merke? Was können Bezugspersonen tun?
- Welche Kriterien lege ich fest, um wieder therapeutische Hilfe in Anspruch zu nehmen?

Die erarbeiteten Strategien können dem Akronym »GLÜKK« zugeordnet werden. Eine solche Zuordnung hilft Patient*innen und deren Bezugspersonen nach der Behandlung die Strategien zu verinnerlichen und in Krisensituationen schrittweise Veränderungen durchzuführen.

Bei depressiven Störungen zeigt sich ein hohes Rückfallrisiko, weshalb eine niedrigfrequente Weiterbehandlung über ca. ein halbes Jahr sinnvoll ist, auch wenn sich die depressive Symptomatik deutlich reduziert hat (vgl. Leitlinien AACAP, 2007). Das Ziel der Weiterbehandlung ist hierbei eine weitere Festigung der in der Psychotherapie erlernten funktionaleren Erlebens-, Gedankens- und Verhaltensweisen, ein weiterer Ausbau von Ressourcen und die Stärkung der Selbstwirksamkeit.

Interventionen mit den Bezugssystemen

Eltern-/Bezugspersonenarbeit

Ziel ist es hierbei allgemein, ein Krankheits- und Therapieverständnis zu erarbeiten, die Kooperation zu fördern, die Unterstützung der Patient*innen im Alltag, die innerfamiliäre Kommunikation und soziale Beziehungen zu stärken und ungünstige familiäre Belastungen und Dynamiken zu reduzieren. Methodisch kommen die Informationsvermittlung, die Stärkung der Selbst- und Fremdwahrnehmung, Rollenspiele und familientherapeutische Sitzungen zum Einsatz.

Fallbeispiel Annika

In unserem Fallbeispiel Annika war es beispielsweise zentral, dass die Klassenlehrerin Annika darin unterstützt, dass sie von den Klassenkamerad*innen nicht mehr gemobbt wird. Darüber hinaus sollten Bezugspersonen prüfen, inwieweit sie die Bedürfnisbefriedigung der Kinder, Jugendlichen und jungen Erwachsenen unterstützen können. Für Annika war es wichtig, dass die Mutter sich bewusst mehr Zeit für sie nimmt. Ein adäquater Ressourcenaufbau kann der depressiven Symptomatik entgegenwirken, indem positive Aktivitäten aufgebaut werden und die Patient*innen selbstwertdienliche Erfahrungen machen. Annikas Mutter hat ein Lobtagebuch geführt, so dass Annika regelmäßig positive Rückmeldungen erhalten hat.

Beim Aufbau von Aktivitäten sollten Bezugspersonen genügend Unterstützung bieten, damit Aktivitäten überhaupt aufgebaut werden (Vermeidung von Überforderung), sie sollten jedoch auch Anforderungen an die Patient*innen stellen, um die Selbstständigkeit zu fördern. Die gestellten Anforderungen und eine Vermeidung von Überforderung sollten sich dabei die Waage halten. Außerdem ist es relevant, dass Bezugspersonen Kinder, Jugendliche, junge Erwachsene mit depressiven Störungen ernst nehmen, ihnen zuhören und nicht vorschnell Lösungen vorgeben. Manchmal geht es nur um empathisches Zuhören und Nachfragen. So können die Eltern/Bezugspersonen Modell sein und Anleitung bieten für Emotionswahrnehmung und -regulation und als wichtige Ansprechpartner*innen bei emotionalen Krisen (siehe Notfallplan) fungieren. Zusätzlich können Bezugspersonen helfen, negatives Denken zu reduzieren, indem sie dysfunktionale Gedankenmuster hinterfragen und ein positives Modell für die Verarbeitung von Ereignissen darstellen. Und letztlich können Bezugspersonen aktive Hilfe bei Problemlösungen und beim Problemlöseprozess bieten.

Es ist zu beachten, dass auch bei Bezugspersonen zum Teil zunächst die oben genannten Kompetenzen gefördert werden müssen, damit sie die Kinder, Jugendlichen und jungen Erwachsenen angemessen in der Veränderung der depressiven Erlebens- und Verhaltensmuster unterstützen können (z. B. in Toms Fall: Der Mutter aktives Problemlösen beibringen).

In manchen Fällen wird es notwendig sein, Bezugspersonen intensivere eigene Behandlungsangebote zu empfehlen (z. B. bei einem ebenfalls depressiv erkrankten Elternteil). Teilweise können auch spezielle Elterngruppen (z. B. Erziehungstraining) empfohlen werden. Wesentlich ist es, dass Familien über soziale Unterstützungsangebote (z. B. Hilfen zur Erziehung) informiert werden.

Exkurs: Systemische Therapie zur Behandlung depressiver Kinder und Jugendlichen

Systemische Therapien zur Reduktion depressiver Symptome wie beispielsweise die Attachment-Based Family Therapy (ABFT, Diamond, Diamond & Levy, 2021) zielen darauf ab, Familien zu helfen, zentrale familiäre Konflikte und Bindungsschwierigkeiten zu erkennen und zu verändern. Die Interaktion zwischen den Kindern/Jugendlichen und den Eltern soll verbessert werden, damit Kinder ihren Eltern vertrauen und die Eltern Kinder und Jugendliche bei einer Verbesserung der Emotionsregulation unterstützen können (um z. B. in suizidalen Krisen die Eltern um Unterstützung zu fragen). Zur Veranschaulichung einer systematischen Therapie soll die ABFT genauer erläutert werden:

In der ABFT geht es nicht in erster Linie um Verhaltensmanagement, sondern es geht darum, dass Kinder/Jugendliche in der Interaktion mit den Bezugspersonen verletzte Gefühlen nachspüren und erkennen, die Therapeut*innen helfen ihnen, diese zu formulieren. Darüber hinaus werden Bezugspersonen angeleitet, aktiv zuzuhören, nachzufragen, die Gefühle der Kinder zu validieren. Eltern werden darin unterstützt, Bedürfnisse der Kinder sensitiv wahrzunehmen und angemessen darauf einzugehen. Eltern und Kinder lernen in der Interaktion, Gefühle anders zu regulieren und Probleme aktiv anzugehen.

Schulzentrierte Interventionen

Schulzentrierte Maßnahmen werden häufig im Sinne universeller Präventionsmaßnahme konzipiert und dadurch ist ihre Effektivität für Kinder und Jugendliche mit bereits vorhandenen depressiven Symptomen nicht eindeutig nachzuweisen. Oft zielen die Programme nicht nur spezifisch auf depressive Störungen, sondern aufgrund des universellen Charakters eher auf zugrundeliegende Risiko- und Schutzfaktoren ab, oder thematisieren neben der Depressionsproblematik auch Ängste. Zu nennen ist als spezifisches schulbasiertes, deutsches Interventionsprogramm für Depressionen »Lust an realistischer Sicht und Leichtigkeit im sozialen Alltag« (LARS & LISA; Pössel et al., 2004), Gesundheit und Optimismus (GO!; Junge, Neumer, Manz & Margraf, 2002) sowie das Programm zur Förderung alternativer Denkstrategien von Schülerinnen und Schülern (PFADE; Greenberg & Kusché, 1998).

LARS & LISA wurden von einer Tübinger Arbeitsgruppe (Pössel et al., 2004) entwickelt und zielt speziell auf die Reduktion ungünstiger negativer Wahrnehmungs- und Bewertungsmuster ab. Auch ungünstiges Sozialverhalten soll reduziert sowie soziale Kompetenzen aufgebaut werden, um einer depressiven Entwicklung vorzubeugen. Das Programm enthält einen kognitiven und einen sozialen Schwerpunktbereich, der in neun Sitzungen á zwei Schulstunden in der Sekundarstufe 2 (Klassen 8 bis 10) vermittelt wird. Konkret geht es dabei um die Vermittlung des Zusammenhangs von Denken-Fühlen-Handeln, der Exploration und Veränderung von dysfunktionalen Kognitionen (bspw. durch Realitätstests), einem Selbstsicherheitstraining und dem Aufbau sozialer Kompetenzen bspw. Kontakte zu knüpfen (Groen et al., 2003). Eine Evaluation des Programms zeigte über 11 Monate stabile Verhaltensänderungen (bspw. Reduktion aggressiven Verhaltens) sowie Verbesserungen der Selbstwirksamkeit; allerdings keine direkten Effekte auf die Depressivität. Dies erklärt sich vor allem mit dem universellen Charakter des Programms, bei dem vor allem Schutzfaktoren aufgebaut werden (Groen et al., 2003). Studien mit älteren Jugendlichen zeigten dagegen im Langzeitverlauf positive Wirkungen auf das Depressionsniveau (Hautzinger, Wahl & Patak, 2013).

GO! zielt auf die Verringerung depressiver Symptomatik und Ängste ab. Dabei können ganze Schulklassen teilnehmen, wobei die Altersspanne der Teilnehmer*innen zwischen 14 und 18 Jahren liegen sollte. Insgesamt umfasst Go! 8 Gruppensitzungen á 90 Minuten und wird von zwei Trainer*innen durchgeführt. Das Programm basiert auf verhaltenstherapeutischen Prinzipien und enthält Module zu folgenden Themen:

- Angst (bspw. Psychoedukation zu Phobien, Panikstörung und Agoraphobie, Zusammenhang von Stress- und Angstreaktionen, Rolle von Fehlinterpretationen, Teufelskreis der Angst, Rational für Konfrontationsübungen; zwei Sitzungen),
- Depression (Symptome, dysfunktionale Gedanken erkennen und modifizieren durch Realitätstests, Aufbau positiver Aktivitäten; eine Sitzung),
- Training sozialer Kompetenzen (Kontaktprobleme, interpersonelle Schwierigkeiten und Selbstsicherheit werden identifiziert und in Rollenspielen geübt; zwei Sitzungen) und
- Stressbewältigung (Problemlösetechniken und das Erlernen von Entspannungsverfahren; zwei Sitzungen.).

Die Sitzungen folgen einem systematischen Schema mit einer Aufwärmübung zum Kennenlernen sowie einem Quiz zu den Inhalten der letzten Sitzung (ab der 2. Sitzung). Daran schließt sich eine kurze Wiederholung der zentralen Punkte aus der letzten Sitzung sowie die Besprechung der Hausaufgaben an. Der mittlere Teil der Sitzungen umfasst sowohl eine Wissensvermittlung zu den oben genannten Themen als auch Übungen. Zum Ende der Sitzung werden die zentralen Erkenntnisse zusammengefasst, Fragen geklärt und die Hausaufgaben für die kommende Woche erläutert. Zu Go! gibt es umfassende Trainingsmaterialien in Form eines publizierten Manuals (Junge, Neumer, Manz & Margraf, 2002). Es liegen mehrere Evaluationsstudien vor, die zeigen, dass Jugendliche das Gruppenprogramm gut annehmen und Wissen über Ängste, Depressionen und soziale Kompetenzen erwerben. Symptombezogene Veränderungen verbesserten sich maximal kurz- bis mittelfristig, bei Gymnasiasten war der Wissenszuwachs auch nach sechs Monaten stabil vorhanden, während bei Schüler*innen anderer Schulformen kein Wissenszuwachs nach sechs Monaten nachweisbar war (bspw. Balmer et al., 2007). Die Durchführung von Auffrischungssitzungen scheint daher empfehlenswert.

PFADE ist ein weiteres Programm, das im primärpräventiven Bereich angesiedelt ist und auf gemischte Psychopathologie im Sinne von Angst und Depression abzielt. Es wird mit Kindern im Grundschulalter auf Klassenverbandebene durchgeführt und soll externalisierendes und internalisierendes Problemverhalten sowie Substanzmissbrauch reduzieren und die Bereitschaft zum Lernen fördern bzw. eine Erhöhung der Leistung soll erzielt werden. Auf der Schulebene soll dadurch das Klassen- und Schulklima verbessert und Lehrkräfte durch die Minderung von Disziplinproblemen entlastet werden. Das Programm zielt direkt auf Risiko- und Schutzfaktoren und wurde deutschsprachig sowohl in der Schweiz und Österreich als auch international als »PATHS« in den USA, Hong-Kong und Kroatien evaluiert. Die Ergebnisse sind nicht konsistent und teilweise zeigen Studien keine Verhaltensänderungen (Novak et al., 2016), dennoch gilt PATHS/PFADE als effektiv zur Reduktion von Risiko- und dem Aufbau von Schutzfaktoren (Jünger, 2014; Calhoun et al., 2020). Inhaltlich werden emotionale Kompetenzen sowie Fähigkeiten zur Impulskontrolle eingeübt, Strategien zu angemessenem Problemlösen vermittelt und das Ansprechen von Bedürfnissen trainiert. Zudem wird psychoedukativ über Gefühle gesprochen, woran man diese erkennt, welche Funktionen Gefühle haben und wie Gefühle angemessen reguliert werden können. Dabei wird darauf geachtet, auch die Perspektive des Gegenübers einzunehmen und Verantwortung für die Konsequenzen des eigenen Verhaltens zu übernehmen. Zur Etablierung sozial angemessenen Verhaltens werden Regeln etabliert und deren Einhaltung eingeübt. Zudem wird die Etablierung eines gesunden Selbstwertgefühls angestrebt. Diese sieben Schwerpunktbereiche werden im Rahmen von Unterrichtsstunden in den Stundenplan eingebaut und bestenfalls wird parallel kontinuierlich an den Schwerpunktthemen gearbeitet. Den Schulen werden entsprechende Unterrichtsmaterialien zur Verfügung gestellt, auch wird Beratung für die Umsetzung des Programms an den Schulen angeboten. Das entsprechend gebildete Fachteam der Schule kann sich zudem über Workshops aus- und weiterbilden (Jünger, 2014).

6.8 Therapiebaustein: Schematherapie

Depressive Kinder/Jugendliche/junge Erwachsene können auch schematherapeutisch behandelt werden. Das Vorgehen wird nachfolgend genauer illustriert. Im Rahmen der schematherapeutischen Arbeit können zahlreiche Methoden eingesetzt werden, die bei den KVT-Methoden geschildert wurden (z. B. Selbstbeobachtung, aktives Problemlösen). Ein schematherapeutisches Arbeiten bietet sich immer dann an, wenn bestimmte Erlebens- und Verhaltensmuster bei den Patient*innen oder im Bezugssystem sehr verfestigt scheinen oder zunächst wenig Motivation zur Durchführung der KVT-Strategien besteht.

In der Schematherapie ist der therapeutische Beziehungsaufbau zentral: Der*die Therapeut*in bewegt sich stets in einer Balance zwischen »Nachbeelterung« (Unterstützung, Akzeptanz, Validierung) und empathischer Konfrontation (Fordern, Grenzen setzen, Verändern). In einem ersten Schritt der Schematherapie wird der Ablauf der Schematherapie erläutert. Ziele der Schematherapie allgemein sind:

- Fokussierung und Validierung der kindlichen emotionalen Grundbedürfnisse.
- Unterstützung darin, diese Bedürfnisse nachträglich, gegenwärtig und zukünftig befriedigt zu bekommen.
- Vermeidung, Reduktion und/oder Heilung früher maladaptiver Schemata (EMS) und dysfunktionaler Modi.
- Kenntnis und Anwendung von Techniken, wie aus einem dysfunktionalen (selbstzerstörerischen) Modus in einen funktionalen (gesunden) Modus gewechselt werden kann (»Modusmodell«).
- Emotionale Sicherheit durch das begrenzte Nachbeelterungs-Konzept (»limited reparenting«/»limited grandparenting«).

In der Therapie mit Kindern und Jugendlichen zusätzlich:

- Psychoedukation und Unterstützung von familiären und psychosozialen Bezugspersonen (z. B. Eltern, Geschwister, Großeltern, elterliche Bezugspersonen)
- Stärkung und Stabilisierung der Eltern, um eigene dysfunktionale, maladaptive emotionale und verhaltensbezogene Muster zu erkennen, zu entmachten und/oder abzubauen (»Schema Coaching«).

Unter »Schema« versteht man ein überdauerndes, dysfunktionales Konzept von sich selbst/von anderen und der Welt. Angenommen wird, dass frühere Beziehungserfahrungen einen »Abdruck/eine Spur« im neuronalen Netzwerk eines Menschen hinterlassen. Ein Schema (mit Kindern/Jugendlichen wird oft die Metapher einer »Brille« genutzt) steuert die Informationsverarbeitung, beeinflusst Wahrnehmung und Interpretation der Welt, der anderen und der eigenen Person. Der Schemabegriff ist oft für Kinder und Jugendliche zu abstrakt, der*die Therapeut*in sollte die Schemata, die die Modi hervorbringen und die frustrierten Grundbedürfnisse im Hinterkopf haben, um den therapeutischen Prozess zu steuern (Roediger, 2011). Ein Modus wird in der Schematherapie als ein Zustand angesehen, der mit dem einen oder dem anderen Schema verknüpft ist; es können mehrere Schemata gleichzeitig aktiviert sein. Ein Modus wird automatisch in einer Situation aktiviert. Kinder und Jugendliche haben meist rasch Zugang zum Moduskonzept (»Schau, oft bist du der clevere Tom, aber manchmal auch der traurige. Welche anderen Zustände – wir sagen Modi – kennst du noch von dir?«). Es gibt verschiedene Modusklassen, die in der Schematherapie zunächst analysiert und dann verändert werden:

- Maladaptive Kindmodi (intensive negative Gefühle).
- Dysfunktionale Elternmodi (verinnerlichte negative Annahmen über sich selbst, Übernahme von belastenden, unangemessenen Einstellungen, Haltungen, Werten).
- Dysfunktionale Bewältigungsmodi (in früher Kindheit erlernte »Überlebensstrategien«, um schmerzhafte, unangenehme Gefühle zu regulieren, sich vor unangenehmen Gefühlen zu schützen).
- Gesunde Modi (fröhliche, glückliche Anteile, selbstfürsorgliche Regulations- und Problemlösekompetenzen).

Methodisch kommen verschiedene Techniken zum Einsatz: Zum einen ist eine ausführliche Psychoedukation, das Validieren, Einfühlen in die besondere Bedürftigkeit und Verletzlichkeit des bedürftigen Kind-Ichs zentral. Darüber hinaus spielt die Ressourcenstärkung eine wichtige Rolle (z. B. durch Beobachtungsaufgaben, Verhaltensexperimente, Imaginationsübungen). Außerdem finden altersangemessene erlebnisaktivierende schematherapeutische Interventionen mit Einsatz zahlreichen Materials (z. B. Herausarbeiten der Modi durch Handpuppen, Fingerpuppen, Fotos, Bilderbücher; Stühletechniken) statt. Auch kognitive Methoden wie Perspektivwechsel, Vor- und Nachteile abwägen, Finden positiver Selbstinstruktionen kommen zum Einsatz, um sich mit den inneren Stimmen auseinanderzusetzen und fordernde und kritisierende innere Stimmen zu verändern (z. B. im Rollenspiel mit Handpuppen).

Zu Beginn der schematherapeutischen Arbeit wird – altersentsprechend – ein schematherapeutisches Erklärungsmodell für die genannten Schwierigkeiten gemeinsam erarbeitet. Das Kind, der*die Jugendliche, der*die junge Erwachsene benötigt ein Verständnis zur Dynamik aus frustrierten Grundbedürfnissen, verinnerlichten Elternmodi und der funktionalen Bedeutung der Bewältigungsmodi. Dabei ist es wichtig, dass die Symptome der Depression als Bewältigungsmodus zur Regulation negativer Gefühle verstanden werden. Das hinter dem negativen Gefühl/ den negativen Gefühlen (z. B. Traurigkeit) verletzte Grundbedürfnis des Kind-Ichs sollte von dem*der Therapeuten*in gewürdigt werden. Dies kann am Fallbeispiel »Annika« verdeutlicht werden:

Fallbeispiel Annika

Annika zeigt im familiären Rahmen oft Gereiztheit/Wut; Ursache dafür ist vermutlich eine Verletzung des Gefühls der Geborgenheit/Sicherheit, da Annika in der Schule viele Ausgrenzungserfahrungen und auch verbale und körperliche

Gewalt erlebt und eine Sehnsucht nach Schutz und emotionalem Halt/Zuwendung hat. Wenn sie nach Hause kommt, wird sie jedoch in vielfältige Haushaltsaufgaben eingespannt, ermahnt, gerügt z. B. wegen Unordnung. Sie nimmt nur unzureichend wahr, dass die erwachsenen Bezugspersonen ihr Raum für ihre »Not« geben, sie trösten und mit ihr nach Problemlösungen suchen.

Durch das Verstehen des Auftretens des Symptoms als (dysfunktionale) Bewältigungsstrategie erfolgt eine Entpathologisierung, gleichzeitig erhält der*die Patient*in das Gefühl von Kontrolle zurück (das Gefühl ist nicht einfach da, sondern hat einen nachvollziehbaren Sinn und Zweck). Der*die Therapeut*in kann Trost spenden (»Es tut mir leid, dass es dir, Kind, so ergeht/so ergangen ist!«) und in den Sitzungen darauf achten, dass dieses Grundbedürfnis erfüllt wird (z. B. Bedürfnis nach Schutz und Geborgenheit, dadurch, dass der*die Therapeut*in Ressourcen stärkt, Annika Raum gibt, zu erzählen, wie es ihr geht, sie validiert und aktiv nach Lösungsmöglichkeiten/Hilfestellungen sucht.). Wenn Eltern einbezogen werden – was bei den jungen Erwachsenen nicht immer der Fall sein wird – dann sollte der Umgang der Eltern oder der Bezugspersonen (z. B. Vorwürfe) mit den depressiven Symptomen der*der Patienten*in ebenfalls als Bewältigungsversuch (z. B. Regulation Gefühle von Hilflosigkeit) gewertet werden.

Ein Modusmodell wird erstellt (▶ Abb. 6.1). Je nach Alter werden dazu unterschiedliche Materialen und Zugänge gewählt: Bei jüngeren Kindern werden Geschichten mit Fingerpuppen gespielt, oder es kommen Handpuppen zum Einsatz, bei älteren Kindern, Jugendlichen und jungen Erwachsenen werden die Anteile gemalt oder es werden passende Aufkleber ausgesucht. Wichtig ist, dass der*die Patient*in den einzelnen Anteilen eigene, passende Namen gibt (z. B. der*die Vermeider*in, Nichtssager*in).

Im Rahmen depressiver Störungen geht man davon aus, dass es vor allem darum geht, an dem problematischen Wechselspiel zwischen Erdulder*innen- und Vermeider*innenmodus anzusetzen (▶ Kap. 5 , Ätiologie). Zur Veränderung des Erdulder*innen-Modus müssen zusätzliche Ressourcen etabliert werden, um mehr Gelegenheiten und Modelle für Bedürfnisbefriedigung zu schaffen (z. B. kann Annika aktiv gemeinsame Zeiten mit ihrer Mutter einfordern); zur Modifikation des Vermeider*innenmodus sollte der*die Patient*in lernen, den kurzfristigen Gewinn des Vermeidens aufgrund des Entwicklungswunsches zurückzustellen.

Der*die Patient*in kann von dem*der Therapeuten*in modellhaft lernen, dass jede Person über einen kompetenten, cleveren Modus verfügt, aus dem heraus er*sie handlungsfähiger wird. Bei der Erstellung des Modusmodells achtet der*die Therapeut*in darauf, dass der »Clever-Modus« in das Modusmodell aufgenommen wird. Er*sie führt diesen ein, indem er*sie z. B. sagt: »Annika, jetzt kenne ich noch einen Anteil von dir, nämlich die clevere/kompetente Annika. Kennst du diesen auch? Die »clever Annika« sehe ich immer, wenn ich mit dir spreche, du kannst mir ganz toll von dir erzählen. Auch hast du/kannst du … (hierbei kann der*die Therapeut*in benennen, was das Kind/der*die Jugendliche gut kann, wann/wo er*sie selbstsicher auftritt). Diesen Modus lernt der*die Patient*in einzusetzen und auszubauen, z. B., indem er*sie Bedürfnisse klarer äußert (z. B. Rollenspiele dazu). Sehr wichtig ist es gerade auch bei einer depressiven Symptomatik, den Anteil zu verdeutlichen, der für

6 Behandlung depressiver Störungen

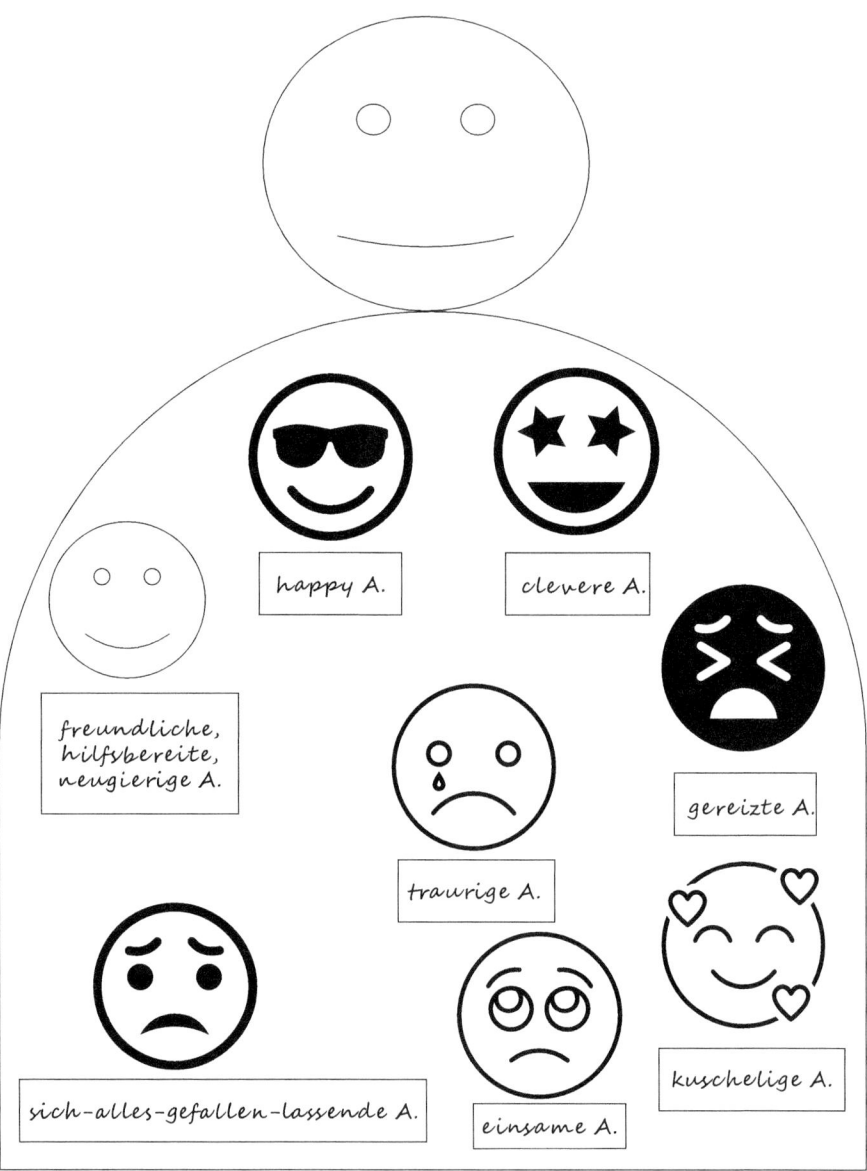

Abb. 6.1: Modusmodell von Annika

fröhliche Gefühle steht; bezeichnet wird er mit dem »fröhlichen Kind-Modus« oder dem »Happy-Modus«. Im Rahmen einer depressiven Erkrankung fällt es Kindern/Jugendlichen oft schwer, sich daran zu erinnern, dass auch unbeschwerte/glückliche Gefühle vorkommen können. Der*die Therapeut*in benennt diesen Modus aktiv: »Manchmal, Annika, da bist du sicher auch ganz fröhlich und ausgelassen. Es kann sein, dass das gerade nicht oft so ist, weil es dir gerade nicht gut geht, aber du hast mir z. B. von eurem Urlaub erzählt, der dir so gefallen hat. Da ging es dir gut, nicht!? Wann bist du denn sonst noch im Happy-Modus? Erzähl doch mal ...« Es kommen neben dem Abbau schemaerhaltender und dem Aufbau alternativen Verhaltens typische Interventionen aus der KVT zum Einsatz wie Aktivitätenaufbau, Problemlösetechniken, Genusstraining, Training sozialer Fertigkeiten.

Darüber hinaus lernt der*die Patient*in auch, wie es dem überzogenen, strafenden Elternmodus aus dem Kompetenzmodus heraus anders begegnen kann, beispielsweise indem er*sie die dysfunktionalen inneren Stimmen (bei Annika z. B.: »Du bist selbst schuld, wenn andere Kinder gemein sind!«) in Frage stellt und so verändert. In der praktischen Umsetzung kann ein Kind das Modusmodell mit Fingerpuppen veranschaulichen.

Fallbeispiel Annika

Annika wählt z. B. für die emotional fordernden Stimmen einen gemein aussehenden Räuber, der solche »fiesen« Sätze zu ihr spricht. Gemeinsam mit der Therapeutin überlegt Annika, welche Figur dem Räuber »Grenzen aufzeigen« und andere innere Stimmen verkörpern könnte (z. B. die Fee, die dem Räuber entgegentritt und zu ihm sagt: »Du bist jetzt ganz still, Annika ist nicht schuld, wenn andere gemein zu ihr sind. Sie ist freundlich und bemüht sich, aber die Kinder sind immer wieder gemein. Das ist unrecht! Ich helfe ihr jetzt, indem ich sie tröste und dann helfe, mit der Mutter darüber zu sprechen.«).

In der Therapie erfüllt der*die Therapeut*in Bedürfnisse nach Lustgewinn (z. B. Entlastung, Spaß in der Therapie), Selbstwerterhöhung (Anerkennung), Struktur und Autonomie (Entscheidungen ermöglichen) sowie Bindung (Interesse an dem Kind bzw. dem*der Jugendlichen/jungen Erwachsenen, emotionale Resonanz).

Zentral ist bei vorliegender Gefährdung, dass Verhaltensverträge abgeschlossen oder Skills zur Emotionsregulation eingeübt werden, so dass das Bedürfnis nach Orientierung/Schutz gewährleistet ist. Flankierend dazu erfolgt bei Kindern und Jugendlichen mit depressiven Störungen die Elternarbeit: Diese lernen, ihre eigenen Bedürfnisse besser zu regulieren, um dadurch feinfühliger auf die Bedürfnisse des Kindes einzugehen. Konkret bespricht der*die Therapeut*in mit Einverständnis der Kinder, Jugendlichen, ggf. der jungen Erwachsenen das erstellte Modusmodell. Über Situationsanalysen werden schwierige Interaktionsmomente zwischen Eltern und Kind unter Berücksichtigung der kindlichen Bedürfnisse analysiert, dabei wird den Eltern veranschaulicht, ob sie im kritisierenden, im emotional fordernden oder im fürsorglichen Elternmodus agieren. Auch mit den Eltern werden dahinterliegende Bedürfnisse angeschaut, eine Fehlertoleranz wird entwickelt, indem Eltern lernen zu verstehen, weshalb sie so reagieren. Im Elterncoaching werden die Eltern mittels Stuhlarbeit zum Moduswechsel angeleitet, im Rahmen depressiver Störungen zum Wechsel zwischen dem fordernden und dem fürsorglichen Elternmodus.

Am Ende der Schematherapie wurde das ursprüngliche Modusmodell so modifiziert, dass ein »cleveres« Team entstanden ist. Der*die Patient*in lernt, den emotionalen Mangel wahrzunehmen und – anstatt diesen nur auszuhalten (Erdulder*innen-Modus) oder sich abzuschalten (Vermeider*innen-Modus) – mit Konflikten produktiv umzugehen, seine Kompetenzen zu steigern und Erfahrungen im glücklichen Kind-Modus zu suchen. Bei jedem einzelnen der geschilderten Schritte werden auch jeweils Transfer-Aufgaben eingeplant.

6.9 Therapiebaustein: Interpersonelle Psychotherapie

Bei der Interpersonellen Psychotherapie (IPT) handelt es sich um ein auf die Behandlung von Depressionen zugeschnittenes Kurzzeitverfahren, das für Erwachsene und ältere Jugendliche im Einzel- oder Gruppensetting angewendet werden kann. Die Interpersonelle Psychotherapie zur Behandlung von Jugendlichen (IPT-A, Mufson, 2010) wurde für den Jugendbereich adaptiert, im Kindesalter findet sie keine Anwendung. Bislang ist die IPT in Deutschland nicht als Kassenverfahren zugelassen.

Fokus der IPT sind zwischenmenschliche Probleme und fehlangepasste soziale Beziehungen, die als Ursache, aber auch als Aufrechterhaltungsfaktor für depressive Störungen angesehen werden. So können kritische Lebensereignisse, wie der Tod einer wichtigen Person, ein Umzug, aber auch Mobbing/Streit mit Mitschüler*innen oder Kolleg*innen zu einer depressiven Symptomatik führen. Gleichzeitig wirken sich depressive Symptome wiederum negativ auf interpersonelle Kontakte aus.

Im Rahmen der IPT sollen sich die zwischenmenschlichen Probleme verringern, die sozialen Fertigkeiten, Problemlösefertigkeiten und Kommunikationsfertigkeiten gestärkt und somit die depressive Symptomatik verringert werden.

Der Ablauf wird anhand der IPT-A veranschaulicht (▶ Tab. 6.4):

Tab. 6.4: Überblick über den Ablauf der IPT-A

Sitzung 1 bis 4	Sitzung 5 bis 8	Sitzung 9 bis 12
• Erhebung depressiver Symptomatik • Die Problembereiche werden bestimmt. • Ein Behandlungsvertrag wird erstellt. • Die Bezugspersonen werden einbezogen.	• Der Zusammenhang zwischen interpersonellen Problemen und einer depressiven Symptomatik wird erarbeitet. • Bewältigungsstrategien werden entwickelt und soziale Fertigkeiten verbessert.	• Der Therapieabschluss wird eingeleitet. • Die therapeutische Beziehung wird aufgelöst. • Soziale Fertigkeiten und erarbeitete Strategien werden gefestigt.

Methodisch werden nach erfolgter Psychoedukation/Wissensvermittlung vor allem interpersonell relevante Methoden eingesetzt wie Rollenspiel, Gefühlsaktualisierung, Kommunikationstechniken, klärungsorientierte Explorationen oder Fertigkeitentrainings. Hervorgehoben werden Rollenkonflikte, die bei Übergängen in der Entwicklung entstehen können. Liegen zu wenige Ressourcen zur Bewältigung dieser Übergänge vor, so wird in der IPT angenommen, dass auch Gefühle von Trauer entstehen können, die es dann zu bearbeiten gilt. Ein spezifisches diagnostisches Verfahren liegt nicht vor.

6.10 Therapiebaustein: Jugendhilfemaßnahmen und flankierende Maßnahmen

Obwohl depressive Störungen generell gut psychotherapeutisch behandelbar sind, kann es notwendig sein, dass es zusätzlicher Hilfen aus dem Bereich der Kinder- und Jugendhilfe bedarf (SGB VIII) (Fegert, Kölch & Grimm, 2020). Generell können solche Hilfen als Hilfen zur Erziehung (HzE) nach § 27ff SGBVIII gewährt werden (dann haben die Eltern den Rechtsanspruch darauf), oder bei Vorliegen einer psychischen Störung mit einer (drohenden) seelischen Behinderung und einer entsprechenden Teilhabebeeinträchtigung nach § 35a SGB VIII (dann hat der*die Minderjährige den Rechtsanspruch). Das Spektrum der Hilfen nach § 35a SGB VIII sind eben die, die auch als HzE möglich sind, also u.a. Erziehungsberatung, ambulante Hilfen, Tagesgruppen und stationäre Angebote. Prinzipiell wichtig ist: Leistungen der Kinder und Jugendhilfe werden nicht »verordnet«, sondern das Jugendamt prüft die entsprechende Geeignetheit von Maßnahmen. Junge Erwachsene können Hilfen nach § 41 SGB VIII erhalten, wenn dies zur Verselbstständigung notwendig ist. Die Novellierung des Kinder- und Jugendhilferechts durch das Kinder- und Jugendstärkungsgesetz (KJSG) im Jahr 2021 soll gerade jungen Erwachsenen erleichtern, entsprechende Hilfen in Anspruch zu nehmen.

Fallbeispiel Annika

Bezogen auf die Fallbeispiele könnte es z.B. sein, dass Annika, wenn sie nicht schon Tischtennis im Verein spielte, und aufgrund ihrer depressiv-ängstlichen Störung trotz Therapie weiterhin sehr stark eingeschränkt in ihren Sozialkontakten wäre, für sie z.B. eine Hilfe in Form eines*r Einzelfallhelfers*in sinnvoll wäre, der*die ihr hilft, altersentsprechende Sozialkontakte und Aktivitäten aufzubauen. Wenn Annikas Mutter z.B. sehr überbehütend und ängstlich ist, könnte es sein, dass eine Erziehungsberatung über die Therapiegespräche hinaus notwendig wird, um kontinuierlich im Alltag die Kindsmutter zu unterstützen, Annika durch eigene Ängste nicht zu vermeidendem Verhalten anzuleiten.

Fallbeispiel Jessica

Bei Jessica könnte es insbesondere aufgrund ihres Kindes notwendig sein, dass sie noch weiter in der betreuten Einrichtung lebt, die sie bei der Kinderversorgung unterstützt, feinfühliges Verhalten mit ihr gegenüber dem Kleinkind übt und auch ihr hilft, eine Ausbildung zu absolvieren. Im letzteren Fall wäre nicht allein die Kinder- und Jugendhilfe zuständig, sondern darüber hinaus auch die Arbeitsförderung (SGB II und/oder SGB III).

6.11 Veranschaulichung einer Behandlungsplanung am Fallbeispiel: Annika, 8 Jahre

Im folgenden Abschnitt wird unter Bezugnahme auf die in Kapitel 6 gegebenen Informationen über mögliche Behandlungsmaßnahmen das Vorgehen in einem individuellen Fall dargestellt.

Folgende Behandlungsschritte wurden für Annika geplant:

- Erarbeitung eines individuellen Störungsmodells.
- Psychoedukation zum Störungsbild.
- Erarbeitung des Zusammenhangs Gedanken, Gefühle, Verhalten, (Selbstbeobachtung).
- Aufbau positiver Aktivitäten (Aktivitätenliste, gemeinsam mit der Mutter festlegen, welche Aktivitäten Annika planen kann, die realistisch umsetzbar sind, positive 1:1 Zeit mit der Mutter einplanen).
- Psychoedukation zu Mobbing, vertiefter Austausch mit der Klassenlehrerin zum Umgang mit Mobbing in der Schule/der Klasse, dem Erleben von Annika.
- Einführen eines Positivtagebuchs zur Stabilisierung des Selbstwertes (dieses soll kontinuierlich geführt werden, Annika soll eigene Beobachtungen/Erlebnisse notieren, aber auch die Mutter/die Lehrerin sollen Annika bewusst loben und diese positiven Verhaltensweisen notieren.
- Erarbeitung von Strategien im Umgang mit Mobbing in der Schule (Analyse von Situationen, spezifische Verhaltensweisen ableiten, Unterstützungsmöglichkeiten festlegen, Rollenspiele, um selbstsicheres Verhalten zu proben, Training Schlagfertigkeit); Austausch mit der Klassenlehrerin, damit sie Annika bei der Lösung von Mobbingsituationen/positiven Interaktionen mit Klassenkameraden unterstützt.
- Problemlösetraining (Analyse von schwierigen Situationen in der Schule/zu Hause, ableiten von Lösungen, üben in Rollenspielen, Verhaltensexperimente).

- Auseinandersetzung mit dysfunktionalen Kognitionen, kognitive Umstrukturierung und Selbstinstruktionstraining.
- Aufbau von sozialen Kontakten (was ist Freundschaft, Üben von Verhaltensweisen im Rollenspiel, Verhaltensexperimente), Einbezug der Mutter, damit sie soziale Kontakte mehr unterstützt.
- Verbesserte Emotionsregulation (Analyse von negativen Gefühlen, Einführung Emotionsampel, Ableiten von Strategien zur Gefühlsregulation und zum Aufbau von Gelassenheit, Rückbezug auf Gedankenstrategien).
- Rückfallprophylaxe und Etablierung von Selbstmanagementstrategien.

Mit der Mutter soll darüber hinaus daran gearbeitet werden, dass sie Annikas Bedürfnisse im Alltag vermehrt wahrnimmt und erfüllt; ggf. sollen Unterstützungsmöglichkeiten (z. B. SPFH) eingeleitet werden. Entscheidend ist natürlich, dass die Klassenlehrerin (die gleichzeitig die Rektorin der Schule ist) an der Umsetzung der Strategien und Veränderungen mitarbeitet. Da sie von der Mutter als eher ablehnend und abwehrend wahrgenommen wird, soll hier stufenweise vorgegangen werden (zunächst Kontaktaufnahme, um Beobachtungen der Lehrerin zu erfahren, in Einzelfällen Besprechung von Veränderungen, kontinuierlich an einem besseren Verständnis von Annika arbeiten, stufenweise Beratung der Lehrerin/Rektorin in der Umsetzung von schulbasierten Grundlagen zum verbesserten Umgang mit Mobbing).

6.12 Überprüfung der Lernziele

- Wovon hängt es ab, welches Setting für die Behandlung eines Kindes, Jugendlichen oder jungen Erwachsenen mit depressiven Störungen gewählt wird?
- Worauf ist bei der Zielfestlegung zu achten?
- Welche Behandlungsmethoden gibt es?
- Was ist die Therapie der ersten Wahl im Kindesalter? Im Jugendalter? Im jungen Erwachsenenalter?
- Welche Elemente sind in den meisten kognitiv-verhaltenstherapeutischen Manualen zur Behandlung von Depressionen enthalten?
- Welche Medikation zur Behandlung depressiver Störungen ist bei Kindern, welche bei Jugendlichen, welche bei jungen Erwachsenen zu empfehlen?

7 Kapitel Psychotherapieforschung

> **Lernziele**
>
> - Sie können die effektivsten Psychotherapieverfahren zur Behandlung depressiver Kinder, Jugendlicher und junger Erwachsener benennen.
> - Sie können die Effektivität von Psychopharmakotherapie bei Kindern, Jugendlichen und jungen Erwachsenen mit depressiven Störungen benennen.
> - Sie können die Wirksamkeit von Chronotherapie zur Behandlung von Kindern, Jugendlichen und jungen Erwachsenen mit depressiven Störungen einordnen.

7.1 Wirksamkeit der kognitiven Verhaltenstherapie und der interpersonellen Psychotherapie zur Behandlung von Kindern, Jugendlichen und jungen Erwachsenen mit depressiven Störungen

In den Leitlinien der Arbeitsgemeinschaft der Wissenschaftlichen Medizinischen Fachgesellschaften (AWMF, Deutsche Gesellschaft für Kinder- und Jugendpsychiatrie u. Psychosomatik und Psychotherapie 2013) wird empfohlen, dass Kinder und Jugendliche mit depressiven Störungen eine kognitiv-verhaltenstherapeutische Therapie (KVT), eine interpersonelle Psychotherapie für Adoleszente (IPT-A), das Medikament Fluoxetin oder eine Kombination aus KVT und Fluoxetin erhalten sollten. Dabei – so wird ausdrücklich erwähnt – sei der Psychotherapie Vorrang zu gewähren.

Bei der Sichtung der Studienlage ist anzumerken, dass im Vergleich zur Überprüfung der Wirksamkeit von Therapien zur Behandlung von Kindern und Jugendlichen mit depressiven Störungen auf vergleichsweise wenige Daten zurückgegriffen werden kann und die vorliegenden Studien teilweise Einschränkungen haben (z. B. Fokus auf eine leichte bis moderate depressive Symptomatik, kurze Untersuchungszeiträume). Dennoch hat sich insgesamt die Studienlage in den letzten Jahren gebessert.

In einer Metaanalyse (Xinyu et al., 2015), in der 53 randomisierte kontrollierte Studien zur Wirksamkeit der Behandlung von Kindern und Jugendlichen mit depressiven Störungen anhand von Netzwerkanalysen untersucht wurden, waren die KVT und IPT effektiver zur Reduktion depressiver Symptome als die meisten Kontrollbedingungen (z. B. Wartelisten-Kontrollgruppe, Placebo-Psychotherapie, keine Behandlung, Treatment-as-usual) beim Post- und Follow-up-Erhebungszeitraum. Für psychodynamische Therapien und Spieltherapien ergaben sich gegenüber Kontrollbedingungen keine signifikanten Wirknachweise. Besonders nachhaltig zeigten sich die Wirkungen der IPT, eventuell weil bei Jugendlichen die sozialen Schwierigkeiten eine große Rolle bei der Entstehung und Aufrechterhaltung depressiver Symptome spielen. Differenziertere Analysen ergaben, dass bei Kindern im Vergleich zu Jugendlichen geringere Effekte erzielt wurden und dass Teilnehmer*innen an Studien, die zusätzlich zu der depressiven Erkrankung komorbide Probleme hatten, ebenfalls weniger von der Behandlung profitierten.

Im Rahmen einer systematischen Bewertung medizinischer Behandlungsmethoden (Health Technology Assessment; HTA) des österreichischen Instituts für Qualität und Wirtschaftlichkeit im Gesundheitswesen (IQWiG, 2022) wurden 13 systematische Übersichten mit Daten aus insgesamt 150 Primärstudien eingeschlossen (kognitive VT, Interpersonelle Therapie, psychodynamische PT) und analysiert. Darunter waren Übersichtsarbeiten, die entweder nur auf Kinder (7–13 Jahre), nur auf Jugendliche (13–18 Jahre) oder auf beide fokussierten. Die Dauer der eingeschlossenen Psychotherapien variierte zwischen 4–54 Wochen (Therapiesitzungen zwischen 4–36), die Therapien fanden entweder in der ambulanten Versorgung, in Schulen, Gemeinden oder in der Primärversorgung statt. Verglichen wurden die Psychotherapien mit Kontrollbedingungen (Warteliste, Treatment-as-usual oder Placebotherapie), mit der Behandlung mit Antidepressiva oder als Add-on zu Antidepressiva. Es wurden keine Studien gefunden, die die Effektivität von Psychotherapie im Vergleich zu anderen nicht-medikamentösen Therapieformen wie Entspannung oder Sport oder aber auch zu einer aktiven Kontrollbedingung mit Psychoedukation prüften. Darüber hinaus beinhaltete keine eingeschlossene Studie eine Subgruppenanalysen zum Schweregrad der Depressionen.

In den Arbeiten variierte das Follow up der Überprüfung der Wirksamkeit der Psychotherapiestudien zwischen 12–16 Wochen (= kurzfristig), bis zu sechs Monaten (mittelfristig) und bis hin zu 12 Monaten oder mehr (= langfristig). Im Bericht des IQWiG (2022) ist als Fazit zu lesen, dass sowohl die kognitive Verhaltenstherapie (KVT) wie auch die interpersonelle Psychotherapie (IPT) einen Nutzen gegenüber den Kontrollbedingungen aufweist; valide Aussagen über den Nutzen der psychodynamischen Psychotherapien konnten nicht getroffen werden. Im Vergleich zur medikamentösen Therapie mit Antidepressive konnte keine Überlegenheit der KVT und der IPT hinsichtlich der Reduktion depressiver Symptome festgestellt werden. Psychotherapie wurde jedoch von den Patient*innen als »nebenwirkungsärmer« empfunden. Ausschließlich die KVT wurde als Add-on zu Antidepressiva in Studien untersucht. Längerfristig entstand durch die Kombination der Behandlungen eine bessere Funktionsfähigkeit im Alltag. Mortalität, gesundheitsbezogene Lebensqualität oder unerwünschte Outcomes von Behandlungsverfahren wurden in keiner der analysierten Studien erfasst, weshalb keine Nutzen-Schaden-Abwägungen getroffen werden können. Auch existieren keine Untersuchungen, die die Wirksamkeit der Behandlungen in Abhängigkeit vom Schweregrad der depressiven Symptomatik erfassen. Die Autor*innen des HTA (IQWiG, 2022) kommen zu dem Ergebnis, dass Psychotherapien – vor allem die KVT und die IPT – bei Kindern und Jugendlichen, die an einer Depression erkrankt sind, effektiv sind zur Symptomreduktion; ähnlich wie die Behandlung mit Antidepressiva.

Nur wenige Studien haben sich bisher mit dem Einbezug der Eltern in die Psychotherapie von Kindern und Jugendlichen mit depressiven Störungen auseinandergesetzt. In einer qualitativen Studie (Brown, 2018), in der die Erwartungen von Eltern bezüglich der Gesundung ihrer erkrankten Kinder untersucht wurde, wurde ein direkter Zusammenhang zwischen der Erwartung und der Bindung zwischen Eltern und Kind gefunden. Eltern, die im Verlauf der Behandlung eher passiv blieben und erwarteten, dass der*die Behandler*in »das Problem richtet«, waren nach Abschluss der Behandlung hoffnungsloser als Eltern, die aktiv versucht hatten, ihre Interaktion mit ihrem Kind zu verändern. Eltern, die in die Therapiesitzungen einbezogen wurden, hatten deutlicher den Eindruck, zur Gesundung ihrer Kinder beitragen zu können.

Neuere Studien haben sich mit der Wirksamkeit von online- oder computergestützten KVT mit therapeutischer Unterstützung beschäftigt; diese erweisen sich ähnlich wirksam wie die »klassische KVT« (z. B. Lincke et al., in press; Martinez et al., 2019).

Die Sichtung der Datenlage zur Aktualisierung der Leitlinien zur Behandlung von Kindern und Jugendlichen mit depressiven Erkrankungen (Schulte-Körne et al., 2023) ergab, dass die KVT am meisten Evidenz zur Wirksamkeit gegenüber einer Nicht-Behandlung oder Behandlung wie üblich vorweisen kann; ebenso die IPT. Für die systemische Psychotherapie und psychodynamisches Vorgehen können nur Hinweise einer Wirksamkeit festgestellt werden, es zeigt sich keine eindeutige Überlegenheit gegenüber einer Nichtbehandlung.

7.2 Wirksamkeit der Schematherapie

Die Schematherapie für Kinder und Jugendliche ist aus der praktischen psychotherapeutischen Arbeit heraus entstanden. Inzwischen ist sie ein vielfach diskutierter Ansatz in der 3. Welle der kognitiven Verhaltenstherapie (KVT) und hat in den letzten Jahren an Beliebtheit unter praktisch arbeitenden Kinder- und Jugendlichenpsychotherapeut*innen und psychologischen Berater*innen gewonnen. Als Stärke der Schematherapie wird von Anwender*innen gesehen, dass bei schwer zu behandelnden Kindern und Jugendlichen sowie deren Eltern gute Erfolge vorgewiesen werden können; auch Kinder und Jugendliche, die sich nicht auf die klassische (kognitive) Verhaltenstherapie einlassen können oder wollen, werden in vielen Fällen in der schematherapeutischen Behandlung »erreicht« (Loose, 2022).

Allerdings gibt es für den Bereich depressiver Kinder und Jugendlichen noch keine aussagekräftigen wissenschaftlichen Studien, die die Wirksamkeit der Schematherapie bei diesem Erkrankungsbild und der Altersgruppe nachweisen könnten. Insgesamt liegen zur Effektivität der Schematherapie bei Kindern und Jugendlichen bislang nur klinische Fallstudien und quasi-experimentelle Studien (z.B. Alizadeh, Kakavand & Jomehri, 2015) vor. Von daher berichten Fachpersonen aus dem praktisch-klinischen Alltag mit depressiven Kindern und Jugendlichen zwar über eine wirksame Reduktion depressiver Symptome und dem Aufbau von Ressourcen und hilfreichen Bewältigungsmustern, wissenschaftlich belegt ist dies bislang jedoch nicht.

Obwohl die Schematherapie in der aktuellen Form seit den 1990er Jahren existiert, gibt es insgesamt nur wenige Wirksamkeitsstudien in allen Altersbereichen. Die vorhandenen Studien haben sich zunächst eher auf den Bereich der Persönlichkeitsstörungen konzentriert.

Auch für den Erwachsenenbereich gibt es noch eine unzureichende Studienlage, die die Wirksamkeit der Schematherapie zur Behandlung depressiver Erkrankungen belegen würde. In einer systematischen Analyse (vgl. Rein, Höhn & Keck, 2019) erfüllten von 48 Publikationen, nur drei Studien die Qualitätskriterien, weshalb nur eine qualitativ – deskriptive Erfassung der Daten und keine quantitative Synthese oder Metaanalyse möglich war zur Wirksamkeit der Schematherapie in der Behandlung depressiver Patient*innen. Alle drei Studien (Renner et al., 2016; Melogiannis et al., 2014; Carter et al., 2013) weisen auf die Effektivität zur Behandlung auch chronischer Depressionen hin, aufgrund methodischer Schwächen (z.B. geringe Fallzahlen, keine Kontrollgruppe) sind die Ergebnisse nicht allgemein interpretierbar. In einer 2023 veröffentlichten Studie (Beck et al., 2023) wurde die Wirksamkeit der Schematherapie im Vergleich zur KVT und einem supportiven Ansatz für depressive Patient*innen in einem (teil-)stationären Setting anhand eines randomisierten Designs überprüft. 292 Patient*innen nahmen über sieben Wochen hinweg an einem der drei Behandlungsansätze teil. Die Nacherhebung erfolgte sechs Monate nach Beendigung der siebenwöchigen Behandlung. Die Schematherapie erwies sich ähnlich effektiv wie die KVT, unterschied sich aber nicht von dem supportiven Ansatz. Die Autor*innen diskutieren, ob die Behandlung für die die Effektivität der Schematherapie länger sein müsste.

7.3 Wirksamkeit MKT

Bei der Metakognitiven Therapie handelt es sich ebenfalls um eine noch »junge« Therapieform. Dies bedeutet auch, dass die Nachweise zur Wirksamkeit des Verfahrens noch weiter erbracht werden müssen. Für Erwachsene mit einer depressiven Erkrankung wurden im deutschsprachigen Raum erste Wirksamkeitsstudien veröffentlicht. In einer Pilotstudie (Winter, Schweiger & Kahl, 2020) wurde die Durchführbarkeit und Akzeptant durch depressiv erkrankte Patient*innen belegt und Hinweise auf eine Reduktion der depressiven Symptomatik in 14 Wochen gezeigt. Bei einem Vergleich von Verhaltensaktivierung und MKT bei schwer depressiv Erkrankten verdeutlichte sich in einer anderen Pilotstudie (Schaich et al., 2023) auch nach einem Jahr eine Reduktion der Symptomatik, allerdings zeigten sich beide Gruppentherapien als gleich wirksam. Während bereits Studien zur Effektivität der MKT in der Behandlung von Kindern und Jugendlichen mit Angststörungen vorliegen und hier eine gute Wirksamkeit nachgewiesen wurde (z. B. Esbjorn et al., 2018; Ingul et al., 2014), fehlen Studien für den Störungsbereich der Depressionen. Simons (2018) weist darauf hin, dass bei der Anwendung der MKT darauf geachtet werden sollte, dass die MKT zur Veränderung perservierender Gedanken hilfreich ist, aber nicht ausreichend zur Lösung anderer Problematiken beiträgt: Wenn beispielsweise ein Kind depressiv erkrankt aufgrund von Mobbing in einer Schulklasse, dann kann mit der MKT daran gearbeitet werden, dass das Kind weniger über die Thematik grübelt, es ersetzt aber nicht, dass schulintern Maßnahmen zur Veränderung der Situation ergriffen werden und mit dem Kind ggf. Selbstbehauptung in Rollenspielen trainiert werden muss.

7.4 Wirksamkeit der Psychopharmakotherapie zur Behandlung von Kindern, Jugendlichen und jungen Erwachsenen mit depressiven Störungen

Mehrere Studien haben Belege dafür geliefert, dass eine Pharmakotherapie effektiv sein und die rasche Besserung der Symptome – was gerade bei Jugendlichen aufgrund der vielfältigen Entwicklungsaufgaben wichtig ist – unterstützen kann (Goodyer et al. 2007; March et al. 2004; Emslie et al. 2010). Größere, nicht von der Pharmaindustrie finanzierte, sondern öffentlich geförderte Studien in den USA (z. B. die TADS-Study) und Großbritannien (z. B. die ADAPT-Study) konnten belegen, dass z. B. im Vergleich von Pharmakotherapie mit Psychotherapie, die Effekte beider Interventionsarten vergleichbar waren, bzw. teilweise Antidepressiva besser in den in den Studien beobachteten Zeiträumen von drei Monaten abschnitten.

Die aktuellen Metaanalysen legen nahe, dass die Effekte der meisten Antidepressiva – auch aufgrund der eher als dürftig einzuschätzenden Studienlage – geringer sind als früher angenommen (Cipriani et al. 2016; Locher et al. 2017; Hetrick et al. 2021). Da in den letzten Jahren aber kaum neue Studien zu Antidepressiva in der Altersgruppe der Minderjährigen durchgeführt oder publiziert wurden, sind kaum neue Ergebnisse zu erwarten.

7.5 Wirksamkeit der Systemischen Therapie bei Kindern und Jugendlichen mit depressiven Störungen

Im Rahmen des Anerkennungsverfahrens der Systemischen Therapie als Richtlinienverfahren in der Behandlung von Kindern und Jugendlichen (dieses ist seit Januar 2024 anerkannt) wurden 50 randomisierte, kontrollierte Studien in eine Wirksamkeitsüberprüfung eingeschlossen und analysiert (IQWiG, 2023). Im Anwendungsbereich affektive Störungen wurden sieben Studien mit verwertbaren Daten eingeschlossen und es wurden vier Vergleichen durchgeführt und ausgewertet:

- Systemische Therapie versus Richtlinientherapie,
- Systemische Therapie versus Psychotherapie, die keiner Richtlinientherapie entspricht,
- Systemische Therapie versus sonstige Behandlungen und
- Systemische Therapie versus Placebo oder keine Behandlung.

Als Fazit folgern die Autor*innen, dass sich im Anwendungsbereich affektive Störungen ein Anhaltspunkt für einen geringeren Nutzen der Systemischen Therapie ergab im Vergleich zu den Richtlinientherapien.

7.6 Wirksamkeit der Chronotherapie zur Behandlung von Kindern, Jugendlichen und jungen Erwachsenen mit depressiven Störungen

Chronotherapeutische Behandlungsoptionen gelten als nebenwirkungsarme Verfahren, die bislang primär zur Verbesserung von Schlafstörungen sowie saisonaler depressiver Störungen vor allem im Erwachsenenalter eingesetzt wurden. Zu den chronotherapeutischen Verfahren gehören neben der Lichttherapie auch die Wachtherapie und die Schlafphasenvorverlagerung. Alle drei Verfahren wirken über eine Normalisierung des zirkadianen Rhythmus.

Die aus dem Jahr 2013 stammende AWMF-Leitlinie zur Behandlung depressiver Störungen im Kindes- und Jugendalter (DGKJP et al., 2013) wird derzeit aktualisiert. In der aktuell noch geltenden Fassung von 2013 wird die Evidenz für Wachtherapie als nicht ausreichend für eine Empfehlung gewertet. Die Evidenz für die Behandlung von Lichttherapie basiert vornehmlich auf Fallstudien und kleineren Pilotstudien, randomisierte-kontrollierte Studien waren bis dato nicht vorhanden, so dass hier Hinweise auf eine Wirksamkeit zwar bestehen, die empirische Evidenz aber für eine klare Empfehlung als nicht ausreichend bewertet wurde. Zwei ältere Studien zeigen eine deutliche Reduktion der depressiven Symptome nach einer Woche Lichttherapie im Vergleich zu einer Placebobedingung (Swedo et al., 1997; Niederhofer & von Klitzing, 2011), während eine kürzlich durchgeführte Lichttherapiestudie im stationären Setting keine direkte additive Wirkung von zweiwöchiger Lichttherapie im Vergleich zu einer Placebolichtapplikation nachweisen konnte (Bogen et al., 2016; Kirschbaum-Lesch et al.,2018). Eine aktuelle randomisiert-kontrollierte Studie von 2024 an 226 jugendlichen, in stationärer Behandlung befindlichen, Patient*innen mit einer depressiven Störung zeigt keinen additiven Effekt der Lichttherapie (Legenbauer et al., 2024) gegenüber einer Placebobedingung. Die Autor*innen schließen, dass ggf. im Jugendalter Lichttherapie v. a. bei eher leichteren Erkrankungsformen oder im ambulanten Setting eingesetzt werden könnte. Dies entspricht auch Ergebnissen aktueller Metaanalysen für das Erwachsenenalter, welche bessere Effekte im ambulanten Setting im Vergleich zum stationären Setting zeigen konnte (Long et al., 2020)

Hinsichtlich der Wachtherapie bei Jugendlichen gibt es bislang nur eine Studie an 12–17jährigen, die eine Überlegenheit der Wachtherapie in Kombination mit Lichttherapie gegenüber nur Lichttherapie nicht nachweisen konnte (Gest et al., 2016). Allerdings erhielten die erkrankten Jugendlichen nur eine Nacht Wachtherapie, was methodisch kritisch ist und ggf. dazu führte, dass die Wirksamkeit der Wachtherapie durch die fehlende Wiederholung des Schlafentzugs nicht zum Tragen kommen konnte. Der direkte antidepressive Effekt des Schlafentzugs konnte jedoch auch bei dieser jugendlichen Stichprobe nachgewiesen werden, wurde aber durch die anschließende Lichttherapie nicht stabilisiert (Kirschbaum et al, 2018). Weitere Studien zur Prüfung, ob Wachtherapie bei Jugendlichen sinnvoll eingesetzt werden kann und zu einer langfristigen Verbesserung der depressiven Symptomatik führt, fehlen. Studien zur Schlafphasenvorverlagerung sind uns nicht bekannt.

7.7 Überprüfung der Lernziele

- Welche Form der Psychotherapie ist bei Kindern, bei Jugendlichen oder jungen Erwachsenen mit depressiven Störungen wirkungsvoll?
- Welche Vor- und Nachteile von Gruppentherapien zur Behandlung von Depressionen bei Kindern, Jugendlichen und jungen Erwachsenen gibt es?
- Ist es sinnvoll, Eltern aktiv in die Behandlung von Kindern und Jugendlichen mit depressiven Störungen einzubeziehen?

8 Rechtliche Aspekte

Fallbeispiel Annika

Annika weigert sich zunehmend zur Schule zu gehen, sie hat so große Angst, wieder gemobbt zu werden. Zur Therapie kommt sie, aber über sechs Wochen hinweg ist sie nicht für einen Schulbesuch zu motivieren. Mit der Mutter wird besprochen, dass diese Situation eine Gefährdung für die weitere Entwicklung Annikas darstellt. Annika wird ein »Ultimatum« gestellt, wenn sie nicht binnen der nächsten drei Wochen zumindest tageweise zur Schule gehe, müsse die Therapie unterbrochen und eine stationäre Therapie begonnen werden. Annika fängt daraufhin an zu weinen, und meint, sie würde von zuhause nicht weggehen und wolle auf keinen Fall in die Klinik. Einen ambulanten Besichtigungstermin der Klinik verweigert Annika, sie schreit und wirft sich zuhause auf den Boden und ist nicht zu motivieren, ins Auto einzusteigen, um zur Besichtigung zu fahren. Zusammen mit der Klinik und der Mutter wird besprochen, dass eine Behandlung auch gegen den Willen von Annika in der Klinik notwendig ist, da sie in ihrer Entwicklung aufgrund der Schulabsenz gefährdet ist und die ambulante Therapie hier nicht weiterkommt, bzw. keine Erfolge hinsichtlich der wichtigen Entwicklungsaufgaben von Annika hat. Die Mutter wird beraten, einen Antrag beim Familiengericht nach §1631b BGB zu stellen und die Therapeutin erstellt eine entsprechende fachliche Stellungnahme, in der sie darlegt, warum eine Behandlung gegen den Willen mit ggfs. freiheitsentziehenden Mitteln notwendig ist (Entwicklungsrisiko), warum mildere Mittel nicht geeignet sind (Scheitern der ambulanten Therapie, bzw. kein hinreichender Erfolg in Bezug auf den wichtigen Teilhabebereich Schule in absehbarer Zeit).

Fallbeispiel Tom

Tom muss, nachdem er starke Nebenwirkungen unter Fluoxetin hat, darüber aufgeklärt werden, dass Escitalopram nicht für das Alter von 16 Jahren zu gelassen ist und er es »off-label« erhält. Auch seine Eltern werden aufgeklärt. Es wird darüber aufgeklärt, dass es durchaus Daten zu Escitalopram gibt, die Alternative, ein trizyklisches Antidepressivum (zugelassen aus historischen Gründen) mehr Nebenwirkungen haben wird (u. a. kardial) und auch nicht mehr Daten zur Effektivität vorliegen. Sowohl Tom als auch die Eltern wollen die Behandlung und unterzeichnen eine entsprechende Aufklärung, die ihnen auch nach § 630e BGB schriftlich ausgehändigt wird.

Fallbeispiel Jessica

Jessica beschließt die Mutter-Kind-Einrichtung zu verlassen, da sie einen neuen Freund hat, bei dem sie einziehen könne. Dieser sei Soldat und nur am Wochenende da. Sie wolle nun selbstständig sein und auch keine Unterstützung mehr für ihr Kind durch Hilfen zur Erziehung. Der Therapeutin fällt auf, dass Jessica gleichzeitig Probleme hat, ausreichend Struktur im Alltag zu haben, sie geht nach eigenen Angaben sehr spät ins Bett und steht morgens sehr spät auf. Sie treffe Freundinnen und »ziehe auch mal« abends »für ein bis zwei Stunden« um die Häuser, ihr Kind schlafe da. Gleichzeitig berichtet Jessica, dass der Freund extrem genervt sei, wenn ihr Kind am Wochenende nachts schreie, weil es Hunger habe, oder nicht einschlafen könne. Ihr Freund sei etwas impulsiv, und habe sie deswegen schon angebrüllt, er habe am Wochenende keinen »Bock auf Genöle von dem Balg«. Er habe sie und das Kind auch schon mal im Zimmer eingesperrt, da er schlafen und seine Ruhe haben wollte.

Mit der Patientin wird besprochen, dass sie dringend wieder Hilfen und Unterstützung über das Jugendamt brauche. Sie lehnt dies aber ab, sie wolle die Beziehung zu ihrem Freund nicht gefährden, der wolle niemand im Haus. Es wird in mehreren Sitzungen mit ihr thematisiert, dass sie Hilfen über die Psychotherapie hinaus benötigt, insbesondere für das Kind. Mit Jessica wird besprochen, dass eine Psychotherapie nur Sinn macht, wenn auch das Kind geschützt und adäquat versorgt wird. Diesbezüglich muss sie sich an das Jugendamt wenden und auch eine Schweigepflichtsentbindung für die Therapeutin gewähren. Nach zwei weiteren Terminen hat Jessica sich immer noch nicht an das Jugendamt gewendet, gleichzeitig berichtet sie, dass ihr Partner am Wochenende so ausgerastet sei, dass er das Kind beinahe aus dem Bett genommen hätte und schütteln wollte. Die Therapeutin informiert Jessica, dass sie nunmehr akut eine Kinderschutzmeldung machen werde und das Jugendamt einschalten würde. Jessica ist damit einverstanden. Das Jugendamt macht im Rahmen der Kinderschutzmeldung unmittelbar einen Hausbesuch bei Jessica und ihrem Freund. Im Gespräch wird deutlich, dass der Freund durchaus offen ist, wenn Jessica unterstützt wird durch eine sozialpädagogische Familienhilfe, er merke, dass Jessica die Situation nicht im Griff habe.

Lernziele

- Rechtliche Hintergründe zu Schweigepflicht, Behandlungsverträgen, Suizidalität und Zwangsmaßnahmen kennenlernen.

Wie bei jeder Behandlung im Kindes- und Jugendalter können auch bei der Therapie depressiver Störungen rechtliche Fragen auftreten. Diese können sowohl die Schweigepflicht, den Behandlungsvertrag, aber auch Aspekte, wie zum Beispiel die Pharmakotherapie oder aber auch Behandlung gegen den Willen oder mittels Zwangsmaßnahmen betreffen.

Es kann vorkommen, dass Jugendliche eine Behandlung ohne Wissen der Eltern wünschen; und nach der UN-Kinderrechtskonvention haben Kinder und Jugendliche auch dann ein Recht auf Behandlung, wenn die Eltern nicht damit einverstanden sind. Hier stellen sich Fragen bezüglich des Behandlungsvertrags. Ein gültiger Behandlungsvertrag ist nach den allgemeinen Grundsätzen der Geschäftsfähigkeit zu betrachten: Ab dem Alter von acht Jahren sind Minderjährige beschränkt geschäftsfähig nach § 106 BGB, bedürfen aber der Genehmigung durch die gesetzlichen Vertreter*innen. Ab dem Alter von 16 Jahren können gesetzlich Versicherte nach § 36 Abs 1 S. 1 SGB I selbst Sozialleistungen in Anspruch nehmen. Damit können 16-Jährige selbstständig eine Therapie beginnen. Vor diesem Alter wird außer in Notfallkontakten eine längere Behandlung ohne Einverständnis der Sorgeberechtigten nicht möglich sein, wenngleich dies die Rechte der Kinder nach der UN-Konvention berührt. Im Zweifelsfalle ist z. B. zu klären, ob eine Ablehnung einer Therapie durch Sorgeberechtigte eine Kindeswohlgefährdung darstellt und entsprechend nach dem Bundeskinderschutzgesetz bzw. SGB VIII (§ 8a) vorgegangen werden muss. Bei privat Versicherten ist der*die Jugendliche/junge Erwachsene darauf hinzuweisen, dass mögliche Rechnungen, und so auch Informationen über Diagnose(n) und Behandlung an die Sorgeberechtigten gehen (vgl. Kölch, Plener & Fegert, 2020).

Anders verhält es sich mit der Schweigepflicht oder auch der Herausgabe von Patient*innenunterlagen. Hier kann es dazu kommen, dass zum Beispiel Eltern Einsicht oder Auskunft wünschen zu Therapieinhalten, die mit dem Minderjährigen besprochen wurden. Hier ist individuell zu prüfen, ob der*die Minderjährige dem zustimmt, oder, wenn nicht, ob er*sie diesbezüglich als reif genug gelten kann, diese Entscheidung zu treffen. Stimmt z. B. ein 14-Jähriger nicht zu, dass seine Sorgeberechtigten informiert werden, er kann aber prinzipiell als einwilligungsfähig gelten, dann wird eine Weitergabe der Informationen rechtlich nicht möglich sein. Kriterien für eine Einwilligungsfähigkeit sind z. B. die Einsicht in die Problematik, das Verständnis der Problematik, die Willensbildung und entsprechende Fähigkeit, eine Entscheidung zu treffen (Kölch, Plener & Fegert., 2020).

Kinderschutzfragen können sich ebenfalls in diesem Kontext ergeben. Besteht z. B. eine akute Behandlungsbedürftigkeit, der*die Minderjährige unter 16 Jahren stimmt aber nicht zu, dass die Sorgeberechtigten informiert werden, oder die Sorgeberechtigten wollen keine Behandlung, so ist durchaus zu prüfen, ob eine Kindeswohlgefährdung droht. Dann gelten die gesetzlichen Bestimmungen (Heimann & Kölch, 2021). Unter Umständen muss in diesem Fall eine entsprechende Meldung beim Jugendamt erfolgen und/oder eine familiengerichtliche Klärung herbeigeführt werden. Gerade wenn Eltern psychische Erkrankungen haben, kann es gehäuft auch zu Vernachlässigung aufgrund der psychischen Symptomatik von Eltern kommen: So können depressiv erkrankte Eltern aufgrund ihrer Erkrankung ggfs. nicht ausreichend für die Kinder sorgen (Clemens et al., 2018). Generell sollten aber bei Situationen in denen minderjährige Patient*innen nicht möchten, dass Eltern wissen, dass sie eine Therapie machen, oder Eltern unbedingt Inhalte aus der Therapie wissen wollen, dies psychotherapeutisch aufgegriffen werden. Solche Probleme zeigen auch eine starke innerfamiliäre Problematik auf, die ggfs. psychotherapeutisch oder kinder- und jugendpsychiatrisch gelöst werden kann, bzw. vielleicht Teil der Symptomatik ist.

Bei Kinderschutzfragen besteht für Angehörige der Heilberufe die Möglichkeit, sich entsprechend durch die Medizinische Kinderschutzhotline (www.kinderschutz hotline.de) beraten zu lassen (Berthold et al., 2017) oder aber sich an die lokalen »insofern erfahrenen Fachkräfte« (entsprechend SGB VIII §8b) zu wenden.

8.1 Suizidalität

Sollte sich eine akute Behandlungsnotwendigkeit etwa im Rahmen einer suizidalen Krise bei einer depressiven Episode ergeben, so kann im Rahmen einer Notfallbehandlung unter engen Grenzen auch eine Informationsweitergabe, die Notfallbehandlung ohne Information der Sorgeberechtigten etc. möglich sein. Der im Strafgesetzbuch (StGB) definierte sog. rechtfertigende Notstand (§ 34 StGB) setzt eine Strafverfolgung aus, wenn »in einer gegenwärtigen, nicht anders abwendbaren Gefahr für Leben, Leib, Freiheit, Ehre, Eigentum oder ein anderes Rechtsgut eine Tat« begangen wird, die dazu beiträgt, »die Gefahr von sich oder einem anderen abzuwenden«. Insofern kann eine Information Sorgeberechtigter gegen den Willen des*der Minderjährigen, der Einsatz von sedierenden Medikamenten, damit ein*e Patient*in sich nicht selbstverletzt, oder auch die stationäre Aufnahme bei einem*r suizidalen Patient*in, ohne dass die Sorgeberechtigten zuvor informiert werden und einwilligen konnten, gerechtfertigt werden –allerdings in engen Grenzen.

8.2 Zwangsmaßnahmen – Behandlung gegen den Willen

Bei depressiven Erkrankungen kann es in der Behandlung zur Notwendigkeit von Zwangsmaßnahmen und freiheitsentziehenden Maßnahmen kommen. Dies kann z. B. der Fall sein, wenn ein*e Patient*in akut suizidal ist und keine Behandlung möchte, oder aber wenn eine depressive Symptomatik so stark ausgeprägt ist, dass ein Schulbesuch nicht mehr möglich ist, aber der*die Jugendliche sich auch weigert, in Behandlung zu gehen. Die Einschränkung von Freiheitsrechten ist generell durch das Grundgesetz eingeschränkt (Art. 2, Abs. 2 GG). Bei Erwachsenen wird in einem entsprechenden Fall einer akuten Gefährdung und Ablehnung von Behandlung auf die Ländergesetze für psychisch Erkrankte oder Regelungen des Betreuungsrechts bei freiheitsentziehenden Maßnahmen oder Zwangsmaßnahmen zurückgegriffen. Bei Minderjährigen besteht zusätzlich – und primär – die Möglichkeit über einen

Antrag nach § 1631b BGB Zwangsmaßnahmen oder freiheitsentziehende Behandlung zu legalisieren (Nolkemper et al., 2019). Untersuchungen zeigen, dass die häufigsten Gründe für das Einleiten eines Verfahrens einer freiheitsentziehenden Unterbringung seitens der Eltern bei Minderjährigen Substanzmissbrauch, Symptome einer Störung des Sozialverhaltens, vor allem aber bei Mädchen/weiblichen Jugendlichen Suizidalität sind (Kölch & Vogel, 2016). Im Rahmen des §1631b BGB wird seitens des Familiengerichts auf Antrag der Sorgeberechtigten und mit entsprechender Stellungnahme von fachärztlicher Seite den Sorgeberechtigten genehmigt, die Freiheitsrechte des Minderjährigen einzuschränken und ihn ggfs. auch gegen seinen Willen behandeln zu lassen.

8.3 Einsatz von Medikation

Generell muss ein*e Patient*in und bei Minderjährigen auch die Sorgeberechtigten einer Medikation zustimmen, nach entsprechender Aufklärung. Dies ist insbesondere der Fall, wenn eine Medikation nicht zugelassen ist (»Off-Label-Use«). Gerade in der Psychopharmakotherapie im Kindes- und Jugendalter ist Off-Label-Use ein häufiges Phänomen (Huscsava et al., 2020). Auch in der medikamentösen Therapie depressiver Störungen kann ein Off-Label-Use notwendig werden, da nur Fluoxetin für Jugendliche zugelassen ist: Wenn z. B. ein*e 17-jährige*r Patient*in mit Escitalopram behandelt werden soll, handelt es sich im Alter von 17 Jahren noch um einen Off-Label-Use. Hierüber muss aufgeklärt werden. Zudem kann sich erstattungsrechtlich das Problem ergeben, dass die Krankenkasse die Kosten nicht übernimmt. Im Rahmen des Off-Label-Use gilt eine besondere Sorgfaltspflicht bei der Aufklärung. Es ist also darüber aufzuklären, welche Konsequenzen sich daraus ergeben können (z. B. haftungsrechtlich) und welche Behandlungsalternativen bestehen (Kölch, 2016).

8.4 Überprüfung der Lernziele

- Sie wissen, welche rechtlichen Fragen bei einer psychotherapeutischen oder ggf. psychiatrischen Behandlung auftreten können.
- Sie kennen die rechtlichen Rahmenbedingungen einer Behandlung wie Schweigepflicht und Behandlungsverträge.
- Sie wissen, welche rechtlichen Handlungsspielräume Sie bei ernstzunehmenden Suizidalitätsäußerungen von Patient*innen haben.
- Sie kennen die rechtlichen Rahmenbedingungen von Zwangsmaßnahmen.

9 Zusammenfassung und Ausblick

Bei Depressionen handelt es sich um ein häufig vorkommendes Krankheitsbild; ca. 11,2 % der Kinder und Jugendlichen (Klasen et al., 2016) und ca. 11,5 % der jungen Erwachsenen (Hapke, Cordes & Nübel, 2019) in Deutschland erfüllen die Kriterien für das Vorliegen dieser psychischen Störung. Im Vorschulalter ist diese Symptomatik – mit < 1 % zwar seltener als in den anderen Altersbereichen – ebenfalls festzustellen (Costello et al., 2006). Eine zeitnahe und valide Diagnostik der depressiven Störung ist eine wichtige Voraussetzung dafür, dass die Problematik, die oft mit einem hohen Leidensdruck und mit vielfältigen psychosozialen Einschränkungen einhergeht, rechtzeitig wirkungsvoll behandelt wird. Unbehandelt besteht darüber hinaus eine hohe Gefahr dafür, dass eine depressive Episode zu einem späteren Zeitpunkt im Leben wieder auftritt. Dieser Anforderung steht jedoch noch ein deutlicher Bedarf an Weiterentwicklungen im diagnostischen Bereich gegenüber. So werden in den gängigen Klassifikationssystemen die Kriterien für depressive Störungen bei Kindern, Jugendlichen und jungen Erwachsenen analog zu denen von Erwachsenen behandelt, obwohl sich im Erscheinungsbild bei Kindern und Jugendlichen spezifische Merkmale zeigen: Beispielsweise imponieren bei jüngeren Kindern vor allem somatische Beschwerden (z. B. Bauchschmerzen), während bei älteren Kindern und Jugendlichen stattdessen eher eine traurige bzw. oft eine gereizte Stimmung auftritt. Die Unterscheidung zwischen einer pubertären Phase und einer depressiven Episode fällt dadurch Bezugspersonen, aber auch Fachkräften oft schwerer.

In der psychotherapeutischen Arbeit mit depressiven Kindern, Jugendlichen und jungen Erwachsenen empfiehlt sich eine ausführliche verhaltenstheoretische Diagnostik, die zusätzlich zur Festlegung einer klassifikatorischen Diagnose auch ein individuelles Entstehungs- und Aufrechterhaltungsmodell beschreibt. Im Rahmen dieser integrativen Modelle werden sowohl genetische und biologische Vulnerabilitäten sowie frühe und auch spätere Sozialisations- und Bindungserfahrungen mit Bezugspersonen, kognitive, soziale und emotionale Kompetenzen und vorhandene Stressoren berücksichtigt.

Im Sinne einer Psychoedukation wird dieses individuelle Entstehungs- und Aufrechterhaltungsmodell altersgerecht mit dem*der Patient*in und seinen*ihren Bezugspersonen besprochen und verhaltensnahe, messbare und konkrete Ziele zur Veränderung abgeleitet. Als effektiv zur Behandlung depressiver Störungen haben sich sowohl verhaltenstherapeutische wie auch chronotherapeutische Ansätze gezeigt. Ab einer mittleren Symptomausprägung kann ggf. der zusätzliche Einsatz von SSRI zur Veränderung der depressiven Symptomatik erwogen werden. Darüber hinaus hat sich auch die Interpersonelle Psychotherapie als wirkungsvoll bei der

Behandlung von Depressionen gezeigt. Ansätze der dritten Welle der Verhaltenstherapie wie die Schematherapie oder die Metakognitive Therapie sind ebenfalls erfolgversprechend.

Besonders wichtig ist es, bei Vorliegen einer depressiven Symptomatik, das Auftreten suizidaler Gedanken oder Handlungsabsichten abzuklären, um ggf. frühzeitig Notfallstrategien zur Krisenintervention zu implementieren. Es sind immer auch zusätzliche Maßnahmen aus dem Bereich der Kinder- und Jugendhilfe zur Stabilisierung des sozialen Umfeldes zu überlegen.

Literaturverzeichnis

Aaberg, K. M., Gunnes, N., Bakken, I. J., Søraas, C. L., Berntsen, A., Magnus, P., Lossius, M.I., Stoltenberg, C., Chin, R. & Surén, P. (2017). Incidence and prevalence of childhood epilepsy: a nationwide cohort study. *Pediatrics, 139(5)*, e20163908. doi: https://doi.org/10.1542/peds.2016-3908.

Abramson, L. Y., Metalsky, G. I., & Alloy, L. B. (1989). Hopelessness depression: A theory-based subtype of depression. *Psychological review, 96*(2), 358–372. doi: https://doi.org/10.1037/0033-295X.96.2.358

Abramson, L. Y., Seligman, M. E., & Teasdale, J. D. (1978). Learned helplessness in humans: Critique and reformulation. *Journal of Abnormal Psychology, 87*(1), 49–74.

Abel, U., & Hautzinger, M. (2013). *Kognitive Verhaltenstherapie bei Depressionen im Kindes- und Jugendalter.* Berlin, Heidelberg: Springer.

Abel, U. (2020). Aktivitätsaufbau. In M. Döpfner, M. Hautzinger & M. Linden (Hrsg.). *Verhaltenstherapiemanual: Kinder und Jugendliche. Psychotherapie: Praxis.* Berlin, Heidelberg: Springer.

Abela, J. R., & Hankin, B. L. (2011). Rumination as a vulnerability factor to depression during the transition from early to middle adolescence: a multiwave longitudinal study. *Journal of abnormal psychology, 120*(2), 259–271.

Abela, J. R., Skitch, S. A., Adams, P., & Hankin, B. L. (2006). The timing of parent and child depression: A hopelessness theory perspective. *Journal of Clinical Child & Adolescent Psychology, 35*(2), 253–263.

Ainsworth, M. D., Blehar, M., Waters, E., & Wall, S. (1978). *Patterns of attachment.* New York, London: Routledge.

Aldao, A. (2013). The future of emotion regulation research: Capturing context. *Perspectives on Psychological Science, 8*(2), 155–172.

Aldao, A., Nolen-Hoeksema, S., & Schweizer, S. (2010). Emotion-regulation strategies across psychopathology: A meta-analytic review. *Clinical psychology review, 30*(2), 217–237.

Alizadeh, A., Kakavand, A. & Jomehri, F. (2015). The effectiveness of schema therapy for children with cancer to improve depression symptoms. *Journal UMP Social Sciences and Technology Management, 3*(3), 618–622.

American Psychiaric Association. (2000). *Diagnostic and Statistical Manual of Mental Disorders. DSM-IV-TR* (4th ed.). Washington, D.C.: American Psychiatric Association.

American Psychiatric Association [APA]. (2018). *Diagnostisches und statistisches Manual psychischer Störungen.DSM-5.* (2. Ausg.). (P. Falkai, & H.-U. Wittchen, Hrsg.). Göttingen: Hogrefe.

Amitai, M., Chen, A., Weizman, A., & Apter, A. (2015). SSRI-induced activation syndrome in children and adolescents – what is next? *Current Treatment Options in Psychiatry, 2*(1), 28–37.

Anacker, C., Zunszain, P. A., Cattaneo, A., Carvalho, L. A., Garabedian, M. J., Thuret, S., Price, J., & Pariante, C. M. (2011). Antidepressants increase human hippocampal neurogenesis by activating the glucocorticoid receptor. *Molecular psychiatry, 16*(7), 738–750. doi: https://doi.org/10.1038/mp.2011.26

Arbeitsgemeinschaft der Wissenschaftlichen Medizinischen Fachgesellschaften (AWMF), A. (2013). *Leitlinie Behandlung von depressiven Störungen bei Kindern und Jugendlichen.* Abgerufen unter https://www.awmf.org/leitlinien/detail/ll/028-043.html [23.12.24]

Arnett, J. J. (2000). Emerging adulthood: A theory of development from the late teens through the twenties. *American Psychologist, 55*(5), 469–480.

Bai, S., Zeledon, L. R., D'Amico, E. J., Shoptaw, S., Avina, C., LaBorde, A. P., . . . Asarnow, J. R. (2018). Reducing health risk behaviors and improving depression in adolescents: a randomized controlled trial in primary care clinics. *Journal of pediatric psychology, 43*(9), 1004–1016.

Balmer, K., Michael, T., Munsch, S., & Margraf, J. (2007). Prävention von Angst und Depression im Jugendalter: Evaluation des schulbasierten Programms GO!-Schweiz. *Zeitschrift für Gesundheitspsychologie, 15*(2), 57–66.

Banasr, M., Lepack, A., Fee, C., Duric, V., Maldonado-Aviles, J., DiLeone, R., . . . Sanacora, G. (2017). Characterization of GABAergic marker expression in the chronic unpredictable stress model of depression. *Chronic Stress, 1*, 1–13. doi:10.1177/2470547017720459

Baumrind, D. (1971). Current patterns of parental authority. *Developmental Psychology, 4*(1, Pt. 2), 1–103. doi: https://doi.org/10.1037/h0030372

Beck, A. T. (1987). Cognitive models of depression. *Journal of Cognitive Psychotherapy, 1*, 5–37.

Bendau, A., Petzold, M. & Ströhle, A. (2022). Bewegung, körperliche Aktivität und Sport bei depressiven Erkrankungen. *NeuroTransmitter, 33*(1–2), 52–61. doi: 10.1007/s15016–021–9343-y. Epub 2022 Feb 15. PMCID: PMC8852946.

Berthold, O., Clemens, V., Witt, A., Moers, A., Aster, M., Kölch, M., . . . Fegert, J. (2017). Medizinische Kinderschutzhotline.

Birmaher, B., Brent, D., & AACAP Work Group on Quality Issues. (2007). Practice parameter for the assessment and treatment of children and adolescents with depressive disorders. *Journal of the American Academy of Child & Adolescent Psychiatry, 46*(1), 1503–1526.

Birmaher, B., Williamson, D. E., Dahl, R. E., Axelson, A., D., Kaufman, J., . . . Ryan, N. D. (2004). Clinical presentation and course of depression in youth: does onset in childhood differ from onset in adolescence? *Journal of the American Academy of Child & Adolescent Psychiatry, 43*(1), 63–70.

Bos, A. E., Huijding, J., Muris, P., Vogel, L. R., & Biesheuvel, J. (2010). Global, contingent and implicit self-esteem and psychopathological symptoms in adolescents. *Personality and Individual Differences, 48*(3), 311–316.

Bosmans, G., Braet, C., & Van Vlierberghe. (2010). Attachment and symptoms of psychopathology: Early maladaptive schemas as a cognitive link? *Clinical Psychology & Psychotherapy, 17*(5), 374–385.

Brand, S., & Kirov, R. (2011). Sleep and its importance in adolescence and in common adolescent somatic and psychiatric conditions. *International journal of general medicine, 4*, 425–442.

Brook, D. W., Brook, J. S., Zhang, C., Cohen, P., & Whiteman, M. (2002). Drug use and the risk of major depressive disorder, alcohol dependence, and substance use disorders. *Archives of general psychiatry, 59*(11), 1039–1044.

Calhoun, B., Williams, J., Greenberg, M., Domitrovich, C., Russell, M. A., & Fishbein, D. H. (2020). Social emotional learning program boosts early social and behavioral skills in low-income urban children. *Frontiers of Psychology, 11*, 561196. doi: 10.3389/fpsyg.2020.561196

Carter, T., Morres, I. D., Meade, O. & Callaghan P. (2016). The effect of exercise on depressive symptoms in adolescents: A systematic review and meta-analysis. *Journal of the American Academy of Child Adolescent Psychiatry, 55*(7), 580–90. doi: 10.1016/j.jaac.2016.04.016. Epub 2016 May 10. PMID: 27343885.

Caspi, A., Hariri, A., Holmes, A., Uher, R. & Moffitt, T. (2010). Genetic sensitivity to the environment: the case of the serotonin transporter gene and its implications for studying complex diseases and traits. *American Journal of Psychiatry, 167*(5), 509–27. doi: 10.1176/appi.ajp.2010.09101452

Cherkasova, M. (2021). Review: Adult outcome as seen through controlled prospective follow-up studies of children with attention-deficit/hyperactivity disorder followed into adulthood. *Journal of the American Academy of Child and Adolescent Psychiatry, 61*(3), 378–391. doi: 10.1016/j.jaac.2021.05.019. Epub 2021 Jun 8. PMID: 34116167.

Child Trends Databank. (2018). *Young adult depression.* Abgerufen unter https://www.childtrends.org/?indicators=young-adult-depression [23.12.24]

Cicchetti, D., Rogosch, F. A., Gunnar, M. R., & Toth, S. L. (2010). The differential impacts of early physical and sexual abuse and internalizing problems on daytime cortisol rhythm in school-aged children. *Child development, 81*(1), 252–269.

Clemens, V., Berthold, O., Fegert, J., & Kölch, M. (2018). Kinder psychisch erkrankter Eltern – Auch ein Thema im Rahmen des Kinderschutz. *Nervenarzt.* doi: 10.1007/s00115–018–0561-x

Colonnesi, C., Draijer, E. M., Stams, G. J., Van der Bruggen, C. O., Bögels, S. M., & Noom, M. J. (2011). The relation between insecure attachment and child anxiety: A meta-analytic review. *Journal of Clinical Child & Adolescent Psychology,, 40*(4), 630–645.

Costello, E. J., Erkanli, A., & Angold, A. (2006). Is there an epidemic of child or adolescent depression? *Journal of Child Psychology and Psychiatry, 47*(12), 1263–1271.

Crowley, S. J., Acebo, C., & Carskadon, M. A. (2007). Sleep, circadian rhythms, and delayed phase in adolescence. *Sleep medicine, 8*(6), 602–612.

Cummings, C. M., Caporino, N. E., & Kendall, P. C. (2014). Comorbidity of anxiety and depression in children and adolescents: 20 years after. *Psychological bulletin, 140*(3), 816–845.

De Bolle, M., Johnson, J. G., & De Fruyt, F. (2010). Patient and clinician perceptions of therapeutic alliance as predictors of improvement in depression. *Psychotherapy and Psychosomatics, 79*, 378–385. doi: 10.1159/000320895

Deutsche Gesellschaft für Kinder- und Jugendpsychiatrie Psychosomatik und Psychotherapie (DGKJP) (Hrsg.). (2016). *S2k-Leitlinie 028/031: Suizidalität im Kindes- und Jugendalter.* Abgerufen unter https://www.awmf.org/leitlinien/detail/ll/028-031.html [23.12.24]

Dewald, J. F., Meijer, A. M., Oort, F. J., Kerkhof, G. A., & Bögels, S. M. (2010). The influence of sleep quality, sleep duration and sleepiness on school performance in children and adolescents: A meta-analytic review. *Sleep medicine reviews, 14*(3), 179–189.

Diamond, G., Diamond, G.M. & Levy, S. (2021). Attachment-based family therapy: Theory, clinical model, outcomes, and process research. *Journal of Affective Disorders, 294*, 286–295. doi: 10.1016/j.jad.2021.07.005. Epub 2021 Jul 16. PMID: 34304083; PMCID: PMC8489519.

Dikeos, D., & Georgantopoulos, G. (2011). Medical comorbidity of sleep disorders. *Current opinion in psychiatry, 24*(4), 346–354.

Döpfner, M., & Görtz-Dorten, A. (2017). *DISYPS III: Diagnostik-System für Psychische Störungen nach ICD-10 und DSM-5 für Kinder und Jugendliche- III.* Bern: Hogrefe.

Döpfner, M., Berner, W., Flechtner, H., Lehmkuhl, G., & Steinhausen, H.-C. (1999). *Psychopathologisches Befund-System für Kinder und Jugendliche (CASCAP-D).* Göttingen: Hogrefe.

Döpfner, M., Lehmkuhl, G., Heubrock, D., & Petermann, F. (2000). Explorationsschema für Psychische Störungen bei Kindern und Jugendlichen (EPSKI). In *Diagnostik psychischer Störungen im Kindes- und Jugendalter.* Göttingen: Hogrefe.

Döpfner, M., Plück, J., Kinnen, C., & Arbeitsgruppe Deutsche Child Behavior Checklist. (2014). *CBCL/6–18R, TRF/6–18R, YRS/11–18R. Deutsche Schulalter-Formen der Child Behavior Checklist von Thomas M. Achenbach.* Göttingen: Hogrefe.

Döpfner, M. & Borg-Laufs, M. (2020). Therapeutische Beziehung. In M. Döpfner, M. Hautzinger & M. Linden (Hrsg.). *Verhaltenstherapiemanual: Kinder und Jugendliche. Psychotherapie: Praxis.* Berlin, Heidelberg: Springer.

Dolle, K., & Schulte-Körne, G. (2013). Behandlung von depressiven Störungen bei Kindern und Jugendlichen. *Deutsches Ärzteblatt, 110*(50), 854–860. doi: 10.3238/arztebl.2013.0854

Dozois, D. J., & Beck, A. T. (2008). Cognitive schemas, beliefs and assumptions. In K. S. Dobson, & D. J. Dozois (Eds.), *Risk factors in depression* (pp. 119–143). Elsevier.

Düring – Ulmenstein, L. & Zarbock, G. (2023). *Verhaltenstherapie bei Kindern und Jugendlichen.* Berlin, Heidelberg: Springer.

D'Zurilla, T.J. & Goldfried, M.R. (1971). Problem solving and behavior modification. *Journal of abnormal psychology, 78*(1),107–126. doi: 10.1037/h0031360.

Ebner, G. (2007). Psychiatrische Notfälle – Erkennen und Handeln! *Ars Medici, 2*, 64–68.

Ellis, A. & Hoellen, B. (1997). *Die Rational-Emotive Verhaltenstherapie. Reflexionen und Neubestimmungen* (Leben lernen 112). München: Pfeiffer.

Emslie, G. J., Mayes, T., Porta, G., Vitiello, B., Clarke, G., Wagner, K. D., . . . Kennard, B. (2010). Treatment of Resistant Depression in Adolescents (TORDIA): week 24 outcomes. *American Journal of Psychiatry, 167*(7), 782–791.

Epstein, S. (1990). Cognitive-experiental self-theory. In L. A. Pervin (Ed.), *Handbook of Personality* (pp. 165–192). New York: Guilford.
Essau, C. (2023). *Depression bei Kindern und Jugendlichen: Psychologisches Grundlagenwissen,* (3. unv. Aufl.). Stuttgart: utb.
Fabbian, F., Zucchi, B., De Giorgi, A., Tiseo, R., Boari, B., Salmi, R., . . . Raparelli, V. (2016). Chronotype, gender and general health. *Chronobiology international, 33*(7), 863–882.
Fallone, G., Acebo, C., Seifer, R., & Carskadon, M. A. (2005). Experimental restriction of sleep opportunity in children: effects on teacher ratings. *Sleep, 28*(12), 1561–1567.
Fegert, J., Kölch, M., & Grimm, S. (2020). Kontakt mit der Jugendhilfe–Sozialarbeit in der Kinder-und Jugendpsychiatrie. In M. Kölch, M. Rassenhofer, & J. Fegert (Hrsg.), *Klinikmanual Kinder-und Jugendpsychiatrie und-psychotherapie* (3. Ausg., S. 693–704). Heidelberg: Springer.
Felitti, V. J., Fink, P. J., Fishkin, R. E. & Anda, R. F. (2007). Ergebnisse der Adverse Childhood Experiences (ACE)-Studie zu Kindheitstrauma und Gewalt. *Trauma und Gewalt, 1,* 18–32.
Fergusson, D. M., & Woodward, L. J. (2002). Mental health, educational, and social role outcomes of adolescents with depression. *Archives of general psychiatry, 59*(3), 225–231.
Ferro, M. A., Gorter, J. W., & Boyle, M. H. (2015). Trajectories of depressive symptoms in Canadian emerging adults. *Journal of Affective Disorders, 174,* 594–601.
Fichter, M. M., Xepapadakos, F., Quadflieg, N., Georgopoulou, E., & Fthenakis, W. E. (2004). A comparative study of psychopathology in Greek adolescents in Germany and in Greece in 1980 and 1998-18 years apart. *European Archives of Psychiatry and Clinical Neuroscience, 254*(1), 27–35. doi: https://doi.org/10.1007/s00406-004-0450-0
Findling, R. L., McNamara, N. K., Pavuluri, M., Frazier, J. A., Rynn, M., Scheffer, R., Kafantaris, V., Robb, A., DelBello, M., Kowatch, R. A., Rowles, B. M., Lingler, J., Zhao, J., Clemons, T., Martz, K., Anand, R., Taylor-Zapata, P. (2019). Lithium for the maintenance treatment of bipolar i disorder: a double-blind, placebo-controlled discontinuation study. *Journal of the American Academy of Child & Adolescent Psychiatry, 58*(2), 287–296. doi: https://doi.org/10.1016/j.jaac.2018.07.901
Fischer, G., Ameis, N., Parzer, P., Plener, P. L., Groschwitz, R., Vonderlin, E., . . . Kaess, M. (2014). The German version of the self-injurious thoughts and behaviors interview (SITBI-G): a tool to assess non-suicidal self-injury and suicidal behavior disorder. *BMC psychiatry, 14*(265), 1–8. doi: https://doi.org/10.1186/s12888-014-0265-0
Fischer, T., Graaf, P., & Eckardt, U. (2015). Schematherapie bei Depression. In C. Loose, P. Graaf, & G. Zarbock (Hrsg.), *Störungsspezifische Schematherapie mit Kindern und Jugendlichen* (S. 112–154). Weinheim, Basel: Beltz.
Fleming, T. M., Clark, T., Denny, S., Bullen, P., Crengle, S., Peiris-John, R., . . . Lucassen, M. (2014). Stability and change in the mental health of New Zealand secondary school students 2007-2012: Results from the national adolescent health surveys. *Australian & New Zealand Journal of Psychiatry, 48*(5), 472–480.
Fliege, H., Kocalevent, R. D., Walter, O. B., Beck, S., Gratz, K. L., Gutierrez, P. M., & Klapp, B. F. (2006). Three assessment tools for deliberate self-harm and suicide behavior: evaluation and psychopathological correlates. *Journal of psychosomatic research, 61*(1), 113–121.
Fombonne, E., Wostear, G., Cooper, V., Harrington, R., & Rutter, M. (2001). The Maudsley long-term follow-up of child and adolescent depression: I. Psychiatric outcomes in adulthood. *The British Journal of Psychiatry, 179*(3), 210–217.
Forbes, E. E. & Dahl, R. E. (2012). Research Review: altered reward function in adolescent depression: what, when and how? *Journal of Child Psychology and Psychiatry, 53*(1), 3–15. doi: 10.1111/j.1469–7610.2011.02477.x. Epub 2011 Nov 28. PMID: 22117893; PMCID: PMC3232324.
Franke, G. (2014). *Symptom-Checkliste-90®-Standard,* (1. Aufl.). Weinheim: Beltz Tests.
Fricke-Oerkermann, L., Plück, J., Schredl, M., Heinz, K., Mitschke, A., Wiater, A., & Lehmkuhl, G. (2007). Prevalence and course of sleep problems in childhood. *Sleep, 30*(10), 1371–1377.
Fuller, C., & Taylor, P. (2015). *Therapie-Tools Motivierende Gesprächsführung.* Weinheim, Basel: Beltz.

Geng-Feng, N., Xiao-Jun, S., Yuan, T., Cui-Ying, F., & Zong-Kui, Z. (2016). Resilience moderates the relationship between ostracism and depression among Chinese adolescents. *Personality and Individual Differences, 99*, 77–80. doi: 10.1016/j.paid.2016.04.059

Gest, S., Holtmann, M., Bogen, S., Schulz, C., Pniewski, B., & Legenbauer, T. (2016). Chronotherapeutic treatments for depression in youth. *European child & adolescent psychiatry, 25*(2), 151–161.

Goodyer, I., Dubicka, B., Wilkinson, P., Kelvin, R., Roberts, C., Byford, S., . . . Rothwell, J. (2007). Selective serotonin reuptake inhibitors (SSRIs) and routine specialist care with and without cognitive behaviour therapy in adolescents with major depression: randomised controlled trial. *BMJ, 335*(761), 142.

Graf, C., Ferrari, N., Beneke, R., Bloch, W., Eiser, S., Koch, B., Lawrenz, W., Krug, S., Manz, K., Oberhoffer, R., Stibbe, G., & Woll, A. (2017). Empfehlungen für körperliche Aktivität und Inaktivität von Kindern und Jugendlichen – Methodisches Vorgehen, Datenbasis und Begründung. *Gesundheitswesen, 79 (1)*, 11–19.

Grawe, K. (2004). *Neuropsychotherapie*. Göttingen: Hogrefe.

Grawe, K. & Grawe-Gerber, M. (1999). Ressourcenaktivierung. *Psychotherapeut, 44*, 63–73.

Greenberg, M. T., & Kusché, C. A. (1998). *Blueprints for violence prevention: The PATHS project* (Vol. 10). Boulder, CO: Institute of Behavioral Science, Regents of the University of Colorado.

Grob, A., & Smolenski, C. (2005). *Fragebogen zur Erhebung der Emotionsregulation bei Kindern und Jugendlichen (FEEL-KJ)*. Bern: Verlag Hans Huber.

Groen, G., & Petermann, F. (2008). Was wirkt in der Therapie von Depression bei Kindern und Jugendlichen wirklich? *Kindheit und Entwicklung, 17*(4), 243–251.

Groen, G., & Petermann, F. (2011). *Depressive Kinder und Jugendliche*. Göttingen: Hogrefe.

Groen, G., Ihle, W., Ahle, M. E., & Petermann, F. (2012). *Ratgeber Traurigkeit, Rückzug, Depression: Informationen für Betroffene, Eltern, Lehrer und Erzieher*. Göttingen: Hogrefe.

Groen, G., Pössel, P., Al-Wiswasi, S., & Petermann, F. (2003). Universelle, schulbasierte Prävention der Depression im Jugendalter: Ergebnisse einer Follow-Up-Studie. *Kindheit und Entwicklung, 12*(3), 164–174.

Groh, A. M., Roisman, G. I., van IJzendoorn, M. H., Bakermans-Kranenburg, M. J., & Fearon, R. P. (2012). The significance of insecure and disorganized attachment for children's internalizing symptoms: A meta-analytic study. *Child development, 83*(2), 591–610.

Gross. J.J. (2002). Emotion regulation: affective, cognitive, and social consequences. *Psychophysiology, 39*(3), 281–291. doi: 10.1017/s0048577201393198. PMID: 12212647

Gross, J. J. (2014). Emotion regulation: Conceptual and empirical foundations. In J. J. Gross (Ed.), *Handbook of emotion regulation* (2nd ed., pp. 3–20). New York: Guilford Press.

Gutierrez, P. M., Osman, A., Barrios, F. X., & Kopper, B. A. (2001). Development and initial validation of the Self-Harm Behavior Questionnaire. *Journal of personality assessment, 77*(3), 475–490.

Hames, J. L., Hagan, C. R., & Joiner, T. E. (2013). Interpersonal processes in depression. *Annual review of clinical psychology, 9*, 355–377.

Hanisch, C. & Hautzinger, M. (2020). Kognitives Umstrukturieren. In M. Döpfner, M. Hautzinger & M. Linden (Hrsg.), *Verhaltenstherapiemanual: Kinder und Jugendliche. Psychotherapie: Praxis*. Berlin, Heidelberg: Springer.

Hapke, U., Cohrdes, C., & Nübel, J. (2019). Depressive symptoms in a European comparison – Results from the European Health Interview Survey (EHIS) 2. *Journal of Health Monitoring, 4*(4), 57–65.

Harmer, C. J., Duman, R. S., & Cowen, P. J. (2017). How do antidepressants work? New perspectives for refining future treatment approaches. *The Lancet Psychiatry, 4*(5), 409–418.

Harrington, R. (2013). *Kognitive Verhaltenstherapie bei depressiven Kindern und Jugendlichen*, (3. Aufl.). Göttingen: Hogrefe.

Hautzinger, M. (2006). Kognitive Verhaltenstherapie und Interpersonelle Psychotherapie bei Major Depression. In H.-J. Möller (Hrsg.), *Therapie psychischer Erkrankungen* (S. 486–498). Stuttgart: Thieme.

Hautzinger, M. & Döpfner, M. (2020). Selbst- und Fremdbeobachtung. In M. Döpfner, M. Hautzinger & M. Linden (Hrsg.). *Verhaltenstherapiemanual: Kinder und Jugendliche. Psychotherapie: Praxis.* Berlin, Heidelberg: Springer.

Hautzinger, M., Bailer, M., Hofmeister, D., & Keller, F. (2012). *Allgemeine Depressionsskala* (2. Ausg.). Göttingen: Hogrefe.

Hautzinger, M., Keller, F., & Kühner, C. (2009). *Das Beck Depressionsinventar II. Deutsche Bearbeitung und Handbuch zum BDI-II.* Frankfurt a. M.: Harcourt Test Services.

Hautzinger, M., Wahl, M., & Patak, M. (2013). School based, universal primary prevention of depressive symptoms (disorders) in adolescents. *Gesundheitswesen (Bundesverband der Ärzte des Öffentlichen Gesundheitsdienstes [Germamy]), 77*, 66–67.

Havighurst, R. J. (1972). *Developmental tasks and education.* New York: David McKay.

Heimann, T., & Kölch, M. (2021). Rechtliche Aspekte im Kinderschutz. *Praxis der Kinderpsychologie* und Kinderpsychiatrie, 70(1): 6–23.

Heinrichs, N., & Lohaus, A. (2011). *Klinische Entwicklungspsychologie Kompakt.* Weinheim: Beltz.

Hell, D., Böker. H & Marty, T (2001). Integrative Therapie der Depression. Swiss Medical Forum. *Schweizerisches Medizin-Forum, 19*, 494–495

Hetrick, S. E., McKe, J.E., Bailey, A.P., Sharma V., Moller, C.I., Badcock, P.B., Cox, G.R., Merry, S.N. & Meader, N. (2021). New generation antidepressants for depression in children and adolescents: a network meta-analysis. *Cochrane Database Systematic Review, 24,5(5):* CD013674. doi: 10.1002/14651858.CD013674.pub2. PMID: 34029378; PMCID: PMC8143444.

Holtmann, M., & Schmidt, M. H. (2004). Resilienz im Kindes-und Jugendalter. *Kindheit und Entwicklung, 13*(4), 195–200. doi: https://doi.org/10.1026/0942-5403.13.4.195

Homeier, S. (2020). *Sonnige Traurigtage: Ein Kinderfachbuch für Kinder psychisch kranker Eltern.* Frankfurt a. M.:Mabuse-Verlag.

Horvath, A. O., Del Re, A. C., Flückiger, C., & Symonds, D. (2011). Alliance in individual psychotherapy. *Psychotherapy, 48*(1), 9–16. doi: 10.1037/a0022186

Hughes, K., Bellis, M. A., Hardcastle, K. A., Sethi, D., Butchart, A., Mikton, C., . . . Dunne, M. P. (2017). The effect of multiple adverse childhood experiences on health: a systematic review and meta-analysis. *The Lancet Public Health, 2*(8), 356–366.

Huscsava, M., Reinhardt, M., Plener, P., Fegert, J., & Kölch, M. (2020). Update Zulassung von Psychopharmaka für Minderjährige in Deutschland und Österreich. *Psychopharmakotherapie, 27*(2), 44–52.

In-Albon, T. (Hrsg.). (2013). *Emotionsregulation und psychische Störungen im Kindes- und Jugendalter. Grundlagen, Forschung und Behandlungsansätze.* Stuttgart: Kohlhammer.

Ihle, W. & Esser, G. (2002). Epidemiologie psychischer Störungen im Kindes- und Jugendalter. *Psychische Störungen und körperliche Krankheiten im Kindes- und Jugendalter, 53 (4).*

Ingul, J.M., Aune, T. & Nordahl, H.M. (2014). A randomized controlled trial of individual cognitive therapy, group cognitive behaviour therapy and attentional placebo for adolescent social phobia. *Psychotherapie und Psychosomatik, 83(1),* 54–61. doi: 10.1159/000354672. Epub 2013 Nov 19. PMID: 24281563.

Ising, M., Maccarrone, G., Brückl, T., Scheuer, S., Hennings, J., Holsboer, F., . . . Lucae, S. (2019). FKBP5 Gene Expression Predicts Antidepressant Treatment Outcome in Depression. *International Journal of Molecular Science, 20*(3), 485.

IQWiG (2023). Systemische Therapie als Psychotherapieverfahren bei Kindern und Jugendlichen Projekt: N21–03 Version: 1.0 *IQWiG-Berichte –* Nr. 1507

Jaremka, L. M., Lindgren, M. E., & Kiecolt-Glaser, J. K. (2013). Synergistic relationships among stress, depression, and troubled relationships: insights from psychoneuroimmunology. *Depression and anxiety, 30*(4), 288–296.

Jaureguizar, J., Bernaras, E., & Garaigordobil, M. (2017). Child depression: prevalence and comparison between self-reports and teacher reports. *The Spanish Journal of Psychology, 20*, E17. doi:10.1017/sjp.2017.14

John, O. P., & Gross, J. J. (2007). Individual differences in emotion regulation. In J. J. Gross (Ed.), *Handbook of emotion regulation* (pp. 351–372). New York: Guilford Press.

Johnstone, M. (2009). *Mein schwarzer Hund: wie ich meine Depression an die Leine legte.* München: Kunstmann.
Jünger, R. (2014). Soziales Lernen in Grundschule und Kindergarten mit PFADE. *Praxis der Psychomotorik: Zeitschrift für Bewegungs- und Entwicklungsförderung., 2,* 103–108.
Junge, J., Neumer, S., Manz, R., & Margraf, J. (2002). *Gesundheit und Optimismus. GO! Trainingsprogramm für Jugendliche.* Weinheim: Beltz.
Kanfer, F., Reinecker, H., & Schmelzer, D. (2012). Zusammenfassen vorläufiger Hypothesen zu einem funktionalen Bedingungsmodell. In *Selbstmanagement-Therapie.* Berlin, Heidelberg: Springer. doi: https://doi.org/10.1007/978-3-642-19366-8_18
Kanfer, F. H., & Saslow, G. (1965). Behavioral analysis: An alternative to diagnostic classification. *Archives of General Psychiatry, 12,* 529–538.
Katz, S. J., Conway, C. C., Hammen, C. L., Brennan, P. A., & Najman, J. M. (2011). Childhood social withdrawal, interpersonal impairment, and young adult depression: A mediational model.,. *Journal of abnormal child psychology, 39*(8), 1227–1238. doi: 10.1007/s10802–011–9537-z
Karver, M. S., De Nadai, A. S., Monahan, M., & Shirk, S. R. (2018). Meta-analysis of the prospective relation between alliance and outcome in child and adolescent psychotherapy. *Psychotherapy, 55*(4), 341–355. doi: https://doi.org/10.1037/pst0000176
Keller, F., Grieb, J., Köchl, M., & Spröber, N. (2012). *Children's Depression Rating Scale- Revised by E. O. Poznanski and H. B. Mokros Deutsche Version.* Göttingen: Hogrefe.
Keller, F., Kirchner, I., & Pössel, P. (2010). Die Skala dysfunktionaler Einstellungen für Jugendliche (DAS-J). *Zeitschrift für Klinische Psychologie und Psychotherapie, 39,* 234–243.
Keller, L. K., Zöschg, S., Grünewald, B., Roenneberg, T. & Schulte-Körne, G. (2016). Chronotyp und Depression bei Jugendlichen – ein Review. *Zeitschrift für Kinder- und Jugendpsychiatrie und Psychotherapie, 44*(2), 113–126. doi: 10.1024/1422–4917/a000406
Kim, D., Kwan, H.-J-, Ha, M., Lim, M.H. & Kim, K.M. (2021). Network analysis for the symptom of depression with children's depression inventory in a large sample of school-aged children. *Journal of Affective Disorders, 281,* 256–263.
Kiresuk, T. J., & Sherman, R. E. (1968). Goal attainment scaling: A general method for evaluating comprehensive community mental health programs. *Community mental health journal, 4*(6), 443–453.
Kirschbaum, I., Straub, J., Gest, S., Holtmann, M., & Legenbauer, T. (2018). Short-term effects of wake-and bright light therapy on sleep in depressed youth. *Chronobiology international, 35*(1), 101–110.
Kirschbaum-Lesch, I., Gest, S., Legenbauer, T., & Holtmann, M. (2018). Feasibility and efficacy of bright light therapy in depressed adolescent inpatients. *Zeitschrift für Kinder-und Jugendpsychiatrie und Psychotherapie, 46,* 423–429.
Kivelä, L., Papadopoulos, M. R., & Antypa, N. (2018). Chronotype and psychiatric disorders. *Current sleep medicine reports, 4*(2), 94–103.
Klasen, F., Petermann, F., Meyrose, A.-K., Barkmann, C., Otto, C., Haller, A.-C., . . . Ravens-Sieberer, U. (2016). Verlauf psychischer Auffälligkeiten von Kindern und Jugendlichen Ergebnisse der BELLA-Kohortenstudie. *Kindheit und Entwicklung, 25*(1), 10–20.
Kloek, M., Zsigo C. & Schulte-Körne, G. (erscheint 2024). AWMF. S3-Leitlinie Behandlung von depressiven Störungen bei Kindern und Jugendlichen Revision Registernummer 028–043.
Kochenderfer, B. J., & Ladd, G. W. (1996). Peer victimization: Cause or consequence of school maladjustment? *Child Development, 67*(4), 1305–1317.
Kölch, M. (2016). Rechtliche und ethische Fragen im klinischen Alltag. In M. Gerlach, C. Mehler-Wex, S. Walitza, A. Warnke, & C. Wewetzer (Hrsg.), *Neuropsychopharmaka im Kindes- und Jugendalter* (3. aktual. Ausg., S. 81–90). Berlin, Heidelberg: Springer.
Koelch, M., Pfalzer, A. K., Kliegl, K., Rothenhöfer, S., Ludolph, A. G., Fegert, J. M., . . . Egberts, K. (2012). Therapeutic drug monitoring of children and adolescents treated with fluoxetine. *Pharmacopsychiatry, 45*(2), 72–76.
Kölch, M., Plener, P. L., & Fegert, J. M. (2020). Pharmakotherapie–Psychopharmaka in der Kinder-und Jugendpsychiatrie. In M. Kölch, M. Rassenhofer, & J. M. Fegert (Hrsg.), *Kli-*

nikmanual Kinder-und Jugendpsychiatrie und-psychotherapie (3. Ausg., S. 615–644). Heidelberg: Springer.

Kölch, M., & Vogel, H. (2016). Unterbringung von Kindern und Jugendlichen nach freiheitsentziehenden Maßnahmen. *Zeitschrift für Kinder- und Jugendpsychiatrie, 44*(1), 39–48.

Kovacs, M., Feinberg, T. L., Crouse-Novak, M. A., Paulauskas, S. L., & Finkelstein, R. (1984). Depressive Disorders in Childhood I. A Longitudinal Prospective Study of Characteristics and Recovery. *Archives of General Psychiatry, 41*(3), 229–237. doi: doi:10.1001/archpsyc.1984.01790140019002

Kroenke, K., Strine, T. W., Spitzer, R. L., Williams, J. B., Berry, J. T., & Mokdad, A. H. (2009). The PHQ-8 as a measure of current depression in the general population. *Journal of affective disorders, 114*(1–3), 163–173.

Kwong, A. S., Manley, D., Timpson, N. J., Pearson, R. M., Heron, J., Sallis, H., . . . Leckie, G. (2019). Identifying critical points of trajectories of depressive symptoms from childhood to young adulthood. *Journal of Youth and Adolescence, 48*(4), 815–827.

Lloyd, E. E., Kelley, M. L., & Hope, T. (1997). *Self-mutilation in a community sample of adolescents: Descriptive characteristics and pro-visional prevalence rates.* Poster session presented at the annual meeting of the Society for Behavioral Medicine, New Orleans, LA.

LaGrant, B., Marquis, B.O., Berg, A.T., Grinspan, Z.M. (2020). Depression and anxiety in children with epilepsy and other chronic health conditions: National estimates of prevalence and risk factors. *Epilepsy & Behavior, 103*(Pt A),106828. doi: 10.1016/j.yebeh.2019.106828.

LaGrant, B., Marquis, B.O., Berg, A.T. & Grinspan, Z.M. (2020). Depression and anxiety in children with epilepsy and other chronic health conditions: National estimates of prevalence and risk factors. *Epilepsy & Behavior, 103*(Pt A),106828. doi: 10.1016/j.yebeh.2019.106828.

Legenbauer, T., Kirschbaum-Lesch, I., Jörke, C., Kölch, M., Reis, O., Berger, C., … & Holtmann, M. (2024). Bright light therapy as add-on to inpatient treatment in youth with moderate to severe depression: A randomized clinical trial. *JAMA psychiatry.*

Lewinsohn, P. M. (1975). The behavioral study and treatment of depression. In *Progress in behavior modification* (Vol. 1, pp. 19–64). Elsevier.

Lewinsohn, P. M., Allen, N. B., Seeley, J. R., & Gotlib, I. H. (1999). First onset versus recurrence of depression: differential processes of psychosocial risk. *Journal of abnormal psychology, 108*(3), 483–489.

Lewinsohn, P. M., Rohde, P., & Hautzinger, M. (1994). Kognitive Verhaltenstherapie depressiver Störungen im Jugendalter. Forschungsergebnisse und Behandlungsempfehlungen. *Psychotherapeut, 39,* 353–359.

Lieb, R., Isensee, B., Höfler, M., Pfister, H., & Wittchen, H. U. (2002). Parental major depression and the risk of depression and other mental disorders in offspring: a prospective-longitudinal community study. *Archives of general psychiatry, 59*(4), 365–374.

Lieberman, M. D., Eisenberger, N. I., Crockett, M. J., Tom, S. M., Pfeifer, J. H., & Way, B. M. (2007). Putting feelings into words. *Psychological Science, 18*(5), 421–428. doi: https://doi.org/10.1111/j.1467-9280.2007.01916.x

Lincke, L., Martin-Döring, T., Daunke, A., Sadkowiak, A., Nolkemper, D., Spröber-Kolb, N., Bienioschek, S., Reis, O. & Kölch, M. (in press). Integration of a Mental Health App (e-MICHI) into a Blended Treatment of Depression in Adolescents: Feasibility Trial in an Outpatient, Naturalistic Setting.*Journal of formative research.*

Locher, C., Koechlin, H., Zion, S. R., Werner, C., Pine, D. S., Kirsch, I., . . . Kossowsky, J. (2017). Efficacy and safety of Selective Serotonin Reuptake Inhibitors, Serotonin-Norepinephrine Reuptake Inhibitors, and placebo for common psychiatric disorders among children and adolescents: A systematic review and meta-analysis. *JAMA psychiatry, 74*(10), 1011–1020. doi:10.1001/jamapsychiatry.2017.2432.

Loose, C. (2024). ST-KJ Grundlagen und empirische Evidenz vom 03.03.2023. ST-Forschung und Publikationen.

Loose, C., Graaf, P., & Zarbock, G. (Hrsg.). (2013). *Schematherapie mit Kindern und Jugendlichen: Mit Online-Materialien.* Weinheim: Beltz.

Long T., Rui J., Kuo Z., Zhikan Q., Peng C., Yili L., Yuyou Y. (2020). Light therapy in nonseasonal depression: An update meta-analysis. *Psychiatry Research, 291.* doi: org/10.1016/j.psychres.2020.113247.

Madigan, S., Atkinson, L., Laurin, K., & Benoit, D. (2013). Attachment and internalizing behavior in early childhood: a meta-analysis. *Developmental psychology*, 49(4), 672–689.

Main, M., & Solomon, J. (1990). Procedures for Identifying Infants as Disorganised/Disoriented during the Ainsworth Strange Situation. In M. T. Greenberg, D. Cicchetti, & E. M. Cummings (Eds.), *Attachment in the Preschool Years: Theory, Research, and Intervention* (pp. 121–160). The University of Chicago Press.

March, J., Silva, S., Petrycki, S., Curry, J., Wells, K., Fairbank, J., . . . Severe, J. (2004). Fluoxetine, cognitive-behavioral therapy, and their combination for adolescents with depression: Treatment for Adolescents With Depression Study (TADS) randomized controlled trial. *JAMA*, 292(7), 807–820.

Martin, D. J., Garske, J. P., & Davis, M. K. (2000). Relation of the therapeutic alliance with outcome and other variables: a meta-analytic review. *Journal of consulting and clinical psychology*, 68(3), 438–450.

Martinez, V., Rojas, G., Martinez, P. , Gaete, J., Zitko, P., Vöhringer, P., Araya, R. (2019). Computer-assissted cognitive-behavioral therapy to treat adolescents with depression in promary health care centers in Santiago, Chile: a randomized controlled trial. Frontiers of Psychiatry, 10 (552). https:// doi.org/10.3389/fpsyt.2019.00552

McCauley, E., Pavlidis, K., & Kendall, K. (2001). Developmental precursors of depression: The child and the social environment. In I. M. Goodyer (Ed.), *The depressed child and adolescent* (pp. 46–78). Cambridge: Cambridge University Press.

McGorry, P.& Purcell, R. (2009). Youth mental health reform and early intervention: encouraging early signs. *Early Interventionin Psychiatry*, 3(3),161–162. doi: 10.1111/j.1751-7893.2 009.00128.x. PMID: 22640378.

Meichenbaum, D. (1991). *Intervention bei Streß. Anwendung und Wirkung des Stressimpfungstrainings.* Bern, Stuttgart: Huber.

Meinzer, M. C., Pettit, J. W., Waxmonsky, J. G., Gnagy, E., Molina, B. S., & Pelham, W. E. (2016). Does childhood Attention-Deficit/Hyperactivity Disorder (ADHD) predict levels of depressive symptoms during emerging adulthood? *Journal of Abnormal Child Psychology*, 44(4), 787–797. doi: https://doi.org/10.1007/s10802-015-0065-0

Merry, S. N., Stasiak, K., Shepherd, M., Frampton, C., Fleming, T., & Lucassen, M. F. (2012). The effectiveness of SPARX, a computerised self help intervention for adolescents seeking help for depression: randomised controlled non-inferiority trial. *British Medical Journal*, doi: 10.1136/bmj.e2598.

Mosch, E. V. (2008). *Mamas Monster.* Bonn: Balance.

Mufson, L. (2010). Interpersonal Psychotherapy for Depressed Adolescents (IPT-A): Extending the Reach from Academic to Community Settings. *Child and Adolescent Mental Health*, 15(2), 66–72.

Murphy S.E., Capitão L.P., Giles S.L.C., Cowen P.J., Stringaris A. & Harmer C.J. (2021). The knowns and unknowns of SSRI treatment in young people with depression and anxiety: efficacy, predictors, and mechanisms of action. *Lancet Psychiatry*, 8(9), 824–835. doi: 10.1 016/S2215-0366(21)00154-1. PMID: 34419187.

Murphy, M. J., & Peterson, M. J. (2015). Sleep disturbances in depression. *Sleep medicine clinics*, 10(1), 17–23.

Neudeck, P., & Mühlig, S. (2013). *Therapie-Tools Verhaltenstherapie: Therapieplanung, Probatorik, Verhaltensanalyse. Mit Online-Materialien.* Weinheim: Beltz.

Nezu, A. M., Nezu, C. M., & Perri, M. G. (1989). *Problem-solving therapy for depression: Theory, research, and clinical guidelines.* New Jersey: John Wiley & Sons.

Nolen-Hoeksema, S. (1991). Responses to depression and their effects on the duration of depressive episodes. *Journal of abnormal psychology*, 100(4), 569–582.

Nolen-Hoeksema, S. (1995). Gender differences in coping with depression across the lifespan. *Depression*, 3(1–2), 81–90.

Nolen-Hoeksema, S. (2000). The role of rumination in depressive disorders and mixed anxiety/depressive symptoms. *Journal of abnormal psychology*, 109(3), 504–511.

Nolkemper, D., Wiggert, N., Müller, S., Fegert, J., & Kölch, M. (2019). Partizipation und Informationspraxis in der Kinder- und Jugendpsychiatrie. *Praxis der Kinderpsychologyl. Kinderpsychiatry.*, 68(4), 271–285. doi: 10.13109/prkk.2019.68.4.271

Nußbaumer-Streit, B., Kien, C., Titscher, V., Dobrescu, A., Teufer, B., Probst, T., Strohmaier, C., Stanak, M., Zechmeister-Koss, I. & Kallab, S. (2019). Depressionen bei Kindern und Jugendlichen: Führt Psychotherapie im Vergleich zu anderen Therapien zu besseren Ergebnissen? *HTA-Bericht, 44*.

Oddy, W. H., Allen, K. L., Trapp, G. S., Ambrosini, G. L., Black, L. J., Huang, R. C., . . . Mori, T. A. (2018). Dietary patterns, body mass index and inflammation: Pathways to depression and mental health problems in adolescents. *Brain Behav Immun , 69*, 428–439.

Oei, T. P., & Dingle, G. (2008). The effectiveness of group cognitive behaviour therapy for unipolar depressive disorders. *Journal of Affective Disorders, 107*, 5–21.

Orth, U., Robins, R. W., & Roberts, B. W. (2008). Low self-esteem prospectively predicts depression in adolescence and young adulthood. *Journal of Personality and Social Psychology, 95*, 695–708. doi: 10.1037/0022-3514.95.3.695

Palagini, L., & Rosenlicht, N. (2011). Sleep, dreaming, and mental health: a review of historical and neurobiological perspectives. *Sleep Medicine Reviews, 15*(3), 179–186.

Park, R. J., & Goodyer, I. M. (2000). Clinical guidelines for depressive disorders in childhood and adolescence. *European child & adolescent psychiatry, 9*(3), 147–161.

Petermann, F. (2017). *WISC–V. Wechsler Intelligence Scale for Children – Fifth Edition. Deutschsprachige Adaptation der WISC-V von David Wechsler.* Frankfurt a. M.: Pearson Assessment.

Petermann, U., & Petermann, F. (2013). *Therapie-Tools Kinder- und Jugendlichenpsychotherapie: Mit Online-Materialien.* Weinheim: Beltz.

Plener, P. L., Fischer, C. J., In-Albon, T., Rollett, B., Nixon, M. K., Groschwitz, R. C., & Schmid, M. (2013). Adolescent non-suicidal self-injury (NSSI) in German-speaking countries: comparing prevalence rates from three community samples. *Social Psychiatry and Psychiatric Epidemiology.* doi: 10.1007/s00127-012-0645-z

Plener, P. L., Libal, G., Keller, F., Fegert, J. M., & Muehlenkamp, J. J. (2009). An international comparison of adolescent non-suicidal self-injury (NSSI) and suicide attempts: Germany and the USA. *Psychological medicine, 39*(9), 1549–1558.

Piechaczek C.E., Greimel E., Feldmann L., Pehl V., Allgaier A.K., Frey M., Freisleder F.J., Halldorsdottir T., Binder E.B., Ising M. & Schulte-Körne G. (2019) Interactions between FKBP5 variation and environmental stressors in adolescent Major Depression. *Psychoneuroendocrinology, 106*, 28–37. doi: 10.1016/j.psyneuen.2019.03.025.

Poessel, P., Horn, A. B., Seemann, S., & Hautzinger, M. (2004). *LARS & LISA: Lust an realistischer Sicht und Leichtigkeit im sozialen Alltag: Trainingsprogramm zur Praevention von Depressionen bei Jugendlichen.* Goettingen: Hogrefe.

Pössel, P., Seemann, S., & Hautzinger, M. (2005). Evaluation eines deutschsprachigen Instrumentes zur Erfassung positiver und negativer automatischer Gedanken. *Zeitschrift für Klinische Psychologie und Psychotherapie, 34*(1), 27–34.

Polanczyk, G. V., Salum, A, G., Sugaya, L. S., Caye, A., & Rohde, L. A. (2015). Annual Research Review: A meta-analysis of the worldwide prevalence of mental disorders in children and adolescents. *Journal of Child Psychology and Psychiatry, 56*(3), 345–365.

Qualter, P., Brown, S. L., Munn, P., & Rotenberg, K. J. (2010). Childhood loneliness as a predictor of adolescent depressive symptoms: an 8-year longitudinal study. *European Child & Adolescent Psychiatry, 19*(6), 493–501. doi :10.1007/s00787-009-0059-y

Rasic, D., Hajek, T., Alda, M., & Uher, R. (2014). Risk of mental illness in offspring of parents with schizophrenia, bipolar disorder, and major depressive disorder: a meta-analysis of family high-risk studies. *Schizophrenia bulletin, 40*(1), 28–38.

Reinhardt, M., Wunsch, K., Weirich, S., Häßler, F., & Buchmann, J. (2018). Fallbericht einer 15-jährigen Patientin mit einer schweren wahnhaften Depression, behandelt mit Elektrokonvulsionstherapie. *Zeitschrift der Kinder- und Jugendpsychiatrie Psychotherapie, 46*(6), 536–541.

Rice, F., Riglin, L., Lomax, T., Souter, E., Potter, R., Smith, D.J., Thapar, A.K. & Thapar, A. (2019). Adolescent and adult differences in major depression symptom profiles. *Journal of Affective Disorders, 243*, 175–181. doi: 10.1016/j.jad.2018.09.015.

Remschmidt, H., Schmidt, M., & Poustka, F. (2012). *Multiaxiales Klassifikationsschema für psychische Störungen des Kinder- und Jugendalters nach ICD-10 der WHO – Mit einem synoptischen Vergleich von ICD-10 und DSM-IV* (6. Ausg.). Bern: Hans Huber Verlag.

Roedinger, E. (2011). *Praxis der Schematherapie* (2. völlig überarb. und erw. Ausg.). Stuttgart: Schattauer.

Roenneberg, T., Kuehnle, T., Juda, M., Kantermann, T., Allebrandt, K., Gordijn, M., & Merrow, M. (2007). Epidemiology of the human circadian clock. .*Sleep medicine reviews, 11*(6), 429–438.

Rønnstad, A.T.M., Halling-Overgaard, A.S., Hamann, C.R., Skov, L., Egeberg, A. & Thyssen J.P. (2018). Association of atopic dermatitis with depression, anxiety, and suicidal ideation in children and adults: A systematic review and meta-analysis. *Journal of the American Academy of Dermatology, 79(3)*, 448–456.e30. doi: 10.1016/j.jaad.2018.03.017.

Roeser, K., Schlarb, A. A., & Kübler, A. (2013). The Chronotype-Academic Performance Model (CAM): Daytime sleepiness and learning motivation link chronotype and school performance in adolescents. *Personality and Individual Differences, 54*(7), 836–840.

Rogers, C. R. (2004). *Therapeut und Klient. Grundlagen der Gesprächspsychotherapie.* Frankfurt a. M.: Fischer.

Rohde, P., Lewinsohn, P. M., Klein, D. N., Seeley, J. R., & Gau, J. M. (2013). Key characteristics of major depressive disorder occurring in childhood, adolescence, emerging adulthood, and adulthood. *Clinical Psychological Science, 1*(1), 41–53. doi: https://doi.org/10.1177/2167702612457599

Rood, L., Roelofs, J., Bögels, S. M., Nolen-Hoeksema, S., & Schouten, E. (2009). The influence of emotion-focused rumination and distraction on depressive symptoms in non-clinical youth: A meta-analytic review. *Clinical psychology review, 29*(7), 607–616.

Rose, A.J. (2003). Co-Rumination in the Friendships of Girls and Boys. *Child Development, 73*(6),1830–1843. doi: 10.1111/1467-8624.00509.

Russo, P. M., Bruni, O., Lucidi, F., Ferri, R., & Violani, C. (2007). Sleep habits and circadian preference in Italian children and adolescents. *Journal of sleep research, 16*(2), 163–169.

Safer, D. J., & Zito, J. M. (2006). Treatment-emergent adverse events from selective serotonin reuptake inhibitors by age group: children versus adolescents. *Journal of Child & Adolescent Psychopharmacology,, 16*(1–2), 159–169.

Salpekar, J. A., & Mula, M. (2019). Common psychiatric comorbidities in epilepsy: how big of a problem is it? *Epilepsy & Behavior, 98*, 293–297.

Saluja, G., Lachan, R., Scheidt, P. C., Overpeck, M. D., Sun, W., & Giedd, J. N. (2004). Prevalence of and risk factors for depressive symptoms among young adolescents. *Archives of Pediatrics and Adolescent Medicine, 158*(8), 760–765. doi: 10.1001/archpedi.158.8.760

Schmauß, M. (2020). Unipolare Depression: Pharmakotherapie und Psychotherapie. . In U. Voderholzer, & F. Hohagen (Hrsg.), *Therapie psychischer Erkrankungen – State of the art* (15. Ausg., S. 175–197). München: Elsevier.

Schnatschmidt, M. & Schlarb, A. (2018). Review: Schlafprobleme und psychische Störungen im Kindes- und Jugendalter. *Zeitschrift für Kinder- und Jugendpsychiatrie und Psychotherapie, 46(5)*, 368–381. doi: 10.1024/1422-4917/a000605. Epub 2018 Jul 27. PMID: 30051752.

Schneider, S., Pflug, V., In-Albon, T., & Margraf, J. (2017). *Kinder-DIPS Open Access: Diagnostisches Interview bei psychischen Störungen im Kindes- und Jugendalter.* Bochum: Forschungs- und Behandlungszentrum für psychische Gesundheit, Ruhr-Universität Bochum. doi: 10.13154/rub.101.90

Seiffge-Krenke, I., & Klessinger, N. (2001). Gibt es geschlechtsspezifische Faktoren in der Vorhersage depressiver Symptome im Jugendalter? *Zeitschrift für klinische Psychologie und Psychotherapie, 30*(1), 22–32.

Seligman, M.E. (1974). Depression and learned helplessness. In R. Friedman, & M. M. Katz (Eds.), *The psychology of depression: Contemporary theory and research* (pp. 402–412). Washington, DC: Winston-Wiley.

Sharma, T., Guski, L. S., Freund, N., & Gøtzsche, P. C. (2016). Suicidality and aggression during antidepressant treatment: systematic review and meta-analyses based on clinical study reports. *British Medical Journal, 352.* doi: https://doi.org/10.1136/bmj.i65

Schaich, A., Outzen, J., Assmann, N., Gebauer, C., Jauch-Chara, K., Alvarez-Fischer, D., Hüppe, M., Wells, A., Schweiger, U., Klein, J.P. & Fassbinder, E. (2023). The effectiveness of metacognitive therapy compared to behavioral activation for severely depressed outpatients: A single-center randomized trial. *Psychotherapie und Psychosomatik, 92 (1)*, 38–48.

Shore, L., Toumbourou, J. W., Lewis, A. J., & Kremer, P. (2018). Longitudinal trajectories of child and adolescent depressive symptoms and their predictors – a systematic review and meta-analysis. *Child and Adolescent Mental Health, 23*(2), 107–120.

Schneider, W. & Lindenberger, U. (Hrsg.) (2018). *Entwicklungspsychologie*. Weinheim: Beltz.

Schulte-Körne, G., Klingele, C., Zsigo, C. & Kloek, M. (2023). S3-Leitline im Kindes- und Jugendalter: Wo geht es hin? *Bundesgesundheitsblatt, 66*. 767–773.

Short, M. A., Gradisar, M., Lack, L. C., & Wright, H. R. (2013). The impact of sleep on adolescent depressed mood, alertness and academic performance. *Journal of Adolescence, 36*(6), 1025–1033.

Simons, M. (2016). Die Ohnmacht der Gedanken—Metakognitive Therapie für Kinder und Jugendliche. *Zeitschrift für Kinder- und Jugendpsychiatrie und Psychotherapie, 44*(6), 423–431. doi: https://doi.org/10.1024/1422-4917/a000438

Skinner, B. F. (1953). Some contributions of an experimental analysis of behavior to psychology as a whole. *American Psychologist, 8*(2), 69–78.

Spröber, N., Straub, J. & Kölch, M: (2012). *Depression im Jugendalter: MICHI – Manual für die Gruppentherapie*. Weinheim: Beltz.

Spröber, N. & Dresbach, E. (2022). *Therapie-Tools Mobbing im Kindes- und Jugendalter*. Weinheim: Beltz.

Spruit, A., Goos, L., Weenink, N., Rodenburg, R., Niemeyer, H., Stams, G. J., & Colonnesi, C. (2019). The relation between attachment and depression in children and adolescents: A multilevel meta-analysis. *Clinical child and family psychology review, 23*(1), 54–69. doi: https://doi.org/10.1007/s10567-019-00299-9

Steinmeier-Pelster, J., Braune-Krickau, M., Schürmann, M., & Duda, K. (2014). *Depressionsinventar für Kinder und Jugendliche* (3., überarb. und neu normierte Ausg.). Göttingen: Hogrefe.

Stephenson, D. D., Beaton, E. A., Weems, C. F., Angkustsiri, K., & Simon, T. J. (2015). Identifying patterns of anxiety and depression in children with chromosome 22q11.2 deletion syndrome: comorbidity predicts behavioral difficulties and impaired functional communications. *Behavioural brain research, 276*, 190–198.

Storm, A. (Hrsg.)(2019). DAK Kinder- und Jugendreport 2019: Gesundheitsversorgung von Kindern und Jugendlichen in Deutschland Schwerpunkt: Ängste und Depressionen bei Schulkindern. In A. Storm (Hrsg.), *Beiträge zur Gesundheitsökonomie und Versorgungsforschung* (Bd. 31).

Straub, J., Metzger, C. D., Plener, P. L., Koelch, M. G., Groen, G., & Abler, B. (2017). Successful group psychotherapy of depression in adolescents alters fronto-limbic resting-state connectivity. *Journal of affective disorders, 209*, 135–139.

Straub, J., Plener, P. L., Keller, F., Fegert, J. M., Spröber, N., & Kölch, M. G. (2015). MICHI—Eine Gruppen-Kurzzeitpsychotherapie zur Behandlung von Depressionen bei Jugendlichen: Eine Randomisierte kontrollierte. *Kindheit und Entwicklung: Zeitschrift für Klinische Kinderpsychologie, 24*(3), 189–198. doi: https://doi.org/10.1026/0942-5403/a000175

Straub, J., Plener, P. L., Sproeber, N., Sprenger, L., Koelch, M. G., Groen, G., & Abler, B. (2015). Neural correlates of successful psychotherapy of depression in adolescents. *Journal of affective disorders, 183*, 239–246.

Strawn J. R., Mills J. A. & Croarkin P. E. (2019). Switching Selective Serotonin Reuptake Inhibitors in adolescents with Selective Serotonin Reuptake Inhibitor-Resistant major depressive disorder: Balancing tolerability and efficacy. *J Child Adolesc Psychopharmacol*. doi: 10.1089/cap.2018.0145.

Swedo, S. E., Allen, A. J., Glod, C. A., Clark, C. H., Teicher, M. H., Richter, D., Hoffman, C., Hamburger, S. D., Dow, S., Brown, C. & Rosenthal, N. E. (1997). A controlled trial of light therapy for the treatment of pediatric seasonal affective disorder. *Journal of the American Academy of Child & Adolescent Psychiatry, 36*(6), 816–821. doi: 10.1097/00004583–199706000–00019. PMID: 9183137.

Teasdale, J. D. (1988). Cognitive vulnerability to persistent depression. *Cognition & Emotion, 2*(3), 247–274.

Tzischinsky, O., & Shochat, T. (2011). Eveningness, sleep patterns, daytime functioning, and quality of life in Israeli adolescents. *Chronobiology international, 28*(4), 338–343.

Ubben, B. (2015). *Planungsleitfaden Verhaltenstherapie, Sitzungsaufbau, Probatorik, Bericht an den Gutachter, mit E-Book inside und Arbeitsmaterial* (2., überarb. Ausg.). Weinheim: Beltz.

Uher R., Caspi A., Houts R., Sugden K., Williams B., Poulton R., Moffitt T.E. (2011). Serotonin transporter gene moderates childhood maltreatment's effects on persistent but not single-episode depression: replications and implications for resolving inconsistent results. *Journal of Affective Disorder, 135(1–3)*, 56–65. doi: 10.1016/j.jad.2011.03.010

Vidal-Ribas, P., Brotman, M. A., Salum, G. A., Kaiser, A., Meffert, L., Pine, D. S., . . . Stringaris, A. (2018). Deficits in emotion recognition are associated with depressive symptoms in youth with disruptive mood dysregulation disorder. *Depression and anxiety, 35* (12), 1207–1217.

Vollmer, C., Schaal, S., Hummel, E., & Randler, C. (2011). Association among school-related, parental and self-related problems and morningness–eveningness in adolescents. . *Stress and health, 27*(5), 413–419.

Vrijen, C., Hartman, C. A., & Oldehinkel, A. J. (2019). Reward-related attentional bias at age 16 predicts onset of depression during 9 years of follow-up. *Journal of the American Academy of Child & Adolescent Psychiatry, 58*(3), 329–338.

Vulser, H., Paillère Martinot, M. L., Artiges, E., Miranda, R., Penttilä, J., Grimmer, Y., . . . Kappel, V. (2018). Early variations in white matter microstructure and depression outcome in adolescents with subthreshold depression. *American Journal of Psychiatry,, 175*(12), 1255–1264.

Walter, D. & Döpfner, M. (2020). *Schulvermeidung. Leitfaden Kinder- und Jugendpsychotherapie*, Bd 27. Göttingen: Hogrefe.

Waraan. L., Rognli, E.W., Czajkowski, N.O., Aalberg M. & Mehlum L. (2021). Effectiveness of attachment-based family therapy compared to treatment as usual for depressed adolescents in community mental health clinics. *Child & Adolescent Psychiatry,* 12;15(1):8. doi: 10.1186/s13034-021-00361-x. PMID: 33579332; PMCID: PMC7881666.

Wartberg, L., Kriston, L., & Thomasius, R. (2018). Depressive Symptoms in Adolescents Prevalence and Associated Psychosocial Features in a Representative Sample. *Deutsches Ärzteblatt International, 115*(33–34), 549–555.

Weisz, J. R., McCarty, C. A., & Valeri, S. M. (2006). Effects of Psychotherapy for Depression in Children and Adolescents: A Meta-Analysis. *Psychological Bulletin, 132*(1), 132–149.

Wells, A., & Fisher, P. (Eds.). (2016). *Treating depression: MCT, CBT and third wave therapies.* New Jersey: Wiley Blackwell.

Wells, A. & Papageorgiou, C. (2001). Brief cognitive therapy for social phobia: a case series. *Behaviour Research and Therapy, 39*, 713–20.

Weltgesundheitsorganisation [WHO]. (2014). *Internationale Klassifikation psychischer Störungen ICD-10 Kapitel V (F)* (9. Ausg.). (H. Dilling, W. Mombour, & M. H. Schmidt, Hrsg.) Bern: Huber.

Werner, K., & Gross, J. J. (2010). Emotion Regulation and Psychopathology. A Conceptual Framework. In A. M. Kring, & D. M. Sloan (Eds.), *Emotion Regulation and Psychopathology. A Transdiagnostic Approach to Etiology and Treatment* (pp.13–37). New York: Guilford Press.

Wilkinson, P. O., Croudace, T. J., & Goodyer, I. M. (2013). Rumination, anxiety, depressive symptoms and subsequent depression in adolescents at risk for psychopathology: a longitudinal cohort study. *BMC Psychiatry,13*, 250. doi: 10.1186/1471-244X-13-250. PMID: 24103296; PMCID: PMC3851454.

Winter, L., Schweiger, U. & Kahl, K.G. (2020). Feasibility and outcome of metacognitive therapy for major depressive disorder: a pilot study. *BMC Psychiatry, 20*, 566. doi: https://doi.org/10.1186/s12888-020-02976-4

Wirtz, M. A. (Hrsg.). (2020). *Dorsch – Lexikon der Psychologie* (19., überarb. Aufl.). Bern: Hogrefe.

Witt, A., Sachser, C., Plener, P. L., Brähler, E., & Fegert, J. M. (2019). The prevalence and consequences of adverse childhood experiences in the German population. *Deutsches Ärzteblatt International, 116*(38), 635–642.

Wittmann, M., Dinich, J., Merrow, M., & Roenneberg, T. (2006). Social jetlag: misalignment of biological and social time. *Chronobiology international, 23*(1–2), 497–509.

World Health Organization [WHO]. (30. January 2020). Depression. Abgerufen unter https://www.who.int/en/news-room/fact-sheets/detail/depression [23.12.24]

Yang, Y., Liu, X., Liu, ZZ-, Tein, J.Y. & Jia, C.X. (2023). Life stress, insomina, and anxiety/depressive symptoms in adolescents: A three-wave longitudinal study. *Journal of Affective Disorders, 322*, 91–98.

Yu, J., Putnick, D. L., Hendricks, C., & Bornstein, M. H. (2017). Health-risk behavior profiles and reciprocal relations with depressive symptoms from adolescence to young adulthood. *Journal of Adolescent Health, 61(6)*, 773–778.

Zhou, X., Hetrick, S.E., Cuijpers, P., Qin, B., Barth, J., Whittington, C.J., Cohen, D., Del Giovane, C., Liu, Y., Michael, K.D., Zhang, Y., Weisz, J.R., Xie, P. (2015). Comparative efficacy and acceptability of psychotherapies for depression in children and adolescents: A systematic review and network meta-analysis. *World Psychiatry, 14(2)*, 207–222. doi: 10.1002/wps.20217. PMID:

Anhang: Arbeitsblätter

AB 1: Das bin ich! Selbstbeschreibung für Kinder
AB 2: Das bin ich! Selbstbeschreibung für Jugendliche und junge Erwachsene
AB 3: Ich beobachte meine Gefühle! (Gefühlsbeobachtung für Kinder)
AB 4: Ich beobachte meine Gefühle (Gefühlsbeobachtungen für Jugendliche und junge Erwachsene)
AB 5: Beobachtungsbogen für schwierige und tolle Momente für Eltern und Bezugspersonen
AB 6: Weshalb geht es mir nicht gut? Und wie könnte es besser werden? (Krankheits- und Veränderungsmodelle für Kinder/Jugendliche/junge Erwachsene/Eltern und Bezugspersonen)
AB 7: Befundbesprechung und Ziele für Veränderungen
AB 8: Zielerreichung (Festlegung der Ziele für Kinder, Jugendliche, junge Erwachsene und Eltern/Bezugspersonen)

AB 1: Das bin ich! Selbstbeschreibung für Kinder

Bitte zeichne dich in den Kasten. Verbinde dann die Eigenschaftswörter, die zu dir passen. Willst du noch welche ergänzen? Schreibe zum Schluss deine Hobbies auf.

lustig	mutig	ängstlich	ideenreich
nachdenklich	hilfsbereit	mitfühlend	gute Freundin/guter Freund
interessiert	willensstark	kompromissbereit	
sportlich	stark	freundlich	genervt
wütend	ehrlich	frech	friedfertig

Hier ist Platz für noch mehr Eigenschaften:

_____

_____

_____

_____

Meine Hobbies sind:

_____

_____

_____

_____

AB 2: Das bin ich! Selbstbeschreibung für Jugendliche und junge Erwachsene

Bitte klebe/kleben Sie ein Foto in den Kasten, das du/Sie von dir magst/das Sie von sich mögen.

```
┌─────────────────────────────────────────┐
│                                         │
│                                         │
│                                         │
│                                         │
│                                         │
│                                         │
│                                         │
│                                         │
└─────────────────────────────────────────┘
```

Wann ist das Foto entstanden?
_____

Ausgesucht habe ich es, weil:
_____

Zufrieden bin ich in meinem Leben, wenn:
_____

Unzufrieden bin ich, wenn:
_____

Das sind meine Hobbies:

AB 3: Ich beobachte meine Gefühle!
   (Gefühlsbeobachtung für Kinder)

Bitte stelle die Gefühle selbst dar und halte den zum Gefühl gehörigen Gesichtsausdruck mit einem Foto fest[4].

So sehe ich aus, wenn ich ...

froh bin

glücklich bin

---

4 Der jeweilige Gefühlsausdruck kann dabei entweder mit einer Sofortbildkamera aufgenommen werden oder mit einer Digitalkamera. Vervielfältigen Sie die Gefühlsausdrücke und geben Sie diese dem Kind in einem Umschlag mit. Alternativ können auch gezeichnete Gefühlsgesichter verwendet werden.

Anhang: Arbeitsblätter

traurig bin

ängstlich bin

wütend bin

angeekelt bin

gleichgültig bin

AB 3: Ich beobachte meine Gefühle! (Gefühlsbeobachtung für Kinder)

Ich beobachte meine Gefühle eine ganze Woche lang.

Datum der Beobachtung: _____

Bitte überlege immer nach dem Mittagessen und vor dem Zubettgehen, wie du dich morgens/nachmittags/abends gefühlt hast. Klebe den zugehörigen Gesichtsausdruck ein. Manchmal passen vielleicht auch mehrere Gefühle. Willst du noch notieren, weshalb du dich so gefühlt hast (z. B. mit Freund*innen getroffen, Streit mit Eltern)?

	morgens	nachmittags	abends
Montag			
Dienstag			
Mittwoch			
Donnerstag			
Freitag			
Samstag			
Sonntag			

AB 4: Ich beobachte meine Gefühle (Gefühlsbeobachtung für Jugendliche und junge Erwachsene)

Bitte beobachte/beobachten Sie über eine Woche hinweg, wie deine/Ihre Stimmung ist. Es gilt dabei: – 3 = ganz mies; 0 = neutral; + 3 = super
Bitte notiere auch kurz/notieren Sie kurz, was Sie in diesem Zeitraum getan haben (z. B. Bandprobe, Treffen mit Freund*innen).

Beobachtungszeitraum:

	7– 9 Uhr	9– 11 Uhr	11– 13 Uhr	13– 15 Uhr	15– 17 Uhr	17– 19 Uhr	19– 21 Uhr	bis zum Zubettgehen
Montag								
Dienstag								
Mittwoch								
Donnerstag								
Freitag								
Samstag								
Sonntag								

AB 5: Beobachtungsbogen für schwierige und tolle Momente für Eltern und Bezugspersonen

Datum der schwierigen Situation: _____

Was war los? Beschreibung der Situation	Was ging in _____ [Name Kind] eventuell vor?	Was hat _____ getan?	Welche Folgen hatte das Verhalten? Was habe ich getan?

Welche tollen Momente hatte ich mit _____ [Name Kind] in dem Beobachtungszeitraum?

Hier ist Platz für alle tollen Momente.

_____

_____

_____

_____

_____

_____

AB 6: Weshalb geht es mir nicht gut? Und wie könnte es besser werden?

(Krankheits- und Veränderungsmodelle für Kinder/Jugendliche/junge Erwachsene/Eltern und Bezugspersonen)

Überlegungen von: _____ [Name] am: _____ [Datum]

Das sind Gründe, die dazu geführt haben, dass die Depression entstanden ist:

_____

_____

_____

_____

_____

_____

_____

Ich glaube, so könnte es sich verändern: [Ideen zur Veränderung notieren]

_____

_____

_____

_____

_____

_____

AB 7: Befundbesprechung und Ziele für Veränderungen[5]

Name Patient*in: _____

Patient*in kam zum Erstgespräch am: _____

Folgende Probleme/Problemverhaltensweisen wurden geschildert:

_____

Folgende Stärken/Ressourcen wurden genannt, bzw. wurden in der Diagnostikphase erkannt:

_____

Diese Krankheitsbilder wurden überlegt und überprüft:

_____

Übersicht der eingesetzten diagnostischen Instrumente und Ergebnisse:

Durchgeführte Fragebogen: Ergebnisse:

_____

Durchgeführte Tests: Ergebnisse:

_____

Erkenntnisse Verhaltensbeobachtung:

Zusätzlich durchgeführte diagnostische Methoden: Ergebnisse:

_____

---

5 Dieses Arbeitsblatt sollte von der*dem Therapeuten*in vorbereitet und gemeinsam mit Patient*in und Bezugspersonen ergänzt werden.

Informationen zusätzlich eingeholt von: Ergebnisse:

_____

Zusammenfassung:

Folgendes Krankheitsbild/folgende Krankheitsbilder liegen vor (Kinder/Jugendliche):

_____

_____

Achse 1 (klinisch-psychiatrisches Syndrom):

_____

Achse 2 (umschriebene Entwicklungsrückstände):

_____

Achse 3 (Intelligenzniveau):

_____

Achse 4 (nicht-psychiatrische Krankheiten und Syndrome):

_____

Achse 5 (assoziierte aktuelle abnorme psychosoziale Umstände):

_____

Achse 6 (globale Beurteilung des psychosozialen Funktionsniveaus):

_____

Folgendes Krankheitsbild/folgende Krankheitsbilder liegen vor (Erwachsene):

_____

_____

AB 7: Befundbesprechung und Ziele für Veränderungen

Entstehungs- und Aufrechterhaltungsmodell:

Prädisposition	Auslösung	Aufrechterhaltung

Diese Ziele für Veränderungen werden festgelegt:

Ziele für Patient*in:

_____

Ziele für Eltern/Bezugspersonen

_____

Ziele für weitere Personen:

_____

Ist eine zusätzliche Behandlung notwendig? Wenn ja, welche?

_____

Wie lange wird die Therapie ungefähr dauern?

_____

Welche Risiken und Nebenwirkungen sind denkbar?

_____

AB 8: Zielerreichung (Festlegung der Ziele für Kinder, Jugendliche, junge Erwachsene und Eltern/Bezugspersonen)

Das möchte ich erreichen:
Hier ist Platz für die drei wichtigsten Ziele von _____ [Name]

_____
_____
_____
_____
_____
_____
_____

	Ziel 1	Ziel 2	Ziel 3
So ist es, wenn es sich super verändert hat:			
So ist es jetzt:			
So ist es, wenn es sich total verschlechtert hat:			
Folgendes muss sich tun, um das Ziel zu erreichen:			

Stichwortverzeichnis

A

adaptive Emotionsregulationsstrategien 72
Adverse childhood experiences (ACEs) 60
Aktivitäts- und Aufmerksamkeitsstörung (ADHS) 31
Aktivitätsniveau 19
Ängsten 31
Antidepressiva 97
Appetitsteigerung oder -verminderung 20

B

Behandlungsvertrag 141
Bindungscharakteristika 68
bipolaren Depression 31

C

Chronifizierung 28
Chronotyp i 63
Circadiane Rhythmik 62

D

diagnostischen Prozess 38
Diathese-Stress-Modell 59
Differenzialdiagnostik 30
Disruptive Affektregulationsstörung 23
dysfunktionalen Denkmustern 66

E

EKT-Behandlung 100
Emerging Adulthood 11
emotional-instabilen oder einer selbstunsicheren Persönlichkeitsstörung 32
Entwicklungsaufgaben-Modell 63
Entwicklungsverlauf depressiver Störungen 27
Erschöpfungsgefühle 20
Essstörungen 31

G

Gefährdungspotenzials 41
genetische Einflüsse 64
Goal Attainment Scaling (GAS) 87

H

Hilfen aus dem Bereich der Kinder- und Jugendhilfe 129

I

integrative Modelle 76
Interpersonellen Psychotherapie (IPT) 128

K

Kernsymptome depressiver Störungen 19
Kinderschutzfragen 141
kognitiven Verhaltenstherapie 101
Komorbiditäten 32
Krisensituation 41

L

Leitlinien der Arbeitsgemeinschaft der Wissenschaftlichen Medizinischen Fachgesellschaften 132
Lichttherapie 106

M

Mikro- und der Makro-Verhaltensanalyse 44
multiaxialen System nach ICD-10 47

N

Nicht-suizidales selbstverletzendes Verhalten (NSSV) 22
Notfallbehandlung 142

O

off-label use 143
oppositionellem Trotzverhalten 31

P

Probleme im Denken 19
Prognose 48

R

Risiko- und Schutzfaktoren 61
riskantes Gesundheitsverhalten 28

S

schematherapeutische Erklärungskonzept 73
Schematherapie 123
Schulzentrierte Maßnahmen 120
Schweigepflicht 141
Selbstverletzungen 20
Selbstwertgefühl 19
Somatische Erkrankungen 32

stationäre Krisenintervention 42
Stimmungsprobleme 19
Störungen des Sozialverhaltens 31
Substanzabusus 23
Substanzmissbrauch 31

T

therapeutischen Beziehung 36
Todesgedanken 19

U

universeller Präventionsmaßnahme 120

V

Verstärkerverlust-Theorie 70

Z

Zukunftssorgen 20
Zwangsmaßnahmen und freiheitsentziehenden Maßnahmen 142